동계집
東溪集

동국대학교 불교기록문화유산아카이브사업단(ABC)
본서는 문화체육관광부 지원으로 동국대학교 불교학술원에서 간행하였습니다.

한글본 한국불교전서 조선 43
동계집

2018년 7월 20일 초판 1쇄 인쇄
2018년 7월 30일 초판 1쇄 발행

지은이 동계 경일
옮긴이 김승호
펴낸이 한태식
펴낸곳 동국대학교출판부

주소 04620 서울시 중구 필동로 1길 30
전화 02-2260-3483~4
팩스 02-2268-7851
Homepage http://dgpress.dongguk.edu
E-mail book@dongguk.edu
출판등록 제2-163(1973. 6. 28)
편집디자인 나라연
인쇄처 네오프린텍(주)

© 2018, 동국대학교(불교학술원)

ISBN 978-89-7801-841-8 93220

값 22,000원

이 책의 무단 전재나 복제 행위는 저작권법 제98조에 따라 처벌받게 됩니다.

한글본 한국불교전서 조선 43

동계집
東溪集

동계 경일 東溪敬一
김승호 옮김

동국대학교출판부

동계집東溪集 해제

김 승 호
동국대학교 국어교육과 교수

1. 개요 및 서지적 특징

『동계집東溪集』은 효종孝宗·현종顯宗·숙종肅宗 연간에 활동한 경일敬一(1636~1695) 대사의 시문집이다. 네 권으로 이루어진 본서는 권1에 오언절구 21편, 육언절구 3편, 칠언절구 20편, 오언율시 43편, 칠언율시 57편 등의 시가 수록되어 있으며, 권2에는 서序 2편, 기記 12편, 권3에는 기記 5편, 비명碑銘 4편, 잡저雜著로 채워진 권4에는 6편의 산문이 실려 있다. 아울러 첫 장에는 신주백申周伯의 서문, 마지막 장에는 자감慈鑑이 찬한 「태허당 대사 행적太虛堂大師行蹟」이 부록으로 수록되었다.

현존하는 『동계집』은 남권희 소장본과 동국대 소장본 두 가지인데, 똑같이 강희 50년(1711) 밀양密陽 재악산載岳山 영정사靈井寺에서 개간된 것으로 106장, 1장 10행, 1행 20자로 판각되어 있다. 이 중 동국대본은 네 권 가운데 한 권만 남은 잔본이어서 문집의 전모를 확인하기가 어렵다. 『한국불교전서』 권12에 들어 있는 『동계집』은 남권희 소장본을 저본으로 삼아 활자화한 것으로, 서序 다음에 편집되어 있던 행적을 맨 뒤로 돌려 부록으로 덧붙여 놓고 있다.

　『동계집』은 경일이 서거한 지 16년 되던 신묘년(1711)에 간행되었는데, 생전의 명성과 경외되었던 상황을 생각하면 늦은 시기에 간행되었다고 할 수 있다. 발문에 따르며 경일이 평소 자신의 시문을 갈무리하는 것을 탐탁지 않게 여긴 데다, 문도들이 문집 간행의 뜻을 세웠으나 산실된 시문이 적지 않아 이를 수습하는 데 많은 시간이 지체되었음을 알 수 있다. 문집 간행에 임해서는 문도인 자감慈鑑·익상益祥·원순元順 등이 주도적인 역할을 한 것으로 나타난다. 자감은 직접 「태허당 대사 행적」을 찬술했으며 익상은 『동계집』의 개간과 관련, 간기刊記를 작성하는 한편, 당시 영남의 큰 학자였던 신주백申周伯을 찾아 서序를 부탁한 인물이다. 이외 원순은 풍계楓溪에게 『동계집』의 또 다른 서문을 부탁했던 것으로 드러나는데, 『동계집』 판각의 원고로는 신주백의 서序를 취택하였다.

2. 저자

　『동계집』의 저자 경일敬一의 도명道名은 태허太虛, 거호居號는 동계東溪이다. 집안의 본래 성은 이씨이며 세조世祖의 후손이었으나, 부친인 세주世柱에 이르러서는 한미한 형편에서 벗어나지 못했던 것으로 보인다. 어머니 김씨金氏가 태몽을 얻은 후 그는 숭정崇禎 병자년(1636) 인동부仁同府 약목현若木縣(현 경북 칠곡군 약목면)에서 태어났다. 어려서부터 유달리 영특했던 그는 비린내 나는 고기를 멀리하는 등 여느 아이의 습성과 달랐을 뿐 아니라, 일곱 살에 어머니가 세상을 떠나자 여러 날을 통곡하는 등 비통함을 이기지 못하였다. 출가의 단초는 지리산의 신해信海 스님과의 만남에서 찾을 수 있다. 그를 본 신해 스님이 "이 아이의 깨끗함과 지혜로움을 보건대 세상에 보기 드문 진인의 얼굴을 지녔다."며 감탄을 그치지 않앉으며, 그런 안목대로 경일 역시 곧바로 출가를 결심하기에 이른다. 한데 신해는 그를 문하에 받아들이기를 주저하게 된다. 그의 근기로 볼 때 자신의 능력으로는 가르치기 벅차다는 생각을 한 것으로 보이는데, 신해는 노정에 필요한 양식까지 챙겨 주며 제자가 장차 대성하기를 바랐던 것이다. 금강산 유점사楡岾寺의 벽암碧巖 대사 문하에 든 그는 20세 전에 이미 부처의 가르침에 두루 통달한 것은 물론 당시 명유名儒들과 교류하면서 서서히 그 명성이 높아졌다.

그러나 경일은 자신의 의지와 상관없이 수행자로서의 본업을 내려놓고 국가 방위를 위해 성장城將의 책임을 맡지 않을 수 없는 때를 맞게 된다. 즉 정유년(1657) 영남 관찰사 조계원趙繼遠의 천거로 금오성장金烏城將 직을 수행하게 되었으며, 자헌대부資憲大夫의 벼슬에까지 오르게 된 것이다. 마지못해 수락한 성장직이었던만큼 수행승으로서의 외도는 그리 오래가지 않았다. 이후 경일은 해인사海印寺·영정사靈井寺·감로사甘露寺·중봉사中峰寺 등으로 자리를 옮기며 수행에 힘쓰고 대중 설법에 힘을 기울이게 된다. 그러다 갑술년(1694) 가을 해인사에서 화엄법회를 열던 중에 새삼 몸에 이상이 있음을 느끼게 되는데, 예정한 법회 일정도 마무리짓지 못할 정도로 몸이 날로 병약해졌다. 용천사湧泉寺의 극락암極樂庵으로 자리를 옮겨 차도가 있기를 기다렸으나, 오히려 병세는 위중해져 갈 뿐이었다. 세상에서의 명이 다했다고 여긴 그는 마침내 문도들을 부른다. 그리고 "늘 특별히 안력을 열어 놓되 생사의 길은 관여하지 말라. 맑은 바람은 태허로 부니 영원히 한 이치로 간다."는 임종게臨終偈를 남기고 열반에 드니 때는 을해년(1695) 3월 15일이었다.

이는 경일의 문도 반운도인伴雲道人 자감慈鑑이 찬술한 행적에 나타난 경일의 일생이다. 승전적僧傳的 글쓰기를 염두에 둔 듯, 내용적 전개를 보면 불교적 인간으로서의 삶, 곧 출가 동기 및 인연, 출가 후 구도 과정과 대중구원의 자취, 그리고 임종 전후의 이적이 순차적으로 기록되어 있다.

위에 제시한 것이 문헌에 의거한 객관적 기록이라면 행적의 마지막은 체험에 바탕을 둔 것으로, 임종의 현장과 다비 시에 일어난 기이 현상을 전하는 데 상당히 비중을 두고 있다. 스승에 대한 숭앙심을 자제하기 어려웠던 찬자撰者로서는 빼놓고 싶지 않은 증언이었음을 유추해 볼 수 있게 한다. 그런데 행적에서 아쉽게 여겨지는 바는 시승詩僧으로서 경일의 면모에 대해서는 언급을 자제하고 있다는 점이다. 경일의 문학적 면모와 관련해서는 "대사가 진신縉紳이나 명사들과 더불어 주고받은 시와 문장잡록文章雜錄이 헤아릴 수 없이 많다. 하지만 세상에 전하는 것은 이『동계집』네 권뿐이다."라는 언급이 전부이다. 경일의 생을 선사적禪師的 삶과 시승적詩僧的 삶으로 양분한다면, 부족한 대로『동계집』은 문학자로서의 경일의 면모를 재구해 볼 수 있는 첫 번째 통로가 될 것임에 틀림이 없다. 『동계집』을 주 자료로 삼고 여기에 기타 자료에 소재한 경일의 시문을 포함해 살펴 나간다면 실상과 무관하게 잊혀졌던 경일의 문학적 위상이 한층 선명하게 윤곽을 드러내리라 생각한다.

3. 내용 및 성격

『동계집』은 수록 분량이 적지만 한문체의 여러 양식이 고루 수록되어 있는 편이다. 분포상 시와 문으로 크게 가를 수 있겠는데, 이 중 시는 144편, 문은 29편에 이른다. 시 양식 가운데 가장 비중이 높은 것은 칠언율시七言律詩라 하겠으며, 육언절구六言絶句 3편이 포함되어 있어 눈길을 끈다. 산문은 기記·설說·비명碑銘·소설小說·몽기夢記·우언寓言 등 다양한 양식이 혼재되어 있다. 이 중 잡저雜著에 수록된 「가야진 용왕당 기우록伽倻津龍王堂奇遇錄」은 불가에서 나온 전기소설傳奇小說에 속하며, 「신유록神遊錄」은 승려 특유의 몽기夢記라 할 수 있다. 전체적으로 이들 작품은 다양

한 양식에 관심을 지니고 있었으며 선사이면서도 유불의 관념까지 시문에 포괄하기를 주저하지 않던 경일의 문학적 경향을 엿보게 한다.

이제 경일의 시가 특성을 먼저 조망하기로 한다. 경일의 시 중 적지 않은 작품이 흰 수염에 석장을 쥐고 장공으로 비등하는 신선의 상을 앞서 각인시킨다. 그것은 분명히 여타 승려들이 남긴 시와 대비되는 점이다. 행적에 의거하건대 불가에 몸을 둔 채 대중구원의 임무에 소홀함이 없었던 자취가 뚜렷함에도 불구하고, 작품으로 돌아오면 노장老莊 사상이 강하게 배어 있어 시적 화자가 과연 불승인지 의아심마저 자아낼 정도가 된다. 한마디로 그의 시에는 심선적불心仙跡佛의 흔적이 농후하다 하겠는데 그 같은 흔적은 우선 시어에서 찾을 수 있다. 적선謫仙(〈여 수재의 불지봉 시에 차운하다〉, 〈조령의 용추를 노닐다〉), 옥경선玉京仙(〈금강산을 읊다〉), 우화옹羽化翁(〈봄날 배를 타다〉), 선루仙漏(〈분성의 우 사군에게 올리다〉), 선구仙區(〈백련사의 강월헌에 제하다〉, 〈삼가 퇴계가 임갈천에 의탁한 시에 차운하다〉), 방외方外(〈퇴우 상국에게 드리다〉), 선원仙園(〈문 선생의 가섭굴 시에 차운하다〉), 적선옹謫仙翁(〈사암 폭포〉), 선부장仙府壯(〈금강산에 오르다〉), 선장仙幢(〈가야산 백운대에 올라〉), 선부仙府(〈신 진사의 가을 감상시에 차운하다〉), 선흥仙興(〈다시 감로사 벽시에 차운하다〉), 노씨서老氏書(〈황 처사의 백구정에 짓다〉), 선약仙藥(〈일본 승려인 중악 장로 장륙에게 주다〉), 선객仙客(〈적천사 현판시에 차운하다〉), 적선재謫仙才(〈신재를 방문하다〉), 방외교方外交(〈신재를 방문하다〉), 선가仙家(〈최생의 시에 차운하다〉) 등은 경일의 시에서 빈번히 포착되는 시어들이다. 적어도 이를 근거로 할 때 시적 화자는 그가 딛고 있는 현실에 대해 불만, 혹은 소외감을 지닌 탈세속적 인물로 파악하는 게 무리가 없어 보인다. 하지만 도선적道仙的 경향이 농후하다 해도 그를 불승으로서의 본분을 망각하고 우화등선羽化登仙을 갈구하며 끝내 성선화成仙化를 귀착점으로 삼았던 인물로 단정지을 수는 없다. 비교적 도선 사상이 강하게 침윤된 사례를 통해 그 내용적 특성을 좀 더 살펴본다.

대로의 도주로 뭇 산과 시내를 만들고	大爐陶鑄衆山川
온갖 힘들인 큰 덕택으로 이 산을 빚었네	洪造全功此岳偏
철벽으로도 나는 우부를 막을 수 없는데	鐵壁不堪飛禹斧
구름 뿌리를 어떻게 진편으로 쏠 수 있을까	雲根安得用秦鞭
소나무 삼나무는 천황씨의 시절로 들어가고	松杉盡入天皇歲
연무는 흩어졌다 태고의 세월로 모인다	烟霧渾籠太古年
가야산의 본디 모습을 알고 싶은데	欲識伽倻眞面目
혼원 때의 본바탕이 상효를 앞지르네	混元玄骨象爻先
	〈가야산伽倻山〉

 이는 당호堂號로서 입에 올리길 즐기던 태허太虛의 의미를 강하게 환기시킨다. 그의 눈에 든 전경은 가야산伽倻山이지만, 기실 어떤 산으로 상정하도 상관은 없을 듯하다. 다시 말해 시인은 특정한 산을 구체적으로 형상화하여 타자에게 그 절경을 전해 주고자 하는 데 의도를 둔 것 같지 않다. 우뚝한 기상으로 하늘에 치솟아 있는 눈앞의 산에서 그는 개벽 당시의 혼돈과 어둠을 바라본다. 소나무·삼나무조차도 모두 천황 시절에 이미 자리잡았던 태초의 것이며, 아득히 끼어 있어 사방을 어둑하게 만드는 안개 역시 개벽 전의 그 혼돈 바로 그것의 상징일 뿐이다. 이런 형상은 가야산의 진면목이 무엇인지에서 비롯된 묘사이다. 시인은 그렇게 함으로써 모든 존재의 근원으로 회귀하거나 본질을 찾아 나서는 것이야말로 앞서 해야 할 일이라는 점을 환기시키는 듯 보인다. 사람들이 일쑤 다가와 감탄을 터뜨리고 떠나지만 산의 진면목은 보지 못한다. 어디 산뿐이겠는가. 일상에서 범부들이 온통 원초성과 태고성을 잃어버린 채 살아가고 있음을 경일은 날카롭게 깨우치는 셈이다. 경일을 두고 환몽인幻夢人이라 힐난하는 이들도 없지 않을 터인데, 그런 사람일수록 자기 정체성을 상실하고 허상에 매달려 살 가능성이 높다고 보면 될 것이다.

다음으로 경일 시에 나타난 산수시적山水詩的 특징을 살피기로 한다. 사실 한시는 무엇보다 산수의 형상에 집착해 왔다 해도 과언이 아니다. 시인의 내면을 직접 드러내기보다 외물外物에 대한 형상을 통해 심사를 간접적으로 표출해 나가는 데 능했던 전통적 작시법作詩法이 경일의 시에서 온전히 부정되는 것은 아니다. 그러나 그의 시가 외부 대상에 대한 핍진逼眞한 형용에 있다고 생각해서는 안 된다.

높은 대에 홀로 오르니 기세가 절로 호탕해지고	獨上危臺氣自豪
구름 온통 사라진 하늘 티끌조차 없네	九霄雲盡絶纖毫
울긋불긋 가을 산 선경이 아닐지	秋山面面疑仙幛
솔바람 불 때마다 파도 소리 요란하네	風籟時時聽海濤
치솟은 봉우리 안개 속에 아득하고	極目烟岑從地聳
멀리 바위 묏부리 하늘 높이 치솟았네	背看岩岫入天高
허공에 새 한 마리 가로질러 돌아가니	歸禽一點橫空去
흰 털의 오랑캐 매인 줄 알겠네	知是胡鷹白錦毛

〈가야산 백운대에 올라〉

수련首聯에서 시적 주인공으로서 화자의 모습이 등장했다가 함련頷聯에 이르면 본격적으로 외물에 대한 묘파描破가 중심을 이룬다. 비단 구름으로 가득 차 있던 허공이 한순간 바뀌어 바람 소리만이 포착되며, 시각이 바뀌어 다음 단계에 이르면 청각으로 감각이 달라지고 있는 것을 알 수 있다. 아울러 그것은 원경에서 근경으로의 이동과 맞물려 있다. 가까운 거리의 산은 붉은 단풍으로 불타오르고 있으며 시인은 그를 마주한 것이 첫 장면이다. 그러나 시인의 눈은 단풍에 함몰되기보다 오히려 동적 대상인 오랑캐 매의 일거수일투족에 쏠리는 경향을 보인다. 여기서 경일의 시가 갖는 시적 변별성이 드러난다. 그의 시는 산수시적 전통에서 어느 정도 비껴나 있다 하겠다. 수련에서 물·구름·그림자·단풍 등 고정체를 통해 산수를 형상화하는 것 같지만, 뒤에 이르러 동적인 새에 초점을 맞추어 동적 공간으로 장면을 단숨에 변환시키는 것을 보게 된다. 시각·청각을 두루 동원한 형상화와 더불어 거대한 풍경 속에 자칫 몰각될 수 있는 작은 움직임을 날카롭게 포착해 나가는 그 눈썰미는, 전통적 산수 형상과는 분명 차이점을 보이는 것이라 할 수 있다. 시각 위주의 감각에 매달리지 않을 뿐더러 청각마저 동원하여 거대한 자연에 가려 그 존재적 의미가 간과되던 미물微物에까지 눈을 돌리고 있다는 점은, 확실히 색다른 처리이다. 자연 혹은 미물에 대한 불가의 시선이 그런 시적 형상화를 촉발했는지는 모르나, 이는 의미 있는 시적 형상화라고 여길 수 있는 것이다.

『동계집』 소재 시는 이외에도 영사시詠史詩·선시禪詩로서의 특징을 보여 주고 있다. 산하를 노닐면서 경일이 특히 관심을 둔 것은 수난의 상흔이 남아 있는 현장들이었다. 그곳에서 그는 나그네의 심정에 의거하여 시련과 억압에 처했던 피지배자의 암울했던 역사, 그리고 상흔을 되새기곤 한다. 이에 속하는 시로서는 〈지주비를 읽다〉·〈만어사萬魚寺〉·〈다시 백곡의 백마강 시에 차운하다〉·〈가락을 회고하다〉 등이 있다. 선시가 지배적으로 나타나는 것은 아니지만 경일은 선시적 자장磁場에 들어갈 시 역시 남겼다고 볼 수 있다. 선시적 테두리 혹은 선풍적禪風的 요소가 비교적 농후하게 드러나는 시로는 〈우연히 두 수를 읊다〉·〈가야산 백운대에 오르다〉·〈봄날의 그윽한 회포〉·〈가야산伽倻山〉·〈팔공산 내원암 서헌에 부치다〉·〈내원암에서 조망하다〉 등이 거론된다. 이들은 공통적으로 시적 제재나 작시의 동기로 작용하던 인간과의 관계망이 선명하게 포착되지 않는다. 대신 시안詩眼이 청정한 세계의 심상을 잡아내되 오롯하게 청정심을 투영하는 데만 몰입하고 있어, 다른 무엇보다 시어가 담백, 진솔하여 읽고 난 후 천고무애天高無碍한 느낌을 전해 주는 데 부족함이 없다.

『동계집』 산문을 일별할 때 가장 눈길을 끄는 것은 잡저雜著에 수록된 작품들이다. 특히 「가야진 용왕당 기우록伽倻津龍王堂奇遇錄」은 경일이 남긴 유일한 전기소설로서 여러 점에서 소설사적 의의를 동반하고 있다. 내용을 보면, 만랑자漫浪子란 선비가 가야진伽倻津의 용당龍堂에 기우시祈雨詩를 바치면서 용왕의 초대를 받는 것으로 시작된다. 수부 초청을 절호의 기회로 여긴 만랑자는 용왕에게 물 밖 인민들이 혹심한 가뭄에 괴로워함을 전하지만, 그에게 강우의 권한이 없음을 알게 된다. 결국 옥황상제玉皇上帝를 설득하기로 마음을 굳힌 만랑자는 천상에 전할 기우문 작성에 나선다. 그의 애민적 행동은 용왕뿐 아니라 굴원屈原·하지장賀知章·이백李白·장건張騫 등 다른 현자들의 동참도 끌어내게 된다. 이후 다수의 신격神格이 머리를 모아 작성한 기우문이 여러 단계를 거쳐 천상에 전해지고, 기우문을 접한 옥황상제가 생각을 바꾸어 만랑자와 현자들의 청원에 따라 흡족하게 비를 내리라는 명을 하달하고, 백성들은 한발의 고통에서 벗어난다. 임무를 다한 만랑자와 현인들은 삼신산三神山을 거쳐 본래의 자리로 돌아간다.

「기우록」은 이른바 전기소설의 17세기적 양상을 엿보는 데 유효하다. 이계 공간으로 용궁을 편입시켰다거나 일찍이 선보인 몽유夢遊 장치가 변함없이 수렴되고 있음은 이 작품에서도 여전히 확인된다. 하지만 귀족 출신의 남녀를 앞세워 애정愛情, 혼사장애婚事障碍에서 오는 마찰과 갈등을 문제 삼기보다 당대인들의 삶을 서사적 중핵으로 포착하며 이전의 전기소설과 변별되는 국면을 드러낸다. 이 소설이 지닌 의의를 상세화한다면 다음과 같다. 우선, 17세기적 양상을 보다 선명히 밝혀 주고 있다. 즉 선초鮮初 전기소설이 맹아萌芽한 이래 개화기를 거쳐 서서히 종언을 고하는 즈음에 등장한 「기우록」은 후대 전기소설의 변화된 양상을 엿보게 하는 데 더없이 유효한 것이다. 둘째, 「기우록」은 승려도 전기소설을 창작·수용했음을 증거해 주는 드문 사례가 된다. 그동안 전기소설의 창작 주체로 유자만이 거론되었는데, 불승도 전기소설의 창작 주체로 인정하지 않을 수 없게 되었다는 점이다. 「기우록」은 16세기 승려 작가 해일海日의 「부설전浮雪傳」과 함께 주제·내용·구성 등에 걸쳐 유자들의 전기소설과의 동이점을 밝힐 수 있는 단서를 제공해 주는 것이다. 셋째, 이 소설은 전기나 설화가 충족시켜 주지 못한 과거 역사 및 당대 상황을 심도 있게 형상화하고 있어, 현실성이 미약한 전기소설에 일대 전환을 보여 주는 작품으로 인정하기에 손색이 없다. 17세기 널리 퍼진 애정 전기소설과 달리 「기우록」에서는 재자가인才子佳人끼리의 만남·사랑·이별을 주조로 하는 상투적 내용을 탈피하여 당대 민중들의 고단한 삶에 주목하고 있으며, 이들이 겪는 고초와 시련을 외면하지 않고 위정의 이치와 바람직한 지향점을 제시함으로써 사회계몽적 담론으로서의 성격마저 보여 주고 있는 것이다.

「신유록神遊錄」은 소설과 한문 단편의 중간에 위치한 작품이다. 몽기夢記라 명명할 만한 이 작품은 이규보李奎報 이래 꿈속 체험을 기록해 온 전통과 맞닿아 있다. 줄거리를 보면 경일이 꿈속에서 갑자기 나타난 용의 등에 올라타고 허공을 유영하는 것은 물론, 옥황상제의 천궁에 당도하여 위용에 감탄하고 평소 숭배한 정두경鄭斗卿의 주련시柱聯詩를 그곳에서 발견한다는 것이다. 「주인옹 퇴오객설主人翁退五客說」은 올바른 마음이라 할 주인옹主人翁의 곁에 5인이 찾아들어 온갖 감언이설을 앞세워 주인공을 유혹하고 있는 현장을 순차적으로 보여 준다. 그러나 주인옹은 불청객인 이들의 흑심을 간파하고 본심을 견지함으로써 정심正心이 사심을 제압하는 해피엔딩으로 마무리한다. 이 작품은 조선 중기 심성心性 문학이 승가 내에도 적극 수용되었음을 보여 주며, 한편으로는 심성적 관심이 유자들에게만 국한된 것이 아니었음을 확인해 볼 수 있게 해 준다.

경일의 산문 중에서 가장 큰 비중을 차지하는 것은 기記이다. 주로 사암寺庵의 창건과 기타 불사에 관련된 사실을 기록하는 데 목적을 둔 것들이다. 기記란 사실을 바탕으로 적는 양식이지만, 불사가 종교적 초월성에 의거해 진행되는 경우가 적지 않은 것처럼 경일의 기에서 설화나 전언에 의지한 기록을 쉽게 찾아볼 수 있다. 가령 「밀양 재악산 영정사 전후 창건기密陽載岳山靈井寺前後創建記」는 재악산載岳山의 명칭연기名稱緣起에서부터 영정사靈井寺가 어떻게 창건되었는지 설화를 통해 내력을 상세하게 전해 주고 있다. 경일에게 있어 기는 단순히 외적인 사건·상황에 머물지 않고 자신의 주관과 감상을 피력하는 통로로 의미가 확장되기에 이르는데, 「제월헌기霽月軒記」에는 도반인 수익 상인守益上人의 호의로 유유자적할 공간을 얻은 후의 신변을 생생하게 전한다. 특히 자연과의 교감, 그리고 신선으로 탈바꿈한 듯한 환상, 그동안 억눌려 있던 성선成仙의 욕구 등 경일의 내면이 다채롭게 표출되고 있다고 할 수 있다.

4. 가치

『동계집』은 유가 못지않게 문집 간행 열기가 고조되던 17세기 후반 18세기 초 승가僧家의 문단 상황을 파악해 보는 데 도움을 준다. 불가에서 간행된 문집이므로 유자들의 문집과는 여러 모로 차이점을 드러내는 것이 사실이다. 작자 경일이 승려의 신분이므로 불교문학적 범주에 든 작품이 높은 비중을 차지하는 것이 분명하지만, 자연인自然人으로서, 혹은 세상을 초월해 이계를 노닐고자 하는 노장주의자老莊主義者로서의 내면 세계를 폭넓게 보여 주고 있어 주목된다. 특히 도선道仙 세계에 대한 지향성은 시와 문에 두루 반영되는 바, 문학을 전교傳敎나 깨달음의 매개물로 고정시키기보다 본래의 자아, 현실 일탈을 꿈꾸는 또 다른 자아를 투영하는 담론에 더 큰 무게를 두었다고도 할 수 있다. 그러나 세계 내 존재로서의 고민을 넘어 치유 및 그 대안을 모색하는 데 매우 적극성을 보이기도 한다. 대표적으로 「가야진 용왕당 기우록」을 들 수 있다. 여기서 작자는 17세기 조선 당시의 패륜적悖倫的 상황과 무능하고 허약한 위정자들을 우의

寓意 방식으로 성토한 뒤 그 치유책을 모색하기에 이른다. 『동계집』은 승가 문학僧家文學으로 범주화해서는 곤란할 정도로 그 내용과 형식에 걸쳐 새로운 전경을 구축해 나가고 있는 작품집임이 분명하다. 『동계집』의 가치는 전통적으로 인식된 승가 문학의 전형典型에 갇혀 있기보다 내용·형식에 걸쳐 보다 폭넓은 스펙트럼을 구축한 데서 찾아야 할 것이다.

차례

동계집東溪集 해제 / 5
일러두기 / 25
동계집東溪集 서序 / 27

주 / 30

동계집 제1권 東溪集 卷之一

오언절구五言絶句-21편
가을날 동명 정 선생에게 부치다 秋日寄東溟鄭先生 33
새벽에 일어나 曉起 34
언 상인을 보내며 送彦上人 35
시내 남녘의 저녁 풍경 溪南暮景 36
심 상인을 가야산으로 보내며 送釋心上人之伽倻 37
왕림사에서 윤 수재와 이별하다 王林寺別尹秀才 38
청심루에 올라 登淸心樓 39
산속의 가을 흥취 山居秋興 40
가을날 분성의 우 사군에게 올리다 秋日呈盆城禹使君 41
덕연 처사에게 寄德淵處士 42
두류산의 지명 스님에게 주다 贈頭流僧智明 43
객이 태허당을 조롱하는 시에 차운하다 次客嘲太虛堂韻 44
가을 생각 秋思 45
김생에게 주다 贈金生 46
벽 위의 용 그림에 제하다 題壁上龍圖 47
운가산을 읊다 詠雲假山 48
천생성에서 의선 산인을 이별하다 天生城別義禪山人 49
밤에 앉아서 夜坐 50
보 선자에게 주다 贈寶禪子 51

하산의 사군이 나에게 무슨 가르침이~ 夏山使君謂我曰師以何敎我以此答~ 52
고요함을 깨닫다 惺寂 53

육언절구六言絶句-3편
봄의 회포 春懷 54
산속의 봄 山居春事 55
늦은 봄 이생의 초당에 제하다 暮春題李生草堂 56

칠언절구七言絶句-20편
망심암에 제하다 題望深菴 57
밤에 백운암 남쪽 난간에 앉아 白雲庵南軒夜坐 58
달을 읊다 詠月 59
가을을 느끼다 感秋 60
작강에서 배를 타고 감로사로 돌아가다 自鵲江泛舟歸甘露寺 61
통도사에서 거닐다 遊通度寺 62
부용탄에서 입으로 읊다 芙蓉灘口占 63
봄눈 春雪 64
한가롭게 거닐다 閑行 65
〈서호팔경〉 시에 차운하다 次西湖八景韻 66
여 수재의 〈불지봉〉 시에 차운하다 次呂秀才佛池峯韻 68
우징 상인의 시에 차운하다 次宇澄上人韻 69
하산과 현성의 두 사군에게 올리다 呈夏山玄城兩使君 70
하산의 이 사군을 가야산으로 전송하며 送夏山李使君遊伽倻山 71
〈송인〉 시에 차운하다 次送人韻 72
스님을 풍악산으로 보내며 送僧遊楓岳 73
금강산을 읊다 詠金剛山 74
모든 것은 하나로 돌아가는데 萬法歸一 75
적천사의 호 장로에게 보이다 示磧川寺湖長老 76
우연히 두 수를 읊다 偶吟二首 77

오언율시五言律詩-43편

봄날 배를 타다 春日舟行 ……… 78
정 교수의 시에 차운하다 次鄭敎授韻 ……… 79
물 구경하다 觀漲 ……… 80
신재의 여행길에 부치다 寄脊齋旅榻 ……… 81
분성의 우 사군에게 올리다 呈盆城禹使君 ……… 82
우 사군과 배 타고 황산강을 내려가며~ 與禹使君舟行下黃山江答轅字 ……… 83
유생의 〈유감로사〉 시에 차운하다 次柳生遊甘露寺韻 ……… 84
퇴우 상국에게 드리다 寄呈退憂相國閤下 ……… 85
문곡 상국에게 올리다 呈文谷相國閤下 ……… 86
백련사의 강월헌에 제하다 題白蓮社江月軒 ……… 87
또 又 ……… 88
또 又 ……… 89
신재에게 寄愼齋 ……… 90
분성 명부 이 공에게 드리다 呈盆城明府李公 ……… 91
회포를 적어 현 상인에게 드리다 述懷贈玄上人 ……… 92
기러기를 읊다 咏鴈 ……… 93
조령의 용추를 노닐다 遊鳥嶺龍湫 ……… 94
금오산 보봉사에 이르다 到金烏山寶峰寺 ……… 95
동명 정 선생에게 부치다 寄東溟鄭先生 ……… 96
임 참의에게 드리다 呈任叅議 ……… 97
익평위에게 올리다 呈益平尉 ……… 98
청평사에서 영우 상인에게 드리다 淸平寺贈靈祐上人 ……… 99
백암에서 이별하며 남긴 시에 차운하다 次栢庵留別韻 ……… 100
환적 노인이 영단을 준 것에 감사하며 謝幻寂翁寄靈丹 ……… 101
권 승지에게 드리다 寄權承旨 ……… 102
감로사에서 호남 방백 조세환 상공에게 드리다 甘露寺呈湖伯趙世煥相公 ……… 103
퇴우 상국에게 드리다 寄呈退憂相國 ……… 105
기 상인을 호남으로 보내며 送湖南機上人 ……… 106
붓을 찾다 索筆 ……… 107
차산 거사의 시에 차운하여 부치다 次寄車山居士 ……… 108

또 又 ········ 109
지리산 칠불암에 제하다 題智異山七佛庵 ········ 110
파근사에서 탄영 상인과 헤어지다 波根寺別坦英上人 ········ 111
문 선생의 〈가섭굴〉 시에 차운하다 次文先生題迦葉窟韵 ········ 112
사암 폭포 獅岩瀑布 ········ 113
분성 盆城 ········ 114
증봉산 내원암에 제하다 題中峰山內院庵 ········ 115
눌 상인과 헤어지며 드리다 贈別訥上人 ········ 116
순열 상인과 헤어지며 드리다 贈別順悅上人 ········ 117
경건히 동명 선생이 백곡 대사에게 준 시에 차운하다 敬次東溟先生贈白谷韵 ········ 118
삼가 백곡 대사의 시를 차운하다 謹次白谷大師韵 ········ 119
삼가 퇴계가 임갈천에 의탁한 시에 차운하다 謹次退溪寄林葛川韵 ········ 120
동명 선생이 백곡 대사에게 준 시에 차운하다 次東溟先生贈白谷韵 ········ 121
또 又 ········ 122
다시 〈낭선〉 시에 차운하다 再次浪仙韵 ········ 123
임유후 승지가 취미 대사에게 올린 시를 차운하다 次任承旨有後贈翠微韵 ········ 124
백암 성총 대사 시에 차운하다 次栢庵韵【性聰大師】 ········ 125

칠언율시 七言律詩 – 57편

경건하게 문곡 상국의 〈창취정〉 시에 차운하다 敬次文谷相國蒼翠亭韵 ········ 126
육은 이 상공에게 드리다 呈六隱李相公 ········ 127
위성 가는 길에 渭城途中 ········ 128
금강산에 오르다 登金剛山 ········ 129
가야산 백운대에 올라 登伽倻山白雲臺 ········ 130
고양 태수 이석견 공에게 드리다 寄呈高陽太守李公碩堅 ········ 131
신 진사의 〈가을 감상〉 시에 차운하다 次申進士賞秋韵 ········ 132
방장 스님에게 보내다 送僧方丈 ········ 133
백곡 대사의 〈백마강 회고〉 시에 차운하다 次白谷大師白馬江懷古韵 ········ 134
〈영남루〉 시에 차운하다 次嶺南樓韵 ········ 135
백련정사에 쓰다 題白蓮精舍 ········ 136
또 又 ········ 137

다시 감로사 벽시에 차운하다 再次甘露寺壁上韵 138
감로사 서암의 동헌에 제하다 題甘露寺西庵東軒 139
봄날의 그윽한 회포 春日幽懷 140
〈촉석루〉 시에 차운하다 次矗石樓韻 141
차운하여 정 진사에게 주다 次贈鄭進士 142
또 又 143
한 상인과 이별하며 주다 贈別閑上人 144
호남 방백 조 상공에게 드리다 敬呈湖南伯趙相公【龜錫號藏六】 145
여주 목사인 이 공을 방문하다 到驪興府呈牧伯李公【時梅號六隱】 146
여주 방백과 더불어 청심루에 오르다 與驪伯登淸心樓 147
다시 여주 방백과 뱃놀이하다 復與驪伯浮江 148
경건하게 문곡 상국에게 올리다 敬呈文谷相國閤下 149
속리산에서 호남 방백 오정위 상공과 이별하다 俗離山中奉別湖伯吳相公【挺緯】 151
지주비를 읽다 讀砥柱碑 152
삼가 백곡 대사가 영남 방백 조 상공에게~ 謹次白谷大師呈嶺伯趙相公韻 153
〈공북루〉 시에 차운하다 次拱北樓韻 154
황 처사의 백구정에 짓다 題黃處士白鷗亭 155
〈망양정〉 시에 차운하다 次望洋亭韻 156
가야산 伽倻山 157
만어사 萬魚寺 158
백곡 대사를 애도하다 哀白谷大師 159
최생을 보내며 送崔生 160
봄의 흥취 春興 161
일본 승려인 중악 장로 장륙에게 주다 贈日本僧中岳長老藏六 162
적천사 현판시에 차운하다 次磧川寺懸板韻 163
이어서 김 대제학에게 드리다 追呈金大提學 164
독수 거사의 시에 차운하다 次獨樹居士韻 165
신재를 방문하다 訪愼齋 166
최생의 시에 차운하다 次崔生韻 167
삼가 성주 사군 오도일의 〈유금오〉 시에~ 謹次星州吳使君道一遊金烏韻 168
늦은 봄 우연히 읊조리다 暮春偶吟 169

족보 뒤에 쓰다 題族譜卷後 ········ 170
가야산에 돌아가 숨다 歸隱伽倻 ········ 171
여강을 건넌 후의 회문시 渡驪江廻文 ········ 172
〈금강산 만폭동〉 시에 차운하다 次金剛萬瀑洞韻 ········ 173
팔공산 내원암 서헌에 부치다 題八公山內院庵西軒 ········ 174
장수사로 돌아가는 문체 상인을 전송하며 送文賛上人歸長水寺 ········ 175
삼계옹을 기다렸으나 오지 않았다 待蔘溪翁不至 ········ 176
차운하여 현 상인이 옛 산으로 가는 것을 전송하다 次韻送玄上人之故山 ········ 177
제천 최기남의 〈유보은사〉 시에 차운하다 次崔濟川起南遊報恩寺韻 ········ 178
경건히 동회 선생의 〈청백당〉 시에 차운하다 敬次東淮先生靑白堂韻 ········ 179
다시 백곡의 〈백마강〉 시에 차운하다 再次白谷白馬江韵 ········ 180
백주 상공의 〈한고별업〉 시에 삼가 차운하다 敬次白洲相公漢皐別業韵 ········ 181
백암의 〈백천사〉 시에 차운하다 次栢菴題百泉寺韵 ········ 182
가락을 회고하다 駕洛懷古 ········ 183
내원암에서 조망하다 內院菴眺望 ········ 184
두견새 소리 듣다 聞鵑 ········ 185

주 / 186

동계집 제2권 東溪集 卷二

서序-2편
종언 상인에게 주는 서 贈宗彥上人序 ········ 205
동자 영숙에게 주는 서 贈童子英叔序 ········ 207

기記-12편
해인사 만월당 불상 중조기 海印寺滿月堂佛像重造記 ········ 209
보은현 금적산 금수암기 報恩縣金積山金水菴記 ········ 211
단구사기 丹丘舍記 ········ 213
제월헌기 霽月軒記 ········ 215

지리산 양진암기智異山養眞庵記 ········ 217
황악산 금강암기黃岳山金剛庵記 ········ 218
설악산 한계사 가허루기雪岳山寒溪寺架虛樓記 ········ 220
양양 땅 천후산 내원암기 襄陽地天吼山內院庵記 ········ 222
창녕현 용흥사 낭사 창건기 昌寧縣龍興寺創建廊舍記 ········ 224
신어산 백련암기神魚山白蓮庵記 ········ 226
예천군 태행산 대곡사 중창기醴泉郡太行山大谷寺重創記 ········ 230
유공산지遊公山誌 ········ 234

주 / 237

동계집 제3권 東溪集 卷之三

기記-5편
대곡사 창건 전후 사적기大谷寺創建前後事蹟記 ········ 243
비슬산 용흥사 사적기琵瑟山龍興寺事蹟記 ········ 250
밀양 재악산 영정사 전후 창건기密陽載岳山靈井寺前後創建記 ········ 259
지리산 백련대기智異山白蓮臺記 ········ 263
재악산기載岳山記 ········ 268

비명碑銘-4편
청주 낙영산 공림사 사적 비명 병서淸州落影山空林寺事蹟碑銘幷序 ········ 273
감로사 사적 비명 병서甘露寺事蹟碑銘幷序 ········ 281
보조국사가 심은 은행나무에 비를 세우다 築普照國師手植銀杏樹碣 ········ 291
유명 조선국 냉산 도리사 아도 화상~ 有明朝鮮國冷山桃李寺故阿度和尙碑~ ········ 293

주 / 303

동계집 제4권 東溪集 卷之四

잡저雜著-6편
가야진 용왕당 기우록伽倻津龍王堂奇遇錄 311
신유록神遊錄 339
주인옹 퇴오객설主人翁退五客說 341
적천사 시왕 조성 유선문磧川寺十王造成諭善文 347
대신해서 영남 방백 조 상공께 올리는 글 代人上嶺伯趙相公書 354
삼충설三虫說 356

주 / 359

간기刊記 365
동계집東溪集 후발後跋 366

〔부록〕태허당 대사 행적太虛堂大師行蹟 368

주 / 372

찾아보기 / 373

일러두기

1 '한글본 한국불교전서'는 문화체육관광부의 지원을 받아 동국대학교 불교학술원에서 수행하고 있는 '불교기록문화유산아카이브(ABC)사업'의 결과물을 출간한 것이다.
2 이 책은 『한국불교전서』(동국대학교출판부 간행) 제12책의 『동계집東溪集』을 저본으로 하여 번역하였다.
3 번역문에 이어 원문을 병기하였다. 원문은 『한국불교전서』를 저본으로 하였으며, 문文과 행장行狀의 원문에 간단한 표점 부호를 넣었다.
4 원문은 『한국불교전서』를 기본으로 하되 그 저본이 되는 목판본을 대교하여 제시하였다. 역자의 교감 내용에서 '저본'이라 함은 『한국불교전서』의 저본(목판본)을 말한다.
5 원문 교감 내용은 원문 아래에 표기하였다. ㉠은 『한국불교전서』의 교감 내용을, ㉡은 번역자의 교감 내용을 가리킨다.

동계집東溪集 서序

내가 어렸을 때 문예를 좋아하여 가끔씩 당시 문인들과 노닐었는데 사모하고 기뻐함이 심하였다. 명공名工이라 하는 자는 채색을 화려하게 하고 노랫가락을 옥 소리처럼 내어 눈과 귀를 사로잡는 데만 마음을 쓴다. 번잡하고 화려하며 아름다운 미소를 순풍에 소리를 없듯이 하여 아침에는 천금을 자랑하더라도 저녁때가 되면 마음이 매우 불편해진다. 산림의 우두머리 중에는 반드시 큰선비들이 있었으니, 세상 사람들의 입맛을 좋아하지 않았으며 그 말은 담박하였다. 이때에 서방의 가르침을 구하였는데…(결락)…태허자太虛子 경일敬一은 법문의 뛰어난 인재로 원래부터 선을 익히고 장삼과 지팡이를 구름과 솔 사이에 두었는데, 세상에는 전하는 자취가 없다. 그러나 영탄하고 유양揄揚[1]하는 것에 이르면 정감이 있어 천뢰天籟[2]를 드러내는즉 다 씻어 내지 못한 것을 텅 비우게 하니, 당시 여러 명사로서 사모하고 사귀고자 하는 이들이 뒤꿈치가 닳도록 모여들었다. 대사는 또한 붓끝의 구름과 안개로서 우화지장雨花之場[3]에 뛰어들어 갔으니 참으로 기이한 일이었다. 나는 대사가 여러 도를 섭렵하였다고 들었다. 대사는 다른 산에서 돌아가신 지 십수 년이 되었는데 지금까지 지은 것들이 감추어져 전해지지 않았으니 심히 개탄스러웠다. 올봄에 익상益祥 상인이 사문의 의발衣鉢로서 유언을 두루 갖추어 판각하기로 하고, 내 방을 찾아와 상자를 내놓으며 무릎 꿇고 말하길 "제 스승의 이름이 유소有

素인데 어찌 감히 현안玄晏의 칭송4을 바라시겠습니까. 오직 몇 가지 시문에 그치지만 이것들은 군자의 기호에 맞아서 감히 덮어 둘 수 없는 것입니다."라면서 대사의 불후함을 전해 주기를 나에게 청하니 사양할 수 없었다. 또한 익상의 무리들이 애쓰는 것을 갸륵하게 여겼다. 그리하여 대사를 드러낼 것들을 거두어들여 일을 마무리하였는데, 바야흐로 낮에는 판각하고 저녁에는 편집하니 네 권이 되었다. 시는 한 권인데, 오언절구는 유연하면서 맑으며 칠언율시는 질박하면서도 아름답다. 많지 않은 서序는 너그러우며, 비명碑銘과 잡기雜記는 거칠면서도 넉넉하고, 설설說과 녹錄은 풍성하여 차라리 미천함을 건너뛸지언정 공교로움에 머물려 하지 않았으며, 차라리 말이 고졸할지언정 진실이 훼손되지 않았다. 깊고도 넓도다. 그 이치를 알 수 없으나 자연으로 돌아와 세상의 색채·소리와 더불어 같이한 것은 연영燕郢5의 끝채가 된 것과 같다. 앞서 대사는 세상의 맛을 좋아하지 않는다고 했거니와 말의 담박함이야말로 대사에게 찾아야 한다. 비록 그러하나 세상 사람들은 바야흐로 갖가지 색으로 화려하게 치장하고 주현朱絃6의 음악을 느릿하게 연주하며 외물과 접하여 이익을 다툰다. 그 기질에서 벗어난 자들이 떼 지어 일어나 와자지껄하게 "어찌하여 이 어지러운 것으로 말을 지어 오래도록 백성을 젖게 하는가. 밝은 기세가 고목膏沐7을 부질없게 하고 중매를 하려고 하면 무염無鹽8이 될 터이니 장차 이런 사람을 무엇이라 부를 것인가."라고 하였다. 장자는 "오성이 어지러워지지 않고서야 어느 누가 육률에 맞출 수 있으며, 오색을 어지럽히지 않고서야 누가 아름다운 임금의 예복을 만들 수 있을까."라고 하였다. 나는 무릇 공교한 소리와 아름다운 색채로 천하를 어지럽히는 것을 싫어한다. 그러므로 도랑에 버려진 것을 영원히 전해질 것과 함께하는 것이야말로 후세 군자들에게도 해당되는 병통이다. 내가 미치광이 같은 말을 늘어놓았노라.

 신묘년 여름 한복판의 음력 초하루에 예주 사람 신주백申周伯9이 쓰다.

東溪集序

余少而好談藝。往往與當世修詞者游。卽其沾沾慕悅。號爲名工者。采色爛如也。節族琅如也。要其耳目。心思托之。紛華倩笑。而沽之於順風加聲之地。朝立肆而千金者。夕徃私心甚狹之。以爲山林之畏佳。必有碩大之士。不艶情於世味。而澹乎其言者。於是復求之西方之教。□□□□□□州之□□。有太虛子敬一。法門翹楚也。旣習于禪衲錫在雲松間。世無能跡之者。然乃至泳歎揄揚。情有所感。而發之於天籟。則不得盡洗而空之。一時諸名士。慕而交者。踵相磨也。師亦以筆下雲烟。闌入雨花之場。甚奇也。蓋余聞諸道踣師之。示寂於它山十數年。于今而所撰述。秘而不傳。又甚慨也。是歲春。有上人益祥。以師門衣鉢。網羅遺言。將事剞劂氏。乃庚造余室。發篋而跽曰。吾先師之諱名也有素。豈敢望玄晏之賜。唯是瑣篇零句。寔中君子之嗜。不敢終閟。以先師不朽請余。旣未獲辭。且喜祥之徒汲汲。然以其師顯因。受而卒業。稍稍日刪而夕次之。卷凡四。詩得其一。五言絕之。油然而澹也。七言律之。樸也文。而爲小序之涵也。碑銘雜記之麄而衍也。說錄之富也。寧涉於野。而不欲居于巧。寧拙於言。而不欲病其眞。冲乎漠乎。莫知其所爲。而乃返自然與世之爛如琅如者。燕郢之轅矣。曰余所謂不艶情於世味。而澹乎其言者。果在師乎。果在師乎。雖然世之人。方且靑黃而藻梲。方且朱絃而疏越。方且與物交而爭利。彼其於質中而飽外者。羣起而呱之曰。惡用是賢賢爲斯言也。漸民久矣。彝光廢膏沐。而當蹇修。卽化爲無鹽。將斯集之謂何。莊生有言。五聲不亂。孰應六律。五色不亂。孰爲黼黻。余惡夫巧聲媺色亂天下矣。故以溝中之斷。而並存於不朽。後之君子。殆亦移病。我狂言狀。

　辛卯仲夏初吉。禮州人申周伯書。

주

1 유양揄揚 : 임금의 덕을 드러내어 칭송함.
2 천뢰天籟 : 자연현상에서 나는 소리. 여기서는 아름다운 시문을 말한다.
3 우화지장雨花之場 : 옛날에 부처가 설법說法할 때 하늘에서 꽃들이 내려 공중에 가득하였다는 고사가 있는데, 우화지장에 뛰어들었다고 말함으로써 시승으로서 동계의 면모를 강조하고 있다.
4 현안玄晏의 칭송 : 현안은 진晉나라 황보밀皇甫謐의 호이다. 황보밀이 일찍이 좌사左思를 위해 삼도부三都賦의 서문序文을 써서 명성을 얻었다는 고사가 있는데, 여기서는 다른 사람에 의해 시문이 훌륭하게 평가되는 것을 말한다.
5 연영燕郢 : 연燕은 북쪽에, 영郢은 남쪽에 있는 나라로, 상호 먼 관계를 비유하고 있다. 여기서는 동계의 시문이 승속적 요소를 두루 갖추고 있으며, 높은 문학성을 유지하고 있다는 점을 밝히기 위해 사용하고 있다.
6 주현朱絃 : 『禮記』「樂記」에 "청묘의 거문고는 붉은 줄로 되어 있고 소리가 느릿해서 한 사람이 선창하면 세 사람이 화답하여 여음餘音이 있다.(淸廟之瑟。朱絃而疏越。壹倡而三嘆。有遺音者矣。)"라는 대목에서 나온 말로, 여기서는 동계의 글을 칭송하기 위해서 쓰이고 있다.
7 고목膏沐 : 머리 감은 후 기름을 바르고 꾸미는 것을 말한다. 『詩經』「衛風」〈伯兮〉에 "남편이 동으로 간 이후로 내 머리는 쑥대강이 되었노라. 어찌 감고 기름칠 못할까마는, 누구를 위해 모양을 낸단 말인가.(自伯之東。首如飛蓬。豈無膏沐。誰適爲容。)"라는 대목이 보인다.
8 무염無鹽 : 전국 시대의 추녀醜女를 말한다.
9 신주백申周伯 : 주백周伯은 신유한申維翰(1681~1752)의 자이다. 호는 청천靑泉이며, 1713년(숙종 39)에 문과에 급제하였다. 저술로 『海遊錄』이 있으며 사명당四溟堂 유정惟政의 『奮忠紓難錄』을 편찬하였다.

동계집 제1권

| 東溪集 卷之一 |

오언절구
五言絶句

가을날 동명 정 선생에게 부치다
秋日寄東溟鄭先生

멀리서 동명 선생[1]을 생각하는데	遠憶東溟老
가을바람에 귀밑털이 헝클어지네	秋風鬢欲絲
새 문의 돌다리 밖에서	新門石橋外
몇 번이나 송승시를 지었나	幾賦送僧詩

새벽에 일어나
曉起

창 사이로 찬 기운이 스며드는데	窓間涼氣透
하늘에는 화성별이 흐르네	天外火星流
긴 비 끝에 산은 모습을 드러내고	宿雨開山面
봉우리마다 가을빛이 완연하네	千峰半是秋

언 상인을 보내며
送彦上人

봄바람이 홀연 세게 부는데	春風忽飄蕩
홀로 호서로 떠난다네	獨向湖西往
시내 다리에서 서로 헤어지는데	相送出溪橋
봉우리에서는 아침 해가 돋네	朝陽生嶺上

시내 남녘의 저녁 풍경
溪南暮景

노을빛이 밝고 깨끗한데	落日澹餘暉
먼 산에 가는 비 그친 후일세	遠山微雨後
저녁 새들은 시내 남녘을 지나고	宿禽過溪南
나는 홀로 못가 나무숲에 든다네	獨入池邊樹

심 상인을 가야산으로 보내며
送釋心上人之伽倻

가야산으로 나그네를 보내는데	送客伽倻去
동풍이 이별을 노래하네	東風吹別顏
가을 산 밝은 달 아래	秋山明月下
나는 백운관[2]을 찾아드네	扣我白雲關

왕림사에서 윤 수재와 이별하다
王林寺別尹秀才

늦을 녘 들 절에 가을바람 부는데	野寺秋風晚
이정에서 객을 보내니 슬프다	離亭送客悲
늦 매미가 헤어짐을 아는지	寒蟬知惜別
해 질 때까지 울고 있다	吟到夕陽時

청심루[3]에 올라
登淸心樓

수락산 마암에 날이 저무는데	水落馬巖夕
종소리에 신륵사의 가을 깊어 간다	鍾鳴神勒秋
긴 모래톱에 날 저무는데	長洲日欲暝
객은 강 위의 정자에 오른다	江上客登樓

산속의 가을 흥취
山居秋興

홀로 사니 바깥일이 없고	索居無外事
마음은 흰 구름같이 한가하다	心與白雲閑
시의 흥취는 어디에 있는가	詩興在何處
강 위의 산에는 가을빛이 짙다	秋高江上山

가을날 분성[4]의 우 사군에게 올리다
秋日呈盆城禹使君

사또[5]가 밟은 단풍잎이요	五馬踏紅葉
사군이 노니는 가을 산이라	秋山遊使君
누대 위에서 맑은 술잔을 대하니	淸尊對樓上
차가운 구름이 자리에 가득하네	滿席有寒雲

덕연 처사에게
寄德淵處士

글은 동명 선생과 같이 막힘이 없고	文與東溟濶
명성은 북두칠성과 다툰다	名爭北斗高
여산에서 늙어 가는 혜원은	廬山老惠遠
술 없이도 도연명을 불렀다	無酒可招陶

두류산의 지명 스님에게 주다
贈頭流僧智明

웃으며 스님에게 사는 곳을 물었더니	笑問師何住
두류산 제일봉이라 말하네	頭流第一峯
내일 아침 홀연히 가는데	明朝忽歸去
흰 구름은 첩첩하네	白雲重復重

객이 태허당을 조롱하는 시에 차운하다
次客嘲太虛堂韻

내 당호는 태허당인데	吾堂號太虛
단지 청허를 좋아하는 것은 아니지	不獨愛淸虛
육기六氣[6]가 끝없이 변해서	六氣無窮化
비록 비었다 해도 빈 것이 아니라네	雖虛不是虛

가을 생각
秋思

푸른 나무에 가을바람이 높고	碧樹秋風高
푸른 산에는 날이 저문다	靑山日將暮
뜬구름은 흘러가 쉴 줄 모르고	浮雲去不休
나그네는 홀로 늙어 간다	客子天涯老

김생에게 주다
贈金生

청산은 지는 해로 가득하고	靑山落日滿
옛 절에는 가을빛이 완연하다	古寺多秋色
바람 부는 난간에서 한잔 술 마주한 이는	一尊對風軒
푸른 골짝의 나그네로다	紅塵碧洞客

벽 위의 용 그림에 제하다
題壁上龍圖

어느 해에 호랑이 머리를 돌아보았나	何年顧虎頭
벽 가득하게 창주[7]가 그려 있네	滿壁畫滄洲
용이 날아갈 것을 염려하여	却怕龍飛去
그때는 눈동자를 그리지 않았지	當時不點眸

운가산을 읊다
詠雲假山

앉아서 일출을 보고 있는 새벽	坐見扶桑曉
구름은 멋대로 산을 그려 낸다	橫雲作假山
산은 붉고 푸르고	山含紅翠色
아침 해는 그 사이에 비춘다	朝日吐其間

천생성[8]에서 의선 산인을 이별하다
天生城別義禪山人

나그넷길은 뜬구름 밖인데	客路浮雲外
쓸쓸한 성에는 비가 내린다	孤城片雨中
갈래 길에서 갑자기 헤어져	臨歧忽相別
머리를 돌리니 봄바람 불어오네	回首又春風

밤에 앉아서
夜坐

한밤중 문밖에는 비가 오고	戶外三更雨
밤새껏 책상 앞에는 등불이 밝네	床前五夜燈
부들방석에 앉으니 물아가 하나인데	蒲團空物我
선승 홀로 고요하다	寂寂一禪僧

보 선자에게 주다
贈寶禪子

바람 심하고 물소리 요란한데	風動水聲亂
비 갠 후 산 빛이 짙다	雨晴山色浮
표연히 떠난 스님	飄然一瓶錫
혜원 스님 같은 이 몇 번 찾았나	幾訪遠公流

하산[9]의 사군이 나에게 무슨 가르침이 있느냐 묻자 시 두 수로 대답했다
夏山使君謂我曰師以何敎我以此答之二首

[1]

푸른 하늘은 고요하고 넓은데	碧天寥廓處
해는 더욱 더 밝다	白日更分明
책상 앞의 봄잠에서 깨어나	一覺春床睡
장년의 꿈 이루지 못한 걸 깨닫다	長年夢不成

[2]

나무에서는 가지와 잎을 치고	擧樹除枝葉
구슬에서는 먼지를 없앴다	呈珠去垢塵
조계는 묘계를 보여 주니	曹溪示妙訣
면목은 본래 참된 것이라	面目本來眞

고요함을 깨닫다
惺寂

고요함은 혼미하고 머물지 않는데	寂寂非昏住
깨달음이 어찌 망녕된 생각이랴	惺惺豈妄情
본래 진면목이니	本來眞面目
마음이 고요하고 맑아라	寂寂又惺惺

육언절구
六言絕句

봄의 회포
春懷

산에는 꽃이 질락말락	山花欲落未落
골짝에는 짧고 긴 새소리	谷鳥長吟短吟
침상에선 한 가닥 나그네 꿈	枕上一段覊夢
등불 앞에선 만 리를 달리는 고향 생각	燈前萬里鄉心

산속의 봄
山居春事

조각조각 산 구름 물처럼 흐르고   山雲片片水流
달빛 아래 안개 푸른데 꽃이 진다   烟月蒼蒼花落
서쪽 숲에서 두견새 우는데   蜀魄啼在西林
호승은 남악에서 꿈을 깬다   胡僧夢罷南岳

늦은 봄 이생의 초당에 제하다
暮春題李生草堂

곳곳에서 앵무새 제비 울고	處處鶯吟燕語
집마다 푸른 버들 붉은 꽃	家家柳綠花紅
유인과 지친 나그네 어울리는데	遊人相與倦客
가는 비 내리고 바람 비껴 분다	細雨時逐斜風

칠언절구
七言絶句

망심암에 제하다
題望深菴

강가의 푸른 산 웅장한데	江上靑山勢欲浮
초가집 한 칸 물가에 붙어 있네	一間茅舍俯滄流
수염과 머리털 하얀 늙은이	霜髥鶴髮閑翁在
때로 남창에 기대어 〈백구사〉를 분다	時倚南窓管白鷗

밤에 백운암 남쪽 난간에 앉아
白雲庵南軒夜坐

높은 난간에 쓸쓸히 앉은 황혼 녘	獨憑高檻正黃昏
긴 비에 뜰 안 나뭇잎에 빗소리 들리네	庭葉時鳴宿雨聞
건너 숲이 밝았다 어두웠다 하는데	會看隔林明暗色
산 중턱에는 조각달과 구름일세	半山微月半峯雲

달을 읊다
詠月

푸른 바다 용은 여의주를 물고	碧海龍兒掌頷珠
밤하늘에 올라 천도에 바치네	夜昇閶闔獻天都
항아의 어여쁜 무지개치마 비추다가	姮娥照取霓裳美
그림자 있나 없나 꽃에 기대 웃고 있네	笑倚丹叢影有無

가을을 느끼다
感秋

한밤 서쪽에서 한바탕 비바람 불더니   夜來一陣西風雨
문밖의 산마다 가을이 깊었네   門外千山太半秋
가을빛에 사람들 쉬이 늙어 가는데   秋色感人人易老
늘어난 백발에 절로 놀라네   自驚霜髮傲侵頭

작강에서 배를 타고 감로사로 돌아가다
自鵲江泛舟歸甘露寺

경쾌한 바람에 일엽편주 흘러가는데	扁舟一葉駕輕風
해그림자와 물결 색 허공에 흔들린다	日影波光盪素空
뱃전을 두드리며 감로사로 가려는데	扣枻欲歸甘露寺
푸른 산이 반은 흰 구름 속에 잠겼네	靑山半入白雲中

통도사에서 거닐다
遊通度寺

시내는 천년 금빛 사찰을 두르고	金刹千年帶一川
봄날 누대는 어둔 연기에 잠겼네	樓臺春日暗風烟
스님 말로는 이곳의 부처님 사리는	僧言佛骨藏於此
서쪽 오천축에서 왔다 하네	來自蟠西五印天

부용탄에서 입으로 읊다
芙蓉灘口占

푸른 강은 용이 서리듯 굽었고	滄江屈曲似龍盤
산 그림자 물결 가로질러 위아래로 지네	岀影橫波上下山
산사의 스님 일 없고	山寺有僧無一事
늦을 녘 맑은 풍경 소리 앞 여울에 떨어지네	晩敲淸磬落前灘

봄눈
春雪

새벽 되어 뜰 안 나무에 꽃이 만발하더니	曉來庭樹滿芳華
다시 숱한 눈송이가 주렴에 비껴 내리네	更有穿簾萬片斜
잊고 있던 봄빛이 일찍 오고	忘却一春春色早
사람들은 배꽃이라 잘못 말하네	錯敎人道是梨花

한가롭게 거닐다
閑行

꽃 피고 버들개지 피는 때 좋은 삼월	芳草綠楊三月好
홀로 지팡이 짚고 느릿느릿 걷는다	獨攜藜杖步遲遲
우연히 물 따라 낙화의 길 따라갔다가	偶隨流水落花路
비껴 부는 바람 속에 가는 비 맞고 돌아왔다	歸趁斜風細雨時

〈서호팔경〉 시에 차운하다
次西湖八景韻

모래톱에 내려앉는 기러기 平沙落鴈

서풍이 홀연 불어 물결이 거세고	西風忽起滄洲動
저물녘 모래펄에 기러기들 분분히 내려앉다가	歸鴈紛紛下晚沙
흰 마름 붉은 여뀌 위로 빙빙 날아오르니	飛繞白蘋紅蓼上
가을 강의 흥취 이 어떤가	一江秋興復如何

동정호의 가을 달 洞庭秋月

맑고 잔잔한 삼백 리 호수	湛湛平湖三百里
멀리 목란주를 저으며 노네	蘭舟桂棹渺然遊
하늘빛과 물 색깔이 거울처럼 빛나는데	天光水色渾如鏡
또 늦가을 달이 떠오르네	更有氷輪帶九秋

안개 낀 절간의 저녁 종소리 烟寺暮鐘

산 아래의 긴 호수, 호숫가의 절	山下長湖湖上寺
푸른 연기가 앞 봉우리를 가리운다	蒼烟一抹染前峰
해 지는 물가에는 늦가을 단풍 곱고	滄洲日落楓林晚
강 건너에선 바람결에 종소리 들려오네	風送隆隆隔岸鐘

산속 저자의 맑은 산기운 山市晴嵐

비 온 후 아지랑이 가볍게 아른거리다	雨後輕飛細細嵐
산의 남북에 머물다 사라지네	抹留山北又山南
곁에 사람 참 좋은 때를 알고 있으니	傍人鮮道何時最
향초와 국화 피는 구월과 삼월이라네	芳草黃花月九三

먼 포구로 돌아가는 돛단배 遠浦歸帆

하늘 끝 배 타고 나는 이 누구인가	天際何人飛一棹
산들바람 불어와 돛대를 부풀린다	依依帆腹帶風肥
장한張翰이 강동으로 가지 않았다면[10]	若非張翰江東去
아마도 서생徐生[11]처럼 바다로 갔으리	恐是徐生海上歸

저물녘 내리는 강 하늘의 눈 江天暮雪

온통 흰 눈이 강 하늘에 날리고	晶晶江天飛六出
이 가운데 흥이 나는 걸 누가 알랴	此中漫興有誰知
엄공이 동려[12]에서 낚시질하는 저물녘	嚴公把釣桐廬夕
왕자는 배를 타고 염계剡溪[13]에 드는 때다	王子揚舲入剡時

어촌의 낙조 漁村落照

석양빛은 백사장과 굽은 누대를 비추는데	落照平沙與曲臺
그 누가 피리 불며 술을 마시나	幾人橫笛又含盃
노 젓는 소리에 갈매기 놀라 깨고	棹歌驚起眠鷗夢
물새 나는 강촌에 어둠이 찾아드네	飛帶江村暝色來

소상강의 밤비 瀟湘夜雨

언덕에 피리 소리 은은히 들리고	冉冉斑篁滿岸依
강 안개 속에 부슬부슬 내리는 저녁 비	一江烟雨暗霏霏
상군湘君[14]은 한이 맺혀 눈물 흘리고	湘君有恨多情淚
향혼香魂[15]은 천 년 되어도 돌아오지 못하네	千載香魂托不歸

여 수재의 〈불지봉〉 시에 차운하다
次呂秀才佛池峯韵

텅 빈 산에 나뭇잎 지는 저물녘	山空木落夕陽盡
달이 뜨고 새 돌아가자 인기척 없네	月出鳥歸無人烟
학 타고 내려온 신선 석단에 단정한데	謫仙騎鶴石壇靜
북두칠성을 바라보며 가을 하늘 읊조리네	夜瞻北斗吟秋天

우징 상인의 시에 차운하다
次宇澄上人韻

상인의 마음과 자취를 보는 것 같겠는가	上人心跡看何似
들 학과 조각구름 형세가 비슷하지	野鶴孤雲勢兩齊
『능가경』 한 부를 다 읽으니	讀罷楞枷經一部
흰 원숭이 울음 그치며 달이 낮게 기우네	白猿啼後月初低

하산과 현성[16]의 두 사군에게 올리다
呈夏山玄城兩使君

단풍 물든 봉우리들 사이로 흰 구름 떠 있고	紅樹千峯間白雲
늦가을 산 빛은 비단 병풍을 만들었다	九秋山色錦屛分
취중의 좋은 구경 누가 같이 누리나	壺中勝賞誰同得
두 사군에게는 풍류가 있다네	自有風流兩使君

하산의 이 사군을 가야산으로 전송하며
送夏山李使君遊伽倻山

가야산은 온통 가을빛으로 물들었는데	伽倻山色十分秋
우리 사군 다섯 말의 수레에 보내노라	爲送吾候五馬遊
지금 떠난 조각구름 어디서 볼 건가	此去孤雲何處見
아마도 홍류동紅流洞¹⁷의 무릉교武陵橋¹⁸에서겠지	武陵橋上是紅流

〈송인〉 시에 차운하다
次送人韵

동풍 불 때 석장 날려 금관을 떠나는데	東風飛錫出金官
멀리 두류로 향하는 길 험하다	遠向頭流行路難
구름이 정처 없이 떠돈다 하지 마라	莫道雲蹤無定住
산꽃이 지기 전에 모름지기 돌아오리라	山花未落卽須還

스님을 풍악산으로 보내며
送僧遊楓岳

지팡이 짚은 스님이 분주를 떠나	藤筇雪衲出盆州
절승 노닐러 멀리 관동을 향하네	遠向關東作勝遊
그대 가거든 풍악의 좋은 경치 한번 보소	君去試看楓岳好
구름 조각 옥같이 비추는 맑은 가을이라네	斷雲群玉映淸秋

금강산을 읊다
詠金剛山

망망한 봉래 바다는 맑고 얕은데	茫茫蓬海水淸淺
산호같이 일만 이천 봉이 드러났네	露出珊瑚萬二千
하고 많은 봉우리들 모두 흰빛인데	多少羣峰皆雪色
이 몸은 옥경玉京[19]의 신선이 되었다네	此身來作玉京仙

모든 것은 하나로 돌아가는데
萬法歸一

만법이 하나로 돌아가면, 하나는 어디로 갈까 萬法歸一一何歸
팔물이 모두 돌아갔으나 간 곳은 볼 수 없네 八物咸歸不見歸
정문頂門[20]을 얻는다면 밝은 눈이 열릴 것이니 若得頂門開活眼
산하대지는 온통 전기全機[21]를 드러냈도다 山河大地露全機

적천사의 호 장로에게 보이다
示磧川寺湖長老

부처가 곧 마음이요, 마음이 곧 부처인데	佛卽是心心卽佛
물결이 물이 되고 물이 물결 되는 것 같다	如波還水水還波
별안간 한 생각이 무념으로 돌아가니	瞥然一念歸無念
어찌 위음威音[22]의 집에 곧바로 이를까	直到威音那畔家

우연히 두 수를 읊다
偶吟二首

[1]

아침내 밥을 먹고 어찌 또 밥을 먹나	終朝喫飯何曾飯
밤새 잠 잤으나 잔 것이 아닐세	竟夜沉眠未是眠
머리 숙이고 본 것은 못 속의 그림자뿐	低首只看潭底影
밝은 달이 하늘에 뜬 줄 몰랐네	不知明月在靑天

[2]

소를 탄 채 소를 찾으니 가소롭잖나	可笑騎牛更覓牛
모름지기 머리 위에 또 머리를 얹지 말라	不須頭上更安頭
조계曹溪[23]의 거울 속에는 원래 물건이 없는데	曹溪鏡裡元無物
천하의 선승들은 면벽하고 구하네	天下禪流面壁求

봄날 배를 타다
春日舟行

봄 되어 배 타고 가니	扣枻乘春去
날개 돋친 신선 같구나	人疑羽化翁
배는 푸른 강물을 가르고	帆分江水綠
상앗대에 언덕 위 붉은 꽃 걸리네	棹拂岸花紅
저녁 포구에 맑은 노을 지는데	晚浦飛晴靄
연기 싸인 봉우리는 비췻빛에 잠겨 있네	烟岑鎖翠虹
도화원은 어느 곳에 있는지	桃源何處是
연단鍊丹[24]의 효험을 알고 싶다	欲問鍊丹功

정 교수의 시에 차운하다
次鄭教授韻

푸른 산 흰 구름의 길	靑山白雲路
석장을 날리며 동쪽 숲을 나선다	拂錫出東林
저물녘 강관에 부는 봄바람	江舘春風暮
영재[25]에는 밤이 깊었네	鈴齋夜漏深
똑같이 천 리 밖의 나그네 되어	同爲千里客
평생의 마음을 함께 토하네	共吐百年心
〈아양곡峩洋曲〉[26]을 연주할 때	爲奏峩洋曲
마르고 습한 음도 용케 분별하지	須分燥濕音

물 구경하다
觀漲

큰비에 물결 일렁이고	大雨驚瀲漢
높은 처마에서는 동이물 쏟아지네	高簷注建瓴
거친 물결은 큰 골짝을 울리고	狂濤噴巨壑
화난 폭포는 푸른 절벽을 갈라놓네	怒瀑裂蒼屛
찢는 듯한 천둥소리에 돌 구르고	轉石雷霆鬪
요란한 벼락 소리 산을 울리네	驅山霹靂聽
물가에 가 추수를 노래하고	臨流詠秋水
하백河伯을 푸른 바다와 견주어 보네[27]	河伯擬滄溟

신재의 여행길에 부치다
寄㽦齋旅榻

바닷가에는 찬 서리 내리고	海國寒霜落
강 모래톱에는 나뭇잎 날린다	汀洲木葉飛
하늘 멀리 기러기 사라지고	鴈行天外細
섬 사이로 구름 그림자 희미하다	雲影島間微
두 곳으로 갈려 서로가 이별하는데	兩地人相別
가을 나그네 돌아가지 못한다	三秋客未歸
산방에서는 새벽 꿈에 놀라고	山房驚曉夢
바람은 칡넝굴 옷[28]을 흔든다	風動薜蘿衣

분성의 우 사군에게 올리다
呈盆城禹使君

사또가 진경 찾아 나선 날	五馬尋眞日
강산은 낙엽 질 때이지	江山落木時
도옹陶翁[29]은 와서 술을 찾고	陶翁來索酒
원로遠老[30]는 앉아서 시 읊는다네	遠老坐吟詩
서리 내려 숲속은 곱게 물들고	霜葉粧林面
맑은 안개 암혈을 가린다	晴嵐抹峀眉
선방에서 두런두런하는데	禪房攜話處
물시계 소리에 새벽빛이 더디다	仙漏曉光遲

우 사군과 배 타고 황산강을 내려가며 원轅 자로 답하다
與禹使君舟行下黃山江答轅字

거울 속 같은 강을 노 저어 가니	鏡裡橫蘭槳
바다 어귀엔 높은 돛단배 보인다	高帆指海門
옛 절은 푸른 산에 숨었고	靑山隱古寺
쓸쓸한 마을은 단풍 속에 묻혔다	紅葉掩孤村
비 올 것 같은 음랭한 가을날	欲雨秋陰冷
바람과 함께 물빛마저 어둡다	將風水影昏
신묘한 효험에 이르지 못했으나	神功通不濟
헌원軒轅[31]은 천년을 기뻐하네	千載說軒轅

유생의 〈유감로사〉 시에 차운하다
次柳生遊甘露寺韻

서로 손잡고 강가 절을 찾아	聯袂尋江寺
누대에 의지한 채 노래 부르네	高吟共倚樓
신선 바람에 소매 끝이 찬데	仙飇吹袖冷
푸른 안개 발에 가득 떠 있네	空翠滿簾浮
저물녘 기러기들 긴 모래톱에 내리고	鴈下長洲夕
낙엽 지는 가을날 중은 돌아간다네	僧歸落木秋
물과 구름 있는 좋은 곳에서	水雲佳會地
오늘은 맑은 놀이로 시를 짓는다네	今日賦淸游

퇴우 상국에게 드리다
寄呈退憂相國閤下

세상에 비길 데 없는 선비	絶代無雙士
당대에 첫째 가는 사람일세	當今第一人
조정에서는 나라의 기둥으로 불리고	廟堂稱柱石
가세는 본디 청진했다네	家世本淸眞
민생 돌봄은 오래된 소망인데	宿負民生望
바야흐로 나라의 중신 되었네	方爲社稷臣
멀리 광릉에서 헤어짐을 생각하니	遙懷廣陵別
그때는 스물여섯의 청춘이었지	二十六靑春

문곡 상국에게 올리다
呈文谷相國閣下

계단 아래에서 절 한번 올렸는데	一拜台階下
지금 어언 이십 년	于今二十年
흑두黑頭의 참 재상이었으며	黑頭眞宰相
청안靑眼[32]의 이름 높은 현자였네	靑眼大名賢
방초는 왕손의 아름다움인데	芳草王孫綠
두견새 우는 소리 가련하구나	啼禽蜀魄憐
덕음으로 오래도록 비추며	德音長耿耿
소매 속의 시편을 크게 읊는다네	高詠袖中篇

백련사의 강월헌에 제하다
題白蓮社江月軒

작은 난간에 구름 조각 외로운데	小檻雲端逈
온 하늘은 짙푸르다	諸天在蔚藍
구슬 처마 위로 푸른 은하수 흘러가고	瓊簷飛碧漢
단청한 마룻대에 맑은 안개 솟아난다	畵棟聳晴嵐
취해선 신선의 흥에 젖었다가	漫醉仙區興
돌아서선 깊이 부처에 귀의하네	還深佛日貪
애오라지 쇠약하게 늙어 갈 뿐이니	聊將衰暯境
강의 남쪽을 바라보며 노래를 읊조리네	憑唱望江南

또
又

붉은 난간 위로 다가서니	徙倚朱闌上
표표히 부는 바람 흥취가 일어나네	飄飄逸興舒
강산은 눈앞에 넓게 펼쳐지고	江山雙眼濶
바람과 달은 한가지로 흉금을 열어 놓네	風月一襟虛
새는 허공 속으로 사라지고	鳥入長空沒
구름이 끊긴 산 여유롭네	雲歸斷岳餘
시구를 얻으려 수염만 배배 꼬고	撚髭聊得句
글 짓기 위해 힘껏 붓 잡아 보네	拈筆强爲書

또
又

골짝에는 수레 소리 끊기고	碧洞輪蹄斷
아득하게 붉은 난간이 열리네	朱闌縹緲開
시내 구름은 저녁 따라 일어나고	溪雲從夕起
두견새 소리 봄을 알리네	杜宇帶春廻
강가에 맑은 바람이 불어오고	江上淸風至
산간에는 밝은 달이 떠오른다	山間明月來
소동파의 시 크게 읊조리며	高吟蘇子賦
나그네에게 술 한잔 권해 보네	倩客一含盃

신재에게
寄愼齋

한 해도 저무는 때	歲暮窮陰遍
하늘은 찬데 먼 객 수심에 잠겼다	天寒遠客愁
여관으로 북풍이 불어오는데	朔風吹旅幌
사나운 눈발 속에 물가는 캄캄하네	蠻雪暗滄洲
반가운 얼굴 몇 번 보았는지	幾騁雙靑眼
공연히 흰 머리 한번 돌려 보네	空回一白頭
도리화 핀 봄날의 저물녘	來春桃李夕
거듭 찾아와 노니네	重作扣門遊

분성 명부[33] 이 공에게 드리다
呈盆城明府李公

부백은 풍류가 뛰어나고	府伯風流勝
장군의 절제는 존경할 만하지	將軍節制尊
하늘 끝에서 북궐[34]을 생각하며	天涯懷北闕
바닷가에서 남쪽 번을 지킨다네	海上鎭南藩
전성專城[35]은 다섯 말의 수레로 달려가고	五馬專城躍
칠읍에 쌍정雙旌[36]이 나부낀다	雙旌七邑飜
산중의 한가로운 나그네	山中有閑客
해 저무는데 원문轅門[37]을 찾는다	落日叩轅門

회포를 적어 현 상인에게 드리다
述懷贈玄上人

세상길에는 험한 일이 많아	世路多艱險
이 몸을 공문에 맡겼네	空門托此身
시비는 능히 일을 그르치고	是非能害物
영욕은 분명 사람을 해친다네	榮辱冝侵人
달빛 가득한 두류산의 새벽이며	月滿頭流曉
꽃이 환히 핀 설악의 봄이라네	花明雪岳春
명산에서 오랫동안 주승으로 머물렀고	名山長作主
가는 곳마다 청빈하게 살았다오	隨處任淸貧

기러기를 읊다
詠鴈

어젯밤 가을바람 불더니	昨夜秋風動
멀리 아스라이 기러기 떼 날아간다	冥冥送鴈群
기러기 그림자 상수 가를 지나고	影過湘水岸
울음소리 초나라 구름 속에 퍼지겠지	聲落楚天雲
북쪽 변방에서 소무蘇武[38]에게 놀라고	塞北驚蘇武
강남에서는 굴원을 조문한다네	江南吊屈君
천 리 먼 관산에 달이 뜰 때	關山千里月
한나라 군사들 수심에 잠겼지	愁殺漢家軍

조령의 용추를 노닐다
遊鳥嶺龍湫

나는 고달프게 먼 길을 가고	役役吾行遠
나그네 하염없이 가는 길을 재촉하네	忙忙客路脩
조령은 가을 하늘에 높이 솟았고	秋天登鳥嶺
저무는 해는 용추를 비추네	落日俯龍湫
계산 절경이 갑자기 좋아져	乍愛溪山勝
돌아보느라 도리어 걱정을 잊었네	還忘跋涉愁
부질없이 손작孫綽[39]의 시를 읊조리며	空吟孫綽賦
겸해서 신선의 노닒을 즐기네	兼喜謫仙遊

금오산 보봉사에 이르다
到金烏山寶峰寺

맑고도 깨끗한 보봉사	瀟洒寶峰寺
올라 보니 한층 빼어나네	登臨更絶淸
누대는 하늘 위에 자리하고	臺疑天上坐
사람은 그림 속의 행인 같네	人似畫中行
석벽은 하늘 멀리 솟아 있고	石壁凌霄逈
저물어 가는 가을빛 맑기도 하네	秋光向暮晴
스님들은 전생의 교분이 있는지	居僧有宿契
한밤의 속닥거림 정겹기만 하네	一夜共談情

동명 정 선생에게 부치다
寄東溟鄭先生

부자의 문장이 크지만	夫子文章大
동명도 그 깊음엔 견줄 만하지	東溟比厥深
바람과 구름 같은 기백을 갖추고	風雲籠氣宇
조화가 가슴속에 들었다오	造化入胷襟
천고를 넘어서는 독보적인 인물로	獨步凌千古
아름다운 시는 오음과 어울렸지	佳篇協五音
아득한 시절 양마揚馬⁴⁰의 무리는	悠悠楊¹⁾馬輩
하나같이 매미 소리를 흉내 냈지	俱是學蜩吟

---

1) 역 '楊'은 '揚'의 오기인 듯하다.

임 참의에게 드리다
呈任叅議

시단의 종백宗伯[41] 알현하고픈데	欲謁詞宗伯
문 앞에 숨어 사는 분 있네	門前有逸人
안개 속 꽃들이 땅을 덮은 날	烟花籠地日
복사꽃 버들잎에 성안 봄빛 가득하네	桃柳滿城春
시 짓기는 남기南紀[42] 좇았으며	乞句從南紀
글쓰기는 북두성에 이르렀네	論文到北辰
형주는 찬란하게 빛나고	荊珠光燦爛
소매 속에는 보배가 들어 있지	留作袖中珍

익평위에게 올리다
呈益平尉

낭원閬苑⁴³의 참된 수령이요	閬苑眞仙尉
요대瑤臺⁴⁴의 신선 손님일세	瑤臺是羽賓
푸른 복사꽃 빗방울 머금고	碧桃銜雨露
붉은 살구꽃 맑은 봄을 비춘다네	紅杏映晴春
한 순간 현도玄都⁴⁵ 꿈에서 깨어나	一破玄都夢
오랫동안 북극성에서 노닐었지	長游紫極宸
때로 퉁소로 소사簫史⁴⁶곡을 불면	時吹簫史曲
봉황이 내려와 춤추는 것 보았지	看取鳳來秦

청평사에서 영우 상인에게 드리다
清平寺贈靈祐上人

외롭게 남쪽에서 온 선비	落落從南士
머나먼 북관을 향하네	悠悠向北關
세상에는 흡족한 즐거움 없는데	世間無足樂
방외에는 한가함이 있다네	方外有餘閑
눈 내리는 청평사의 달밤	雪月淸平寺
봄바람은 개골산을 열어 놓네	春風開骨山
스승에게 받은 정 이미 깊었으니	荷師情已慣
세월만은 더디 흘렀으면	留待歲將闌

백암에서 이별하며 남긴 시에 차운하다
次栢庵留別韻

비 그치자 산에는 해 기울고	雨歇山將暮
봄이 깊어지자 나그네 이르렀네	春深客到時
주인은 오히려 구면이고	主人猶舊面
도반은 갓 사귄 사이라네	禪侶卽新知
뜰 안의 나무 꽃이 자리에 나부끼고	庭樹花飄席
창가 소나무에는 이슬이 맺혀 있네	窓松露滴帷
내일 아침에는 이별 시를 읊조릴 것이니	明朝還賦別
본디 만나고 헤어짐은 기약 없다네	聚散本無期

환적 노인이 영단을 준 것에 감사하며
謝幻寂翁寄靈丹

환적 노인이 선약을 만드니	幻寂仙翁劑
배울 만한 기이한 방편일세	奇方有所從
모산茅山[47]에서 비결을 받고	茅山傳秘訣
화정華頂[48]에서 제사를 올렸지	華頂受禪封
바위 속에서 나물을 캐는데	采得岩中髓
돌 위의 소나무에 봄이 왔네	春來石上松
어찌 백 가지 풀을 맛보았겠나	何須嘗百草
이 약초는 신농씨가 뿌린 거라네	此藥漏神農

권 승지에게 드리다
寄權承旨

지금 세상살이 이와 같으니	世路今如此
사람들 사이에는 시비가 많다네	人間足是非
문성文星[49]이 황제의 자리를 내놓고	文星辭帝座
나라의 선비는 왕성을 떠난다네	國士出王圻
강남에는 가을빛이 다하고	秋色江南盡
서리 맞은 기러기 바다 위 날아가네	霜鴻海上歸
석장을 날리며 돌아가	欲將飛錫去
적공翟公[50]의 사립문 열고 싶네	爲扣翟公扉

감로사에서 호남 방백 조세환 상공에게 드리다【2수】
甘露寺呈湖伯趙世煥相公【二首】

[1]

방백의 현명함은 소문났고	聞道賢方伯
문장은 세상에 이름 높았지	文章絕代高
장자와 굴원이 낫다고 할 수 없고	莊騷難賈勇
이백과 두보도 인정할 걸세	李杜肯誇豪
역로에 내리는 봄비 길을 잃게 하고	驛路迷春雨
저물녘 파도는 가는 배를 밀어내네	征帆逐暮濤
동림에서 늙어 가는 혜원은	東林老惠遠
유도劉陶[51]를 만나 한바탕 웃네	一笑對劉陶

[2]

강변의 절은 고요하고	蕭寺臨江岸
구름 누각은 높은 은하수에 빠져 있다	雲樓入漢高
그곳 스님들 모두 도를 보배로 여기는데	居僧皆道寶
나그네는 시인들을 모은다	過客捴詩豪
긴 모래톱 위로 달이 솟고	天送長洲月
너른 바다에는 파도가 밀려오네	潮驅大海濤
방백이 지닌 풍류는	風流有方伯
진의 육수정 도연명 못지않네	不啻晋劉陶

조 공의 차운시를 첨부하다 附趙公次韻

[1]
지팡이를 짚고 어디서 왔는지	杖錫來何自
비로소 선풍이 높은 것을 아네	禪風始識高
마음은 삼계三界[52]를 벗어나 맑고	心超三界淨
도는 부처님을 이어받았네	道繼大雄豪
부처님과 절은 짝을 이루었는데	佛日朋金刹
돛배는 푸른 물결 거슬러 오르네	雲帆泝碧濤
새로 사귄 벗은 운수를 알아	新知知有數
웃으며 말하는 게 정겹네	笑語與陶陶

[2]
감로사는 이름 높은 절로	甘露知名寺
치솟은 봉우리를 맞대고 있지	崔嵬面勢高
용당은 멀리 바다를 향해 있고	龍塘朝海遠
어악은 하늘에 맞닿아 있네	魚岳倚天豪
봄이 와 생기가 도는데	弭節春生樹
밤에 주렴 걷고 물결 소리 듣네	開簾夜聽濤
삼 년 동안 세 번 혜원을 보았는데	三年三見遠
찾아온 이가 문득 도연명 같네	過我便如陶

퇴우 상국에게 드리다
寄呈退憂相國

어제는 광릉에 비 오더니	昔日廣陵雨
오늘 영남에는 가을이네	今朝嶺國秋
세상에서 이별한 지 오래되었는데	世間成久別
방외에서는 한가로운 시름 껴안고 있지	方外抱閑愁
멀리서 한양을 바라보니	京洛遙相望
산과 물이 얼기설기 얽혀 있네	山川鬱且繆
기러기를 남쪽으로 날려	南飛將有鴈
남방 고을의 소식 의탁해 볼까	消息寄炎州

기 상인을 호남으로 보내며
送湖南機上人

그대가 호남으로 떠나는 날	君向湖南日
하늘 높은 팔월의 가을이라	高秋八月時
먼 곳에서 고향 생각에 괴롭고	鄕懷天外苦
병든 나그네 마음이 서글프네	病骨客中悲
변방의 기러기 더불어 멀리 사라지고	塞鴈同歸遠
홀로 지팡이 짚고 더디 가네	雲筇獨去遲
헤어짐에 줄 것은 없고	臨歧無所贈
부질없이 시 한 편 건네 준다네	空賦一篇詩

붓을 찾다
索筆

선비는 붓을 모영毛穎[53]이라 칭하고	有士稱毛穎
진시황은 관성管城[54] 벼슬을 내렸지	秦封受管城
천년의 아득한 역사 끝나고	能窮千古事
뭇사람들 정이 교묘히 합해졌지	巧合衆人情
흰머리에도 강건했으며	白首雖云健
누런 수염으로 이름 떨쳤지	黃鬚最著名
긴 세월 벼슬길을 헤매느라	長年游宦海
사립문 당기는 즐거움 못 누렸네	不樂叩柴荊

차산 거사의 시에 차운하여 부치다 [2수]
次寄車山居士【二首】

선비들은 그 빼어남을 좋아했고	慣愛儒林秀
영형寧馨[55]한 도의 향기가 널리 퍼졌지	寧馨道氣芬
『주역』에서는 물리를 헤아리고	易中推物理
윗사람을 섬기며 인문을 구명하네	事上究人文
저물녘 처마에 몇 마리 새 들고	晩數栖簷鳥
산굴에서 나오는 구름 맑게 보인다	晴看出岫雲
갓 쓴 이들 무릎 꿇고 머리 숙이며	坐蒙冠盖屈
절을 찾는 모습이 은근하네	蓮社訪殷勤

또
又

차산 일대의 산 빛이	一帶車山色
푸르게 십 리 걸쳐 나뉘었네	靑分十里居
술자리에서는 달의 모자 기울어지고	醉鄕傾月帽
화락한 자리에서는 봄의 옷깃 끌리네	樂地曳春裾
이치를 살펴 현묘한 법문을 알고	察理知藏密
때를 살펴 말았다 펴도록 맡기네	觀風任卷舒
책들이 좌우에 쌓여 있는	圖書堆左右
한가한 초막에 베개 높여 누웠다네	高枕臥閑廬

지리산 칠불암에 제하다
題智異山七佛庵

신라 초에 개척한 땅에	羅代初開地
고려 때 다시 중건했지	麗朝更布金
가을바람 부는 뜰은 조용하고	秋風庭院靜
해 저무는 골짝은 어둑해지네	落日洞天陰
도를 강의하는 것은 희운希運[56]과 같은데	講道逢希運
불경 이야기에는 깊은 법이 있네	談經有法深
세상에는 천년 꽃비 내리고	千年花雨界
기림祇林[57]에는 쌍수雙樹[58]가 서 있네	雙樹是祇林

파근사에서 탄영 상인과 헤어지다
波根寺別坦英上人

석장 짚고 이곳으로 놀러 오니	杖錫來遊此
두류산 골짝 온통 봄일세	頭流萬壑春
바람은 온화하고 새소리는 어여쁜데	風和禽語婉
비가 지난 뒤 물빛이 새롭다	雨過水容新
쓸쓸한 나그네는 병에 신음하고	吟病爲孤客
스님은 시 이야기를 꺼내네	談詩有上人
내일 아침에 게송 짓고 떠날 곳은	明朝留偈別
영남의 통진 길일세	嶺路是通津

문 선생의 〈가섭굴〉 시에 차운하다
次文先生題迦葉窟韵

나의 생은 진실로 호락瀌落[59]하니	吾生眞瀌落
세상과 더불어 희준犧尊[60]을 기울일 뿐이지	與世作犧尊
뜻은 하늘 끝을 달리고	志騁天人際
정신은 조화의 근본에 두네	神棲造化根
학굴에서 노닐며 기이함을 찾고	搜奇遊鶴窟
승경을 지나서 신선 정원에 이르지	歷勝到仙園
흠뻑 연화 세계 즐기는데	最喜蓮花界
선심은 더럽혀지지 않는다네	禪心不染云

문 선생의 원시를 첨부하다 附文先生元韵

금원金猿[61]에는 숱한 원숭이 사라지고	萬數金猿族
화양華陽에는 높은 어른[62] 숨어 계시지	華陽窃幾尊
솟은 절벽같이 몸을 떨친 우두머리	奮身元聳壁
잡고 보니 부질없는 구름 뿌리	浮執或雲根
땅이 열려 부용 세계 나타나고	地闢芙蓉界
스님이 가섭원을 열었다	僧開迦葉園
산을 올라 하룻밤을 지내노라니	登臨經一宿
도끼질 소리 요란하게 들리누나	樵斧爛應云

사암 폭포
獅岩瀑布

까마득한 푸른 절벽을 오르니	萬仞攀靑壁
흰 무지개가 아찔하게 떠 있네	千尋俯白虹
바람과 우레가 골짝을 울리고	風雷驅絶壑
눈이 창공 가득 내리네	雨雪洒層空
겁먹어 정신이 멍해지고	㥘視還生眩
깜짝 놀라 갑자기 말문이 막히네	驚聞忽作聾
은하수가 구천에 떨어질 때	銀河九天落
유배 온 신선은 부끄럽게 읊조린다	吟愧謫仙翁

분성
盆城

옛적 수로가 머물던 산하에	首露山河舊
새롭게 금주金州[63]읍이 들어섰다	金州邑里新
지형은 수놓은 듯 나뉘었고	地形分錯繡
강줄기는 천진으로 갈라졌다	江勢派天津
여섯 알의 옛일 기이하고	六卵千秋異
쌍무덤은 오래도록 신성하다	雙陵萬古神
해변가 나무는 찬 연기에 희미하고	寒烟迷海樹
성곽 아래로는 해가 지네	落日下城闉

중봉산 내원암에 제하다
題中峰山內院庵

치솟은 봉우리의 절	寺在孤峰頂
앞으로는 푸른 바닷가	前臨碧海湄
바람 소리 물소리가 골짝을 울리는데	風泉鳴洞壑
북두칠성은 처마 끝에 머무네	星斗宿簷楣
학이 삼산三山[64]을 지나는 저녁 무렵	鶴過三山夕
구름이 일곱 섬으로 돌아갈 때	雲歸七島時
아득하게 활기찬 그림이 열리는데	蒼茫開活畫
주렴을 말며 시를 읊조린다	簾卷展吟眉

눌 상인과 헤어지며 드리다
贈別訥上人

계절은 삼경三庚[65]의 더운 때	序屬三庚熱
때는 칠월七月[66]의 가을이라	時將七月秋
하늘 끝에서 홀연 헤어지고	天涯忽相送
바닷가에서 같이 잠깐 놀았지	海上乍同遊
성근 비가 갈 길을 재촉하고	踈雨催行色
매미 소리가 이별의 수심을 돋우네	鳴蟬助別愁
그대는 어디서 괴로워하나	思君何處苦
밝은 달 강가 누대에 가득하네	明月滿江樓

순열 상인과 헤어지며 드리다
贈別順悅上人

덥고 비 오는 삼복을 지나	熱雨三庚後
칠월 초의 맑은 가을이네	淸秋七月初
푸른 나무 위 매미 소리 시끄러운데	亂蟬吟碧樹
맑은 하늘 속으로 새 한 마리 날아드네	孤鳥入晴虛
장막 안에서는 구름과 같이 자고	蘿幌雲同宿
바위 문에서는 학과 같이 있네	岩關鶴共居
떠나는 그대에게 줄 것이 없고	送君無所贈
애오라지 짧은 시 보내네	聊復短篇書

경건히 동명 선생이 백곡 대사에게 준 시에 차운하다
敬次東溟先生贈白谷韵

한림원에서는 천년의 우두머리요	翰苑千年匠
문단에서는 백세의 스승이라	騷壇百世師
높은 재주는 가생賈生[67]을 굴복시켰고	才高賈生屈
한산한 벼슬[68]은 광문廣文[69]을 슬프게 했네	官冷廣文悲
날아간 새는 하늘 멀리 사라지고	去鳥長天沒
뜬구름은 지는 해에 드리워졌네	浮雲落日垂
형주 구슬은 찬란하게 빛이 나니	荊珠光燦爛
비단 시 주머니는 귀중하다네	珍重錦囊詩

삼가 백곡 대사의 시를 차운하다
謹次白谷大師韻

나그네 한양에 머무는 날	客滯秦京日
서녘 바람에 첫 소식이 들려오네	西風送鴈初
홀연 하늘 밖의 편지를 읽고	忽看天外信
먼 곳으로 한양 편지 부치네	遙寄洛中書
성 아래 나무 안개에 덮여 있고	城樹烟光積
강에는 비 내릴 듯 어둡네	江雲雨色舒
나그네 혼은 꿈속에서 훨훨 날아	翩然旅枕夢
고향 집으로 달려가네	飛入故山居

택당[70] 이 선생의 차운시를 첨부하다 附澤堂李先生次韻

그대는 인연 따라 이르렀고	爾自隨緣至
나는 이제야 비로소 보네	吾今着眼初
일찍이 방외方外[71]의 학문을 좇았고	早從方外學
아울러 세상의 책들을 공부했지	兼解世間書
물에 비친 달도 차고 기울며	水月同圓缺
산 구름도 모였다 흩어지네	山雲有卷舒
병석瓶錫[72] 들고 표연히 떠나면	飄然一瓶錫
어디든 머물지 못할까	何地不安居

삼가 퇴계가 임갈천[73]에 의탁한 시에 차운하다
謹次退溪寄林葛川韵

수송愁送[74]은 아름다운 곳으로 이름났으니	勝地名愁送
호중壺中[75]과 같이 절로 아름다웠지	壺中境自佳
복숭아꽃은 물에 떠 흘러가고	桃花流水去
천석은 어지럽게 구름에 덮였네	泉石亂雲埋
퇴계 선생의 글씨는 준수하고	俊彩溪翁筆
높은 풍격은 늙은이 감회를 자아내네	高風葛老懷
몸은 신선 세계에 이르지 못하고	仙區身未到
꿈속에서 단애를 서성이네	夢想繞丹崖

동명 선생이 백곡 대사에게 준 시에 차운하다
次東溟先生贈白谷韻

사람들은 동명東溟의 학문이	人道東溟學
조유曹劉⁷⁶와 같이 갈 만하다 했지	曹劉可並行
재주로는 양나라 여러 선비를 눕히고	才傾梁衆士
기운은 노나라 여러 선생을 눌렀지	氣壓魯諸生
한강은 안개비로 어둑하고	烟雨迷江漢
낙성에는 앵화가 가득하네	鶯花滿洛城
원공의 설법이 끝나니	遠公論道罷
이별의 시가 정취를 높이네	臨別賦高情

동명의 원시를 첨부하다 附東溟元韻

앉을 때는 늘 벽을 마주해 앉고	面壁坐常坐
길을 갈 때는 지팡이 짚고 곧장 가네	攜筇行卽行
길은 응당 만 리 길을 갈 테고	路應回萬里
선을 마치고 삼생 이치 깨우쳤네	禪已悟三生
산사에서 불일佛日⁷⁷을 하직하고 오니	佛日辭山寺
낙성에는 왕춘王春⁷⁸이 이르렀네	王春到洛城
한번 보자 진실로 친구 같은데	一逢眞若舊
멀리 떠나니 아쉬움 누를 길 없네	遠別不勝情

또
又

선생은 숨어 사는 큰 선비이니	先生大隱士
세상에서 영광과 욕됨이 적지	榮辱小塵緣
시와 술로 온통 세상을 잊고	詩酒渾忘世
가야금과 책으로 홀로 천명을 즐겼지	琴書獨樂天
도령陶令[79]의 문 앞에는 버들이 드리웠고	門垂陶令柳
사공謝公[80]의 못에는 연꽃이 가득했지	池滿謝公蓮
텅 빈 밝은 마음 볼 수 없어 한스럽더니	不恨看虛白
도리어 태현太玄[81]은 읽을 만하네	還堪讀太玄

동명의 원시를 첨부하다 附東溟元韵

개사開士[82]들은 흔연히 서로를 알아보니	開士欣相識
공문[83]과의 인연 진실로 있는 것이네	空門信有緣
백 년 인생 중 오직 이날에 달려 있고	百年唯此日
사해는 미천彌天[84]을 마주 대했네	四海對彌天
늘 숲을 이루어 자란 계수를 생각하고	每憶叢生桂
새롭게 『법화경』의 이치를 듣네	新聞妙法蓮
어느 때나 그대 있는 방장에 가서	何時方丈室
단정히 앉아 현담을 나눌까	端坐共談玄

다시 〈낭선〉 시에 차운하다
再次浪仙韵

초막의 처마에 볕이 고요하고	白日茅簷靜
대숲에는 닭과 돼지가 흩어져 있네	鷄豚散竹園
사람들 앉은 자리에서 환아換鵝[85]하고	換鵝人到席
손들 나드는 문에는 제봉題鳳[86]을 했네	題鳳客來門
섬돌 아래 물줄기 날렵히 흐르고	繞砌飛泉脉
뜰 안의 늙은 나무 소반같이 자리했네	盤庭老樹根
산속의 스님 다시 지나치는데	林僧時復過
두 사람 마주보고 말을 잊었네	相對各忘言

임유후[87] 승지가 취미 대사에게 올린 시를 차운하다
次任承旨有後贈翠微韵

공자와 맹자는 진실로 성현이며	孔孟眞賢聖
하늘과 땅은 도덕이 높았지	乾坤道德尊
어떻게 세상의 선비가 되어	何如嘗俗士
다만 늘 세상의 부박한 말을 하네	但尙世浮言
인의를 요도로 삼고	仁義爲要道
선심을 더불어 논할 것이네	禪心可與論
유마 거사는 불이不二[88]를 말하니	維摩談不二
유가와 불가의 가르침은 같다네	儒釋是同門

원시를 첨부하다 附元韵

문장은 작은 곁가지의 하나며	文章一小枝
도 닦는 데는 우러러볼 게 아니지	於道未爲尊
두보가 선지식이었음은	杜子善知識
우리 유가의 참 격언이지	吾家眞格言
어떻게 하면 운수게로서	那將雲水偈
세상 선비와 더불어 담론을 할 수 있을지	要與俗儒論
도리어 글공부를 포기하고 싶은데	反欲抛鉛槧
그대는 불이문不二門[89]에 의지했네	依君不二門

백암 성총[90] 대사 시에 차운하다
次栢庵韻【性聰大師】

법석에서는 종장이요	法席眞宗匠
시단에서는 원로 작가다	詞壇老作家
가슴속 마음 북두칠성을 움직이고	胷中動星斗
붓을 내려놓으면 교룡을 분격시켰지	筆下奮龍虵
비 온 뒤 왕손초王孫草[91]가 푸르고	雨綠王孫草
바람 불더니 촉혼화가 피어나네	風然蜀魄花
비단에 수놓듯 새 시를 지어	新篇如錦繡
즐겁게 읊조리니 사심이 없어지네	吟喜得無邪

경건하게 문곡 상국의 〈창취정〉 시에 차운하다
敬次文谷相國蒼翠亭韵

반빈潘鬢[92]의 흰머리 가을 맞아 쓸쓸한데	潘鬢逢秋易感傷
작은 정자의 그림자 희미하게 못에 잠겨 있네	小亭微影浸池塘
찬 대는 세찬 바람에도 푸르름이 무성하고	猗猗寒竹披風綠
서리 맞아 노란 감은 알알이 매달려 있네	箇箇霜柑着樹黃
물색은 시절 따라 순서가 바뀌니	物色却隨時序變
향기 나는 술잔에 쌓인 회포 맡겨 보네	羈懷憑遣酒盃香
솔잎과 국화는 시들어 돌아가라 채근하는데	松荒菊老催歸計
꿈속에서나마 그리운 고향에 돌아가네	片夢堪憐入故鄕

육은 이 상공에게 드리다
呈六隱李相公

안개 끼고 달빛 비친 여강에서 함께 놀고	驪江烟月昔同遊
작은 배 띄워 술 마시고 시 지었지	斗酒瓊篇泛小舟
저녁에는 청심루淸心樓[93]에 올라 옥피리 불고	玉篴淸心樓上夕
가을에는 신륵사神勒寺[94] 앞에서 뱃놀이 했지	錦帆神勒寺前秋
일찍이 금강산 만폭동을 탐승했고	金剛萬瀑曾探歷
오랫동안 쌍계사의 방장方丈[95]으로 숨어 지냈지	方丈雙溪舊隱幽
한번 남녘으로 돌아간 후 소식 끊기니	一自南歸消息斷
머리 돌려 하늘 끝 보매 수심이 절절하네	天涯回首恨悠悠

위성 가는 길에
渭城途中

봄바람 맞으며 영남 가는 나그네	嶺南歸客帶春風
먼 길 죽장 놓고 훌훌 떠나네	長路飄然放竹筇
천 리 먼 지리산 두 번 물러 나와	千里兩回辭智異
한 해 세 차례나 인동仁同[96]을 향했네	一年三度向仁同
넓디 넓은 들에는 맑은 기운 떠 있고	茫茫灝氣浮平野
먼 봉우리에는 석양빛이 아득하네	翳翳殘暉駐遠峰
성 아래서 화각畫角[97] 불 때 바람에 낙엽 지고	搖落郡城吹畫角
관사의 저녁 연기 물소리에 묻히네	暮烟官舍水聲中

금강산에 오르다
登金剛山

바다 위에 만 이천 봉우리 기이하고	萬二千峰海上奇
뾰족하게 치솟은 옥산에 흰 구름 나네	白雲飛處玉參差
하늘과 땅은 홍몽鴻濛[98]의 기운을 다 끌어안고	乾坤籠盡鴻濛氣
조물주는 모양을 지어 규격을 세웠네	造物陶溶象設規
신선 세계에는 천지조화가 환하게 비추고	元化洞開仙府壯
중향성衆香城[99]은 두허위斗虛危[100] 별로 들어가네	衆香城入斗虛危
하늘 넘어 비로정毘盧頂[101]을 곧장 밟고 보니	凌空直踏毘盧頂
천지 산하는 하나의 바둑판일세	天地山河一局棊

가야산 백운대에 올라
登伽倻山白雲臺

높은 대에 홀로 오르니 기세가 절로 호탕해지고	獨上危臺氣自豪
구름 온통 사라진 하늘 티끌조차 없네	九霄雲盡絶纖毫
울긋불긋 가을 산 선경이 아닐지	秋山面面疑仙幛
솔바람 불 때마다 파도 소리 요란하네	風籟時時聽海濤
치솟은 봉우리 안개 속에 아득하고	極目烟岑從地聳
멀리 바위 묏부리 하늘 높이 치솟았네	背看岩岫入天高
허공에 새 한 마리 가로질러 돌아가니	歸禽一點橫空去
흰 털의 오랑캐 매인 줄 알겠네	知是胡鷹白錦毛

고양 태수 이석견 공에게 드리다
寄呈高陽太守李公碩堅

성주는 어진 이를 찾아 소미少微[102]를 기용하고	聖主徵賢起少微
선생은 나라 걱정하며 하의荷衣[103]를 걷어 올렸지	先生憂國拂荷衣
모공毛公[104]은 편지를 받들어 기뻐하고	毛公奉檄含新喜
도연명은 고향 그리며 지난날이 잘못된 줄 아네[105]	陶令思家悟昨非
안개 낀 난간에 길고 짧은 버들가지 예쁜데	烟柳短長低檻嫩
바람에 아래 위 날리는 꽃들 성안에 가득하네	風花高下滿城飛
이 몸은 오래도록 심원深源[106]한 글 짓기를 바랐으니	蒼生久望深源出
황당黃堂[107]은 억지로 귀거래사 짓기를 재촉 마오	莫促黃堂强賦歸

신 진사의 〈가을 감상〉 시에 차운하다
次申進士賞秋韻

단풍 진 골짝 옥 같은 산 천천히 지나노라니	繡谷瑤岑緩緩過
시어가 닿는 곳마다 매끈하게 갈렸네	詩鋒觸處用硎磨
신선 세계는 흰 구름 붉은 나무로 잠겨 있고	白雲紅樹藏仙府
하늘의 계수나무 꽃향기가 절집에 풍겨 오네	桂子天香落梵家
동관彤管[108]으로 편지를 쓰니 가을 흥이 깊어지고	彤管題封秋興富
비단 글 주머니에 좋은 시편 많이 모였네	錦囊收得綺篇多
상서롭고 고운 기운 선방에 떠 있어 놀라는데	驚看瑞彩浮禪室
만 장의 고운 무지개 절로 생겼네	自有文虹萬丈斜

방장 스님에게 보내다
送僧方丈

건너 숲에서 갖가지 산새들 우니	隔林山鳥百般鳴
갑자기 이별이 한스러워지네	却使幽人別恨生
꽃 만발한 나그넷길 봄날 저물려는데	客路花深春欲暮
헤어진 정자엔 구름 속에 비 오다 막 그쳤네	離亭雲濕雨初晴
일만 첩첩 두류頭流[109]는 하늘 끝에 푸르고	頭流萬疊天涯碧
쌍계雙溪[110]의 안개와 달은 꿈속에서 분명하네	烟月雙溪夢裡明
최고운은 청학동에 놀러 갔는지	君去試遊靑鶴洞
골짝에는 옥피리 소리만 메아리지네	洞中應有玉簫聲

【청학동은 곧 최고운이 놀던 터로 고운이 여기서 옥피리를 불었다. 그런 때문에 옥소암이 생겼는데 끝의 2구는 이것을 말한 것이다.(靑鶴洞。卽崔孤雲遊處。孤雲於此吹玉簫。故有玉簫庵。末二句及之云。)】

백곡 대사의 〈백마강 회고〉 시에 차운하다
次白谷大師白馬江懷古韻

백제의 흥망이 수심에 젖게 하니	百濟興亡事可愁
오로지 큰 강만이 지금까지 흐르네	至今唯有大江流
산하는 영웅을 얼마나 한스러워했는가	山河幾飽英雄恨
공연히 경관을 보자니 지사에게 부끄럽네	雲物空添志士羞
저물녘 고성에는 피리 소리 구슬픈데	一片孤城吹暮角
천년의 교목에는 가을빛이 완연하네	千年喬木帶深秋
예전 소병蘇兵[111]이 채찍하며 강을 건널 때	蘇兵昔日投鞭渡
황룡이 나와 배를 뒤집었다네	聞說黃龍出負舟

백곡 대사의 원시를 첨부하다 附白谷元韻

백마강 물결 소리는 만고의 시름이니	白馬波聲萬古愁
이곳에 이른 사내는 눈물을 뿌리네	男兒到此涕堪流
처음엔 위나라 산하가 보배라 자랑했으나	始誇魏國山河寶
끝내는 오강烏江[112]에서 자제들에 부끄럽게 되었네	終作烏江子弟羞
해 질 녘 무너진 성가퀴에선 까마귀 울음 들리는데	廢堞有鴉啼落日
늦가을 허물어진 누대에는 춤추는 기생 없네	荒臺無妓舞殘秋
삼국이 다툴 때 영웅들 다 사라지고	三分割據英雄盡
보이는 건 서풍에 떠나는 나그네 배뿐이네	但看西風送客舟

〈영남루〉 시에 차운하다
次嶺南樓韵

항아리 속의 별세계는 어디에 있나	何處壺中別有天
도원桃源¹¹³의 봄 물결 누각 앞으로 흐르네	桃源春浪下樓前
사람들은 흰 돌의 창주滄洲¹¹⁴ 밖으로 돌아가고	人歸白石滄洲外
새들은 푸르게 우거진 숲가로 돌아가네	鳥去荒蕪綠野邊
버들 색 짙은 강가 고을에 비 내리고	柳色鎖深江郡雨
안개 낀 강촌에선 갑작스런 다듬이 소리라네	砧聲來急水村烟
봄바람 맞으며 먼 손 난간에 오르는데	東風遠客憑欄上
때로 비단 자리에 꽃이 떨어지네	時見飛花落錦筵

백련정사에 쓰다
題白蓮精舍

연하 낀 세상 밖이 바로 별세계인데	象外烟霞是別丘
무릉의 나그네 괜한 시름 털어놓네	武陵遊客寫閑愁
종소리는 풍교楓橋[115]의 밤을 알리는 듯하고	鐘聲似報楓橋夜
달빛은 적벽강의 가을을 보는 듯하네	月色如看赤壁秋
쇠한 몸 높은 베개로 추스르고	已許衰容高枕養
매산買山[116]하여 나그네 자취 거두고 싶네	欲將浮跡買山收
어부는 도화 뜬 시냇가를 서성이며	漁人倘涉桃花浪
하늘이 만든 십주十洲[117]를 조심스레 가리키네	恐指諸天作十洲

또
又

천 봉우리가 끝나면 또 만 개의 언덕　　　　　踏盡千岑更萬丘
나그네 돌아가는 길에 시 읊조려 시름 잊네　　歸來吟破客中愁
청산에 해 저물고 들창엔 이슬 축축한데　　　　簾櫳露濕靑山暮
푸른 나무에 가을 기운 들고 잠자리에 냉기 서리네　枕簟凉生碧樹秋
바닷가 산 외로운 구름 흩어졌다 모이고　　　　海嶠孤雲舒復卷
강 하늘의 비 오래 내리다 그치네　　　　　　　江天積雨鎖還收
누워서 앞 봉우리 지나는 풍일風鷁118을 보노라니　臥看風鷁前峰過
문밖의 부주와 학주가 맞붙었네　　　　　　　　門外鳧洲接鶴洲

다시 감로사甘露寺[119] 벽시에 차운하다
再次甘露寺壁上韵

청평은 금은으로 장식한 부처의 세계인데	金銀佛界卽淸平
해 지는 가을 산은 온통 붉은 성일세	落日秋山總赤城
차가운 달빛 아래 옥루에는 신선의 흥취가 일고	仙興玉樓寒月色
단풍 든 강 건너 새벽 종소리에 나그네 시름 젖네	客愁楓岸曉鐘聲
숲 골짝은 천년의 경관을 감추고	千年勝地藏林壑
재주 많은 두 노인은 임금을 보필하네	二老高才輔聖明
함께 좋은 시 지어 벽 위에 남기니	共吐驪珠留壁上
용궁에는 광채가 갑절이나 더해지네	龍宮光彩倍增生

감로사 서암의 동헌에 제하다
題甘露寺西庵東軒

난간은 아득히 푸른 봉우리 누르는데	縹緲瓊軒壓翠岑
차가운 날에 서성이며 억지로 시 읊네	凉霄徙倚强沈吟
천 줄기의 푸른 대에 가을바람 가늘게 일고	千莖綠竹秋聲細
물결 저편은 짙은 빛깔 띠고 있네	一面滄波練色深
오배鰲背[120]의 산 맑은 바람은 소매 가득 불어오고	鰲背淸風吹滿袖
학변의 밝은 달은 텅 빈 옷깃 비추네	鶴邊明月照虛襟
다시 병석瓶錫[121] 챙겨 이곳에 머물 것이니	更將瓶錫來留此
강산은 무한한데 마음은 옛날일세	無限江山舊日心

봄날의 그윽한 회포
春日幽懷

물과 구름 깊은 곳에 사립문 닫고	水雲深處掩柴門
조용한 방에서 향로에 불 붙이네	靜室爐香手自焚
흐릿한 봄날에 산새 소리 울고	山鳥一聲春漠漠
비 내려 컴컴한데 간수에 온통 꽃잎들일세	澗花千片雨昏昏
연기와 놀의 자태 시 짓게 하는데	烟霞有態供詩料
꿈속에서는 무시로 고향에 돌아가네	鄕國無端入夢魂
반 생애 품은 포부 이미 이루었으니	半世襟期元已愜
덕분에 차 마시며 은밀한 흥 누리네	剩將幽興托茶盆

〈촉석루〉 시에 차운하다
次矗石樓韻

백 척의 누대는 강 위에 삐죽 치솟았는데	江上嵯峨百尺樓
음편吟鞭[122]은 옥난간에 의지해 읊조리네	吟鞭來倚玉闌頭
이게 맑은 노래 들리는 진회야秦淮夜[123] 아니던가	淸歌不是秦淮夜
멋진 흥취가 적벽의 가을과 똑같네	逸興還同赤壁秋
바람이 지는 놀 끌어 먼 포구로 돌아가고	風引落霞歸極浦
기러기는 성근 비 몰아 긴 물가를 지나네	鴈拖疎雨過長洲
저물녘 피리 소리 어디서 들려오나	一聲晚笛從何處
시인이 놀라 깨어 객수에 젖고 마네	驚起騷人旅泊愁

차운하여 정 진사에게 주다
次贈鄭進士

그대의 재주는 평범함을 벗어나고	愛君才調出尋常
시구 찾느라 두 눈썹에 힘을 주었지	覓句雙眉倏怒張
사흘이나 죽상竹床[124]에서 서로 이야기하며	三日竹床連共語
두 사람이 백 년 세상살이 잊었었지	百年塵事兩相忘
봄 깊은 객사에는 눈 같은 꽃이 피고	春深野館花如雪
깊은 밤 산집에는 서리 빛 달 비추네	夜久山齋月似霜
기구한 인생에 검은 털 세었다 탄식 말고	莫歎崎嶇青鬢改
양랑楊郎[125]을 시켜 한나라 사부를 짓게 하세	漢庭詞賦薦楊郎

또
又

누가 고시에 능해 〈구장九章〉[126]을 이을까	古調誰能續九章
봄날 흥취가 일어 거문고를 타네	春來興發素琴張
세상사 헛되다 세 번 탄식하고	憑看世事空三歎
뜰에 앉아 꽃을 보며 열 가지를 잊네	坐對庭花已十忘
부유하듯 쉬듯 흘러 다닌 숱한 세월	浪跡浮休多歲月
요락搖落[127] 같은 나그네 마음 풍상이 몇 번인가	羈懷搖落幾風霜
높은 재주는 예부터 이와 같거늘	高才自古皆如此
심랑沈郎[128]같이 마르고 약한들 어떠랴	任是淸癯似沈郎

한 상인과 이별하며 주다
贈別閑上人

시름 없이 대나무 문 닫고 깊이 지내는데	悄悄深居掩竹門
청안靑眼[129]을 맞아 문을 여니 이야기가 은근하네	偶開靑眼話殷勤
가벼운 바람이 초한의 기세 벌써 재촉하고	輕風已督初寒勢
가랑눈이 이제 막 길에 흩뿌리네	微雪纔成一路痕
들 밖에는 쓸쓸한 연기 푸르게 떠 있고	野外孤烟浮翠黛
황혼 녘 다가오며 골짝에는 해가 기우네	峽中斜日近黃昏
홀로 지팡이 휘저으며 호남으로 가는데	飛筇獨向湖南去
창망히 머리 돌리니 공연히 마음 아프네	回首蒼茫枉斷魂

호남 방백 조 상공에게 드리다
【이름은 구석이며 호는 장륙이다】
敬呈湖南伯趙相公【龜錫號藏六】

하늘이 남쪽 고을을 돌보아 작림作霖[130]을 내리고	天眷炎州用作霖
용절龍節[131]을 쥔 관리는 당음棠陰[132]을 베풀겠지	會將龍節駐棠陰
누대에 오르니 원규元規[133]의 흥취에 못지않아	登樓不淺元規興
대궐을 그리는 범자范子[134]의 마음 떠나지 않네	戀闕長懸范子心
어둔 강 마을에 매화는 비 맞아 푸르고	梅雨細濃江舘暝
안개 자욱한 저자 다리에는 버들가지 무성하네	柳烟平鎖市橋深
왕성을 떠난 지 이제 삼 년	王城一別今三載
오늘은 멀리 완산을 찾아가네	此日完山更遠尋

여주 목사인 이 공을 방문하다
【이름은 시매이며 호는 육은이다】
到驪興府呈牧伯李公【時梅號六隱】

으슬으슬하니 병골은 이미 추운데	病骨稜稜已劫寒
늦가을 행색이 정녕 서글프다	暮秋行色正悽酸
봉래산은 구름 밖에 아득하고	蓬萊縹緲浮雲外
방장산은 저녁놀 사이에 어렴풋하다	方丈依俙落照間
바람이 벽절의 저녁 종소리 몰아오고	風引晚鐘來甓寺
비는 외로운 나그네 강 고을에 머물게 하네	雨留孤客滯江關
여주에서는 좋은 경치 말하지 마오	黃驪莫道多形勝
돌아갈 흥취는 천산과 만산이라오	歸興千山更萬山

여주 방백의 차운시 驪伯次韻

가사 입은 나그네 침상 꿈자리 차갑고	一榻袈裟旅夢寒
달 밝은 가을밤 기러기 소리 애처롭다	月明秋夜雁嘶酸
비로봉 꼭대기는 벌써 얼음과 서리	氷霜已積毘盧頂
잠시 벽절 사이에 머무른다	瓶錫暫留甓寺間
목로牧老[135]의 문장은 영원토록 뚜렷하고	牧老文章銘浩劫
나옹[136]의 의발은 선문을 경계하네	懶翁衣鉢閟禪關
모름지기 이곳이 선경임을 알 텐데	須知此是眞仙境
하필 금강, 지리산만 찾나	何必金剛智異山

여주 방백과 더불어 청심루에 오르다
與驪伯登淸心樓

여강의 서쪽이 여주인데	驪江西岸是驪州
강가에 백 척의 청심루 있지	江上淸心百尺樓
해 질 녘 외로운 오리 포구로 날아가고	孤鶩落霞飛遠浦
성근 비에 외딴 배 장주에서 멀어지네	片帆踈雨隔長洲
왕찬王粲[137]이 난간에 기대어 놀던 날이고	憑闌王粲遨遊日
반랑潘郎[138]의 백발시를 짓게 하는 가을이네	作賦潘郎鬢髮秋
어딘가에서 옥피리 소리 비껴 들리니	何處一聲橫玉笛
저물녘 맑은 소리 수심에 젖게 하네	暮天寥亮使人愁

여주 방백의 차운시 驪伯次韻

방백은 일없이 강촌에 누워 있다	使君無事臥江州
선승을 보고는 옛 누각에 오르네	逢看仙僧上古樓
바람 부는 만폭동 탑전에서 시를 논했고	萬瀑論時風拂榻
달 뜬 쌍계의 물가에서는 이야기 나누었지	雙溪談處月生洲
응진應眞[139]은 석장 날려 천 리 길도 가볍게 가는데	應眞飛錫輕千里
팽택彭澤[140]은 가을을 등지고 귀갓길 재촉하네	彭澤歸鞭負九秋
오고 감이 호연한 구름 한 조각은	行止浩然雲一片
세상 사람들의 이별 근심 알지 못하지	不知人世有離愁

다시 여주 방백과 뱃놀이하다
復與驪伯浮江

서풍 불고 큰 강 세차게 흐르는데	西風滾滾大江流
흥에 겨워 자유로운 놀이 즐겼지	乘興仍成汗漫遊
저물녘 연기가 여주 강변 나무를 감싸고	驪郡暮烟籠岸樹
마암馬巖[141]의 가을 물은 정주로 떨어지네	馬巖秋水落汀洲
치솟은 경루에 의지해 서로 술잔 기울이고	含盃共倚瓊軒聳
피리 소리 들려와 비단 닻줄[142] 배 띄우네	橫笛還牽錦纜浮
스님이 자사 좇는 걸 괴이 여기지 마오	莫怪山人隨刺史
오늘은 참료參寥[143]가 소주蘇州[144]를 마주했다오	參寥今日對蘇州

여주 방백의 차운시 驪伯次韻

산은 절로 짙푸르고 물은 절로 흐르는데	山自蒼蒼水自流
지팡이 하나로 시방十方[145] 세계를 노닐까 하네	一節將遍十方遊
황려黃驪[146]는 천년의 아름다운 땅인데	千年地勝黃驪郡
흰 모래펄 가에는 백 척의 누각이네	百尺樓臨白鷺洲
구름 덮여 그림 같은 산에서 스님과 마주하니	活畫雲屛僧共對
해 질 녘 배 그림자 기러기와 같이 떠 있네	夕陽帆影鴈俱浮
가뿐하게 또 금강산 길에 오르나니	飄然又向金剛路
두대주斗大州[147]에 머문 것 부끄럽기 그지없네	愧殺淹留斗大州

경건하게 문곡 상국에게 올리다
敬呈文谷相國閤下

높은 재주는 남다르고 기백은 무리를 넘어서	高才拔俗氣超羣
훌륭한 명성 한 시대를 드날렸지	赫赫佳聲一世聞
흑두黑頭[148]에 조정을 계획하는 참된 재상	廟算黑頭眞宰相
과거급제로 청사에 오르고 기이한 공훈을 드러냈지	策名靑史著奇勳
스님은 아득히 영험한 곳 찾아 돌아가고	歸僧渺渺尋靈境
나그네 기러기 훨훨 날아 어지러운 구름 속에 드네	旅鴈飛飛入亂雲
가을빛에 백악은 아직 볼 만한데	白岳秋光看不晚
오늘 따라 글을 자세히 논해 보고 싶네	欲從今日細論文

문곡 선생의 차운시 文谷次韻

밤 사이 서리 내려 기러기들 떼 지어 울고	一夜霜風鴈叫群
빈 계단에 나뭇잎 지는 소리 차마 들을 수 없네	空階落木不堪聞
가을은 이미 깊어 반생潘生[149]의 흰머리 나니	逢秋已變潘生鬢
거울 보며 두로杜老[150]의 공훈 개의치 않으리	看鏡非關杜老勳
참된 스님 북쪽 기슭 찾은 것 기뻐하고	却喜眞僧尋北麓
문득 돌아가는 흥취 남쪽 구름에 들게 하네	便敎歸興入南雲
무슨 이유로 함께 머무는 선방 고요한가	何由共宿禪房靜
찬찬히 『화엄경』을 토론한 탓이지	細討華嚴貝葉文

퇴우 상국의 차운시【이때 광릉윤이 되었다】 退憂相國次韻【時作廣陵尹】

적막하고 쓸쓸한 성에서 이군離群[151]을 원망하는데	孤城寥落怨離群
빈 골짝에 발자국 소리 또한 반갑네	空谷跫然亦喜聞
좋을시고 맑은 가을에 시승을 만났으니	好是淸秋逢韻釋

바쁘게 시훈詩勳[152]을 드러낼 만하지	可從忙處著詩勳
속세에서 나는 본디 학을 태우고[153] 다녔으며	塵中我本乘軒鶴
물외에서 스승은 응당 산 구름을 연모했지	物外師應戀岫雲
금강산 향해 강 길 따라 돌아가며	回首蓬萊歸路溊
스스로 늙고 병든 휴문休文[154]을 애달파하네	自憐潦倒病休文

백헌 이 상국의 차운시 白軒李相國次韻

바리때 하나로 표연한 건 누구도 따를 수 없지	一鉢飄然鶴不羣
조사의 유법은 묘년妙年[155]에 들었다네	祖師遺法妙年聞
시승을 만날 때 시가 흥취 더해 주고	詩逢韵釋能添興
근심에는 술이 있어 손쉽게 공을 이루네	酒到愁城易策勳
생각이 광릉 누각 위 뜬 달에 들어가고	思入廣陵樓上月
나막신 신고 방장산 골짝의 구름 속을 거니네	屐穿方丈洞中雲
남녘 자사가 혹시 물어보지만	南州刺史如相問
흰머리에 흐리멍텅해 문장을 일삼지 않는다오	頭白昏昏不事文

육은 이 상공의 차운시 六隱李相公次韻

마음과 몸 사랑 받기가 스님들 중 특출나니	愛渠神骨出緇群
강산에서 십 년 지내며 실로 듣지 못했네	十載江山信不聞
세상 밖 단나檀那[156]인 용은 법을 보호하고	象外檀那龍護法
세상의 괴몽槐夢[157]은 개미의 봉훈일 뿐이네	世間槐夢蟻封勳
지팡이 머리에 방장산 쌍계사의 달이 뜨고	杖頭方丈雙溪月
나막신 소리 금강산 만폭동 구름 속에 울리네	屐齒金剛萬瀑雲
눈앞에 가득한 주묵朱墨[158] 몸을 맨 것 같은데	朱墨滿前身似繫
방백은 도리어 「북산문北山文」[159]을 부끄러워하네	使君徒愧北山文

속리산에서 호남 방백 오정위 상공과 이별하다
俗離山中奉別湖伯吳相公【挺緯】

옥절玉節¹⁶⁰ 지닌 채 오십 주에 왕정을 두루 펴니	玉節巡宣五十州
구름을 넘는 용기 최고의 풍류아라	凌雲逸氣最風流
백성들 편안해지고 호서진은 이미 고요해지니	安民已靜湖西鎭
자주 북쪽 누대에 올라 손 모아 임금을 생각했지	戀主頻登拱北樓
절에서는 중을 불러 밝은 달을 읊조리고	蓮社喚僧吟霽月
석문에서는 나그네 손잡고 늦가을을 노래했지	石門攜客賦殘秋
산중에서 송별하며 사립문을 닫았는데	山中相送柴門掩
잎 지고 새 돌아가자 이별 수심 사무치네	落葉歸禽盡別愁

지주비[161]를 읽다
讀砥柱碑

지주비가 연기 속에 아득한데	砥柱烟波浩渺中
큰 물살 세차게 부딪치고 때리네	捍開洪浪執撞衝
한 구역 왕씨王氏[162]가 다스린 세상 좁지만	一區王氏乾坤小
천년 세월에 선생의 지절은 뛰어나다	千載先生志節雄
굽어보니 낙동강 물 넓은 바다로 달리고	俯壓洛流奔海濶
오악에 의지하여 높이 하늘에 치솟았다	却憑烏岳入天崇
우리 성군의 교화는 무궁하게 비치는 해요	却憑烏岳入天崇
멀고 긴 물과 산은 길자吉子[163]의 풍모일세	水遠山長吉子風

삼가 백곡 대사가 영남 방백 조 상공에게 올린 시에 차운하다
謹次白谷大師呈嶺伯趙相公韻

원문轅門[164]에 내리는 납설臘雪[165]은 모래처럼 흰데	轅門臘雪白如沙
양원梁園[166]의 시 짓는 흥이 불현듯 일어나네	却憶梁園賦興賒
영남 방백의 풍류는 절월節鉞[167]에 있고	嶺伯風流留節鉞
야승의 행색은 가사를 입은 데 있네	野僧行色擁袈裟
나그네는 빈번히 붓을 놀려 시를 짓는데	題詩旅榻頻噓筆
찬 등 아래 이야기하느라 심지 몇 번 잘랐지	談道寒燈累剪花
웃으며 옥주沃州[168]가 어디인지를 물으니	笑問沃州何處是
장차 돌아가 평생을 의지하고 싶다네	欲將歸去托生涯

백곡의 원시를 첨부하다 附白谷元韵

거세게 부는 북풍 강모래를 말아 올리고	朔風吹緊卷江沙
서쪽으로 돌아가는 먼 나그넷길 다시 흐릿하다	遠客西歸路更賒
천 리 밖 영남의 도총섭	千里嶺南都摠攝
숲속의 십 년 생활에 가사가 해어졌네	十年林下弊袈裟
섣달 내린 첫눈에 나무가 덮였다 해서	仍看臘雪初封樹
한매가 꽃 맺을까 바라지 마라	忽憶寒梅已着化
이미 방백의 사랑 입었음을 알기는 하지만	知已但蒙方伯愛
은혜 입음이 하늘가에 미친 줄은 잊고 있다네	荷恩忘却在天涯

〈공북루〉 시에 차운하다
次拱北樓韵

누가 맑은 술잔 잡고서 객의 시름 녹이나	誰把淸尊遣客愁
억지로 높은 누대에 의지해서 백발을 노래하네	强將吟鬓倚高樓
푸른 산은 점점이 구름 위로 솟아 있고	靑山點點排雲出
비단 같은 물은 출렁출렁 성곽을 싸고 도네	錦水溶溶抱郭流
세상 감화 감당 못해 치달아 북쪽을 보다가	感世不堪馳北望
애오라지 뜬구름 인생 서쪽을 찾아 노닐 뿐이네	浮生聊得辦西遊
창주에 노을 지고 오리 외로운 저물녘이고	落霞孤鶩滄洲晩
양쪽 기슭 단풍과 갈대꽃 핀 가을이네	楓葉蘆花兩岸秋

황 처사의 백구정에 짓다 [2수]
題黃處士白鷗亭 [二首]

[1]
경호의 굽은 곳에는 하공賀公¹⁶⁹이 머무르고　　　　鏡湖之曲賀公居
온 생애를 소 치고 고기 잡는 데 몸 부치네　　　　都把生涯托牧漁
장주에 꽃비 내린 후 멋진 흥취 일어나니　　　　逸興長洲花雨後
석양 무렵 반벽에 기대어 한가롭게 읊조리네　　　　閑吟半壁夕陽餘
바람 부는 처마 아래서 나그네와 술잔을 기울이고　　　　風簷對客傾尊酒
볕 좋은 평상에서는 아이 불러 책을 말리려네　　　　晴榻呼童曬架書
백구白鷗와 맹세한¹⁷⁰ 지 오래된 이 몸　　　　身與白鷗盟已久
가슴이 활짝 열리며 절로 맑고 허령해지네　　　　浩然胷次自淸虛

[2]
야인은 깨끗한 모래펄 푸른 대숲에 살고 있으니　　　　明沙翠竹野人居
반은 나무꾼이요 반은 어부라네　　　　半是樵蘇半是漁
안개비 속에 언덕을 따라 복사꽃 피어 있고　　　　挾岸桃花烟雨裡
뜰에 가득한 토란과 밤¹⁷¹꽃 눈서리 같네　　　　滿園芋栗雪霜餘
술통에서 민지澠池¹⁷²주를 살살 따라 마시고　　　　尊中細酌澠池酒
책상 위 『도덕경』을 조용히 읊조리네　　　　床上閑吟老氏書
꿈속에서 백구 좇아 호탕하게 노닐며　　　　夢逐海鷗游浩蕩
한평생 마음 자취 모두 비웠네　　　　百年心跡得雙虛

〈망양정〉 시에 차운하다
次望洋亭韵

센 바람에 물결 일렁이고 파도 소리 요란한데	風戕虐浪裒波騰
차가운 기운에 몸이 움츠러드네	寒氣湫湫逼竦兢
천 리 밖 설산은 물러났다 다시 일어나고	千里雪山摧復起
만 겹의 은빛 집은 꺾였다가 다시 솟네	萬重銀屋折還層
화가 나 다투는 경예鯨鯢[173]는 구름 삼키며 사라지고	鯨鯢怒鬪吞雲去
꿈틀거리는 신물은 안개를 움켜쥐며 승천하네	神物蜿蜒攫霧升
끝없이 펼쳐진 망양정望洋亭[174]의 빼어난 경치	無限望洋亭勝槩
가을날 해문에서 문득 정자에 오르네	海門秋日偶攀登

가야산
伽倻山

대로大爐¹⁷⁵의 도주陶鑄¹⁷⁶로 뭇 산과 시내를 만들고	大爐陶鑄衆山川
온갖 힘들인 큰 덕택으로 이 산을 빚었네	洪造全功此岳偏
철벽으로도 나는 우부禹斧¹⁷⁷를 막을 수 없는데	鐵壁不堪飛禹斧
구름 뿌리를 어떻게 진편秦鞭¹⁷⁸으로 쓸 수 있을까	雲根安得用秦鞭
소나무 삼나무는 천황씨의 시절로 들어가고	松杉盡入天皇歲
연무는 흩어졌다 태고의 세월로 모인다	烟霧渾籠太古年
가야산의 본디 모습을 알고 싶은데	欲識伽倻眞面目
혼원混元¹⁷⁹ 때의 본바탕이 상효象爻¹⁸⁰를 앞지르네	混元玄骨象爻先

만어사
萬魚寺

서천축의 금불상 동방에 그림자 지고	西竺金身影震丘
불가의 영이로움이 그 사이에 머물렀네	釋門靈異此間留
천년 절집에 구름이 피어나고	千年棟宇雲生角
물고기 비늘같이 총총한 돌들 머리 끄덕이네[181]	萬介魚鱗石點頭
수로의 자취 남은 곳에 향나무 늙어 가고	首露遺蹤香樹老
나옹이 노닐던 곳에 옛 정자가 그윽하네	懶翁遊處古臺幽
걸음을 멈춘 채 반나절 형승을 찾았는데	停筇半日探形勝
산꼭대기 명승지는 정녕 가을이네	絕頂名區政是秋

백곡 대사를 애도하다
哀白谷大師

선문의 주춧돌이 깨짐을 통곡하는데	痛哭禪門柱石摧
누가 다시 동량의 재목일지 알 수 없네	不知誰復棟梁材
팔두재八斗才[182]를 품은 문장은 바다와 같았으니	文含八斗才如海
도는 삼한을 떨치고 기운은 우레와 같았지	道震三韓氣若雷
빛나는 선골은 세속을 초월했고	金骨粲然超物累
환한 신령 구슬은 어둠과 티끌을 깨뜨렸지	靈珠晃朗破昏埃
전날의 가르침을 생각하며	追思昔日蒙提誨
눈물로 옷깃 적시며 홀로 애통해하네	淚濕蘿衫獨盡哀

최생을 보내며
送崔生

쇠 같은 군복에 북녘 하늘 차가운데	征袍如鐵朔天寒
천 리 먼 관산의 나그넷길 험하네	千里關山客路難
날리는 눈 제멋대로 소매에 달라붙고	飛雪驕人輕着袖
매서운 바람 화난 듯 불어닥쳐 모자 뒤집어 놓네	烈風吹鬢怒傾冠
홍변에서 웃으며 넓은 여강 가리키고	鴻邊笑指驪江濶
말머리 돌려 시름에 겨워 조령을 바라보네	馬首愁看鳥嶺盤
먼 곳으로 가는 그대 애뜻한 정 한이 없는데	迢遞送君情不盡
언제쯤 장안에 도착하려나	計程何日到長安

봄의 흥취
春興

봄이 와도 은밀한 흥취 아는 이 없는데	春來幽興少人知
가는 빗속에 방초는 점점 푸르러지네	芳草漸靑微雨時
버들은 맑은 연기 띠고 벼랑 아래 깔려 있고	柳帶晴烟低斷岸
꽃은 가벼운 이슬 머금고 연못에 늘어졌네	花含輕露倒平池
어부와 나무꾼은 날 저물어 모랫길로 돌아가고	漁樵趁暮歸沙路
까마귀와 까치는 둥우리를 다투며 나뭇가지 모으네	烏鵲爭巢滿樹枝
일 년 중 가장 좋은 절기에	最是一年佳節半
대나무 집에 한가히 앉아 억지로 시를 읊조리네	竹堂閑坐强吟詩

일본 승려인 중악 장로 장륙에게 주다
贈日本僧中岳長老藏六

푸른 바닷속에는 마주馬州[183]가 있는데	滄海波心有馬州
예로부터 불교를 숭상하는 풍속 있었지	俗風從古尙玄猷
도를 즐겨 살면서 선약을 먹고	延生樂道湌仙藥
용맹을 좋아하며 몸에는 창을 지녔지	好勇持身帶寶鉤
가을에는 푸른 귤과 황감이 집을 덮고	綠橘黃柑秋掩屋
낮에는 단사丹砂[184] 백홍白汞[185]을 바구니로 날랐지	丹砂白汞日推簍
지금 웃으며 강엄필江淹筆[186]을 쥐었으니	如今笑把江淹筆
돌아와 경화관 뜰에서 놀아 보세	來作瓊華館裡遊

적천사 현판시에 차운하다
次磧川寺懸板韵

산천은 복 받은 터에 빼어난 기운 모였으니	福地山川秀氣鍾
동천洞天[187]이 열리면서 홀연 봉우리들 나타나네	洞天中闢忽群峯
인도 승은 궤석을 숨기고 용은 의발을 감추고	胡僧隱几龍藏鉢
선객이 누대에 오르는데 학이 가까이 다가오네	仙客登樓鶴近笻
십 리에 명주 빛 천포석이 깔렸는데	十里練光泉布石
사시사철 대와 소나무는 봄빛이네	四峕春色竹叅松
그 당시 보조普照[188]는 지금 어디 있는지	當年普照今何處
천고의 금사金沙[189]에서 법의 자취를 묻네	千古金沙問法蹤

이어서 김 대제학에게 드리다
追呈金大提學

백악산 앞에서 헤어진 지 몇 해인지	白岳山前別幾年
사람 감동케 하는 풍도 의연했네	動人風度想依然
주옥같이 빼어난 시구는 외려 소매에 숨었는데	瓊琚秀句猶藏袖
향불 피우는 멋진 약속 부질없이 맺어졌네	香火佳期謾結烟
천 리 밖 꿈길에서 삼각산은 먼데	千里夢歸三角遠
몇 자 적어 스님 편에 전하네	數行書寄一僧傳
가을 하늘에 정녕 남쪽 가는 기러기 있다면	秋天政有南飛鴈
새 시를 다시 지어 태전太顚[190]을 위로하려네	重把新篇慰太顚

독수 거사[191]의 시에 차운하다
次獨樹居士韻

시간 흘러 지붕 위에 해 떠 있고	日上茅簷轉寸陰
서릿바람 불어오자 앞 숲에 낙엽 지네	霜風吹葉下前林
두어 칸 초가는 노동盧同[192]의 흥취요	數間草屋盧同興
한 조각 구름 산은 사조謝眺[193]의 마음이네	一片雲山謝眺心
낙지에선 여유 있어 세상의 좁음이 싫은데	樂地有餘嫌世窄
때로 독수獨樹에 의지하여 천뢰天籟[194]를 깨우친다네	豈憑獨樹聞天籟
끝없이 취향 즐기며 술잔 기울이는 게	醉鄕無際嗜盃深
소문昭文[195]의 가야금을 배우는 것보다 낫네	猶勝昭文學鼓琴

신재를 방문하다
訪愼齋

우군右軍[196]의 풍도에 귀양 온 신선의 재주요　　右軍風度謫仙才
세상을 초월한 혜원惠遠[197]과의 사귐이네　　方外論交惠遠來
가을빛 광활한 바다 어귀는 시상을 돋우는데　　詩思海門秋色濶
해 저무는 객관에선 나그네 시름에 젖네　　客懷蠻舘夕陽開
끊긴 구름 그림자 속 술잔 버리기 게으른데　　斷雲影裡舎盃倦
내려앉는 기러기 울음소리 시구를 재촉하네　　落鴈聲中覔句催
동방의 산수 좋다 말 다하고　　話盡東方山水好
맑은 하늘 아찔하게 솟은 봉래산을 가리키네　　晴天一髮指蓬萊

최생의 시에 차운하다
次崔生韵

가객 만나 기뻐서 말 세우고 시 읊는데	喜逢佳客駐吟鞭
물 흐르는 골짝 흩날리는 꽃으로 가득하네	流水飛花滿洞天
옛 절 누대는 안개비 속에 있고	古寺樓臺烟雨裡
신선의 약초는 석양 바람 앞에 있네	仙家藥草晚風前
한바탕 담소하다가 낮에는 고요해지고	一場談笑晝還靜
반나절 시를 논하는 어여쁜 봄이로세	半日論詩春可憐
붉은 살구꽃 푸른 복사꽃에 원근이 헷갈리는데	紅杏碧桃迷遠近
짧은 지팡이 짚고 강가 따라 돌아가네	短筇歸路遶江邊

삼가 성주 사군 오도일의 〈유금오〉 시에 차운하다
謹次星州吳使君道一遊金烏韻

높은 성 그 어디든 시름을 잊을 만한데	危城隨處可排愁
넘실넘실 낙동강은 먼 모래톱에 숨어드네	洛水泱泱俯遠洲
큰 들 마주한 산은 반쯤 허공에 잠겨 있고	山入半空臨大野
벼랑 절의 누각 하늘에 솟아 있네	寺居層壁聳飛樓
저물녘 종소리 차가운데 천 봉우리에 비 내리고	寒鐘滴雨千峰夕
분첩粉堞[198]은 구름에 가 닿고 나무들은 가을빛이네	粉堞連雲萬木秋
문단의 어른 따라 경치 좋은 곳에 이르는데	詞伯會從佳景至
거나해진 적선謫仙[199]의 무리 장구를 짓네	酒酣長句謫仙流

늦은 봄 우연히 읊조리다
暮春偶吟

봄 깊은 동산 온종일 사립문 닫혀 있는데	院落春深晝掩扃
취한 채 시 읊으며 자하주를 기울이네	醉來吟倒紫霞缾
버들가지는 바람에 날리고 길은 방석을 깐 듯	風吹柳絮氈鋪徑
배꽃에 비 때리고 눈은 뜰에 가득하네	雨打梨花雪滿庭
양귀비 벌레 대숲으로 달아나고	罵子趣虫穿密竹
제비 새끼들 어미 따라 창틀을 에워싸네	燕兒隨母繞虛欞
발 드리우고 『황정경黃庭經』 읽기 마치고	垂簾一讀黃庭罷
누워서 건너편 푸른 숲속 두견 소리 듣네	臥聽啼鵑隔翠屏

족보 뒤에 쓰다
題族譜卷後

구슬 같은 선리仙李[200]는 구중궁궐에 무성하고	仙李珠叢蔭九重
금지金枝[201]와 옥 꽃받침은 울창하게 우거졌지	金枝瓊萼蔚葱蘢
풍운風雲[202]은 땅에 가득하고 뿌리는 옥을 이루고[203]	風雲滿地根成玉
우로는 하늘에 닿아 용으로 변했네	雨露連天斡化龍
좋은 기풍 삼백 년 동안 성하고	三百年來佳氣盛
팔천 봄이 지나니 상서로운 그늘 짙어졌네	八千春後瑞陰濃
한 떨기[204] 꽃 어떻게 속세를 좇을까	如何一朶隨塵色
남향으로 자리 굴러다니는 쑥[205]을 감수했네	移植南鄉托轉蓬

가야산에 돌아가 숨다
歸隱伽倻

돌아와 가야산 첫 층에 누웠으니	歸臥伽倻第一層
산신령은 응당 옛 중임을 알리라	山靈應解舊年僧
먼저 비를 내려 영정의 눈물을 흘리게 하고	先敎雨作迎亭淚
또 가을 단장 보내 비단으로 집을 에워싸네	更遣秋粧繞屋綾
북쪽 기러기 허공 높이 날아 급히 상신霜信[206] 전하고	胡鴈度空霜信急
벽 사이 가을벌레 소리 밤의 한기 더해 주네	候虫吟壁夜寒增
임천에서 놀던 꿈 깨니 홍진의 길인데	林泉夢斷紅塵路
억지로 묵은 책 잡고 백붕百朋[207]을 버리네	强把陳篇替百朋

여강을 건넌 후의 회문시
渡驪江廻文

날아가는 기러기 그림자 잔물결에 어른대고	漪淪動影鴈飛飛
맑은 물에 흥을 보내는 저녁 옷깃 나부끼네	遣興淸流晚拂衣
저문 성에 피리 소리 들리고 강에 가는 비 뿌리는데	吹角暮城江雨細
쓸쓸한 절 저녁 종소리 들리고 들 구름은 흘러가네	暝鐘寒寺野雲歸
늦게 여울에서 그물 거두고 얕은 데서 낚시하는데	遲灘卷網漁磯淺
해 저물어 닻 내린 먼 포구 희미하네	落日停帆遠浦微
때로 홀로 마셔 취하니 술맛이 좋은데	時醉獨傾樽酒美
축 늘어진 푸른 버들 어지럽게 휘감기네	垂絲碧柳亂依依

⟨금강산 만폭동⟩ 시에 차운하다
次金剛萬瀑洞韻

음산陰山[208]인 장백의 산줄기가 밀어닥쳐	陰山長白脉相仍
남쪽으로 굽이굽이 달려서 기세가 이어졌지	南走逶迤勢可承
만폭동의 우렛소리 천고 세월 울렸고	萬瀑雷聲千古震
봉우리마다 빛나는 설색은 사철 같았지	群峯雪色四時恒
하늘 땅의 빼어난 기세로 도용陶鎔[209]을 다하고	乾坤秀氣陶鎔盡
조화와 현공을 크게 운용했네	造化玄功運用增
고개 들어 우러러 진면목을 보노라니	矯首仰看眞面目
옥잠玉簪[210] 같은 산 무수히 구름 위로 치솟았네	玉簪無數出雲層

팔공산 내원암 서헌에 부치다
題八公山內院庵西軒

금빛의 선찰은 적성을 끌어안고	金碧禪宮擁赤城
굽은 난간에서 시 읊기 마치고 맑은 가을 마주하네	曲闌吟罷對秋晴
돌아보니 바위가 천 길 높이로 솟아 있고	回看廣石千尋聳
거친 들판 굽어보니 백 리에 평평하네	俯瞰荒郊百里平
초연히 세상 잊는 흥취를 감당하기 어렵고	超忽不堪遺世興
조용히 신선의 심정 배우고픈 마음 공연히 생기네	澹然空起學仙情
인간의 모든 일 다만 잊어버리고	人間萬事徒忘了
뜬구름 가리키며 태청太淸[211]을 점찍네	笑指浮雲點太淸

장수사로 돌아가는 문체 상인을 전송하며
送文賛上人歸長水寺

몇 년을 앉아서 선정으로 늙어 갔나	然老何年坐入禪
천추의 기이한 행적 지금까지 전하네	千秋奇跡至今傳
봉우리들 흘러가는 풍운 뒤쫓지 못하고	峰巒不逐風雲轉
절간은 부질없이 세월 따라 변하네	堂宇空隨歲月遷
겹겹의 푸른 봉우리 그림같이 펼쳐 있고	百疊蒼屛開活畫
한 줄기 흰 폭포 긴 내처럼 걸려 있네	一條銀瀑掛長川
갈래 길에서 홀로 스님을 보내니	臨歧獨送吾師去
오로五老[212]의 연꽃 봉우리가 하늘로 솟았네	五老芙蓉出半天

삼계옹을 기다렸으나 오지 않았다
待蔘溪翁不至

서리 내리니 푸른 산 추워 보이고	霜落靑山望眼寒
해 저무는 강산에는 기러기 울음 애처롭네	江岑日晩鴈嘶酸
날 맑은 푸른 골짝에 바람이 냉랭하고	天晴碧洞風將冷
가을이 지나자 단풍잎 모두 말랐네	秋盡楓林葉正乾
안개와 노을 낀 삼곡이 꿈속에 보이고	蔘谷烟霞來夢裡
짙푸른 취봉은 구름 위로 솟아 있네	鷲峰螺黛出雲端
도공陶公[213]은 동림의 약속에 오지 않고	陶公不赴東林約
그윽한 회포 한이 없는데 무슨 수로 달랠까	無限幽懷底得寬

차운하여 현 상인이 옛 산으로 가는 것을 전송하다
次韻送玄上人之故山

청명이 겨우 지나 나그네 넋이 놀라고	清明纔過客魂驚
봄날 간간이 흐렸다가 다시 맑아지네	春日時陰復或晴
비바람 몰아쳐 바다색 정말 다채로운데	海上政多風雨色
하늘 끝에서 홀연 이별의 정 일어나네	天涯忽起別離情
산에는 붉게 촉백화 다투어 피고	山紅蜀魄花爭發
언덕 위 왕손王孫의 풀[214]은 이미 푸르렀네	原綠王孫草已生
그대가 백천의 소사로 돌아가면	歸去百泉蕭寺裡
늙은 스님들은 모두 이름을 알걸세	舊年禪侶捴知名

제천 최기남의 〈유보은사〉 시에 차운하다
次崔濟川起南遊報恩寺韻

채익彩鷁[215]은 푸른 은하수 가에 높이 떠서	彩鷁高浮碧漢湄
거울 같은 물 위를 천천히 노 저어 가네	鏡中移棹去遲遲
저물녘 가벼운 배에서 깼다 취했다 하는데	一樽醒醉輕帆夕
십 리 밖 호수와 산에 노을이 지네	十里湖山落照旹
적벽赤壁[216]에선 즐거이 노닐며 달구경 하고	赤壁遨遊看月出
난정蘭亭[217]에서는 봄을 맞아 수계修禊[218]를 하네	蘭亭修禊趂春期
읊조리며 절집 찾아 묵으려는데	吟鞭轉向蓮房宿
바위 틈에 많은 꽃들 지려 하네	多少巖花欲謝枝

제천의 원시를 첨부하다 附濟川元韵

한 척 배로 내 건너 맑은 모래에 대려는데	靑莎一棹濟川湄
닻줄 풀어도 봄바람에 건너가기 더디네	解纜東風遡上遲
봄이 지난 쓸쓸한 섬에 꽃이 지고	孤島落花春去後
방초 우거진 이릉에는 때 맞춰 해가 지네	二陵芳草日斜時
신선의 훌륭한 자취는 지난날의 꿈인데	仙槎勝跡經年夢
소사의 찬 등이 오늘밤을 기약하네	蕭寺寒燈此夜期
슬픈 이별의 회포 풀어낼 곳 없는데	惆悵別懷難盡處
달 밝은 창가 나뭇가지에서 자규子規[219]가 우네	月明窓外子規枝

경건히 동회 선생의 〈청백당〉 시에 차운하다
敬次東淮先生靑白堂韻

봄날 마루에서 낮잠 자다 놀라 깨니	堂上驚回春晝眠
강 건너 배에서 들리는 맑은 노래 한 곡조	淸歌一曲隔江船
해 저물녘 먼 산에는 반쪽 달 떠오르고	遙山半影夕陽裏
멀리 물가에는 숲이 울창하네	遠樹千重流水邊
버들개지와 배꽃이 눈처럼 날리고	柳絮梨花飛似雪
푸른 잔디와 방초 연기처럼 엉켜 있네	綠莎芳草織如烟
원래 일없음이 선생의 고상한 정취이니	先生雅趣元無事
풍광을 즐기며 노년을 보낸다네	領得風光送暮年

다시 백곡의 〈백마강〉 시에 차운하다
再次白谷白馬江韵

천고의 흥망이 시름에 젖게 하는데	興亡千古使人愁
차가운 백마강 무심히 절로 흐르네	白馬寒江空自流
보름달 이지러지려는데 귀신의 흐느낌 들리고	滿月將虧聞鬼泣
날쌘 병사 막지 못해 용의 미끼 만들었지	飛兵不禦作龍羞
저물녘 부소산 그림자 지고 성은 쓸쓸한데	扶蘇山色孤城暮
고란사 종소리 속에 고국은 가을이네	蘭寺鐘聲故國秋
머리 돌려 낙화암 아래로 가는 길을 보니	回首落花巖下路
내 낀 강에는 오직 낚싯배뿐이네	烟波唯有釣魚舟

【보름달에 대해서 『백제사』에 이르기를 "의자왕 말년에 귀신이 밖으로부터 통곡하면서 궁문으로 들어왔다. 왕이 사람을 시켜 쫓아내자 귀신이 문밖으로 달아나 10리쯤 가서 땅속으로 들어가 통곡하였다. 사람들이 그곳을 파서 거북 하나를 얻었는데 등에 쓰여 있기를 '신라는 아직 보름달이 아니다. 보름달이 되지 않았으니 장차 가득 찰 것이요 백제는 이미 보름달로, 가득 찼으니 장차 이지러질 것'"이라 하였다. 얼마 되지 않아 당나라에서 소정방을 보내 백제를 멸망시켰다. 날쌘 병사들이란 소정방의 병사를 가리키는 것이다. 용의 미끼는, 소정방의 병사들이 강을 건너는데 황룡이 배를 뒤엎어 병사들이 강을 건널 수 없었고, 이에 백마를 미끼로 써서 용을 낚아 올려 죽이고 마침내 병사들을 건너게 한 것을 말한다. 후에 이리하여 강을 백마강이라 이름하였다. (滿月百濟史云。義慈王末有鬼。自外哭入宮門。王使人逐之。鬼出門而去。十里許入地而哭。人掘之。得一龜。背有文曰。新羅未滿月。月未滿則將盈。百濟已滿月。月已滿卽將虧。未幾唐遣蘇定方滅之。飛兵。指定方之兵也。龍羞。方兵渡江。有黃龍負舟。兵不能渡。乃以白馬。鈎餌釣龍殺之。遂渡兵也。後仍名江曰。白馬云。)】

백주 상공의 〈한고별업〉 시에 삼가 차운하다
敬次白洲相公漢皐別業韻

상국은 한강 가 교외에 살면서	相國郊居漢水上
사모에 작은 수레 타고 돌아오네	短轅紗帽自公回
가을 깊어진 강 포구에 기러기 처음 지나고	秋深江浦鴈初度
해 저물자 사립문에 스님 홀로 들어서네	日暮荊扉僧獨來
돌아와 대나무 침상에 의지해 같이 시구 찾고	還倚竹床同覓句
또 다시 연촉蓮燭[220]을 돋워 같이 술잔을 드네	更分蓮燭共含盃
내일 아침 석장 떨치며 가는 곳이 어딘가	明朝拂錫歸何處
그곳은 구름 밖에 우뚝 솟은 오대산이라네	雲外崔嵬是五臺

백암의 〈백천사〉 시에 차운하다
次栢菴題百泉寺韵

남극 선산의 푸른 바닷가	南極仙山碧海邊
백천의 샘과 돌은 새 샘물보다 낫지	百泉泉石勝新泉
천 길 매달린 노폭은 시 읊는 속에	千尋鷺瀑懸吟裡
한 점 우뚝 솟은 오잠은 눈앞에	一點鰲岑起眼前
골짝 가득한 솔바람은 불었다 또 그치고	滿壑松風吹復斷
상방上方[221]의 밝은 달은 이지러졌다 둥글어지네	上方明月缺還圓
명승지의 나그네는 세상을 모두 잊고	名區有客渾忘世
비로소 호리병 속에 별천지 있음 깨닫네[222]	始覺壺中別有天

가락을 회고하다
駕洛懷古

수로왕이 머문 터는 부평초 흡사하고	首露遺墟似泛萍
천년 왕업은 유성과 같네	千年王業若流星
삼차수三叉水²²³ 흘러드는 바다는 어둡고	三叉水入重溟黑
칠점산七點山²²⁴은 나뉘어져 작은 푸른 섬이네	七點山分小島靑
성곽은 지금까지 해변에 붙어 있고	城郭至今依海壖
민가는 예와 같이 교외에 열 지어 있네	閭閻如舊列郊坰
이릉의 안개 낀 나무 수심을 머금었는데	二陵烟樹含愁色
몇몇 행인은 땅의 영험 이야기하네	多少行人說地靈

내원암에서 조망하다
內院菴眺望

만 길 봉우리들 바다를 누르는데	芙蓉萬丈壓重溟
굽어보니 풍이馮夷²²⁵의 집 아득하네	俯瞰馮夷宅杳冥
깊고 얕은 흰 물결 바닷가 맑게 에워쌌는데	白浪淺深籠浦淑
아침저녁 맑은 연기 야외에서 일어나네	靑烟朝暮起林坰
해구의 물은 달아나 세 갈래로 나뉘고	水奔海口成三派
산은 강 속에 잠겨 일곱 별이 되었네	水奔海口成三派
멀리 가리킨 육오六鰲²²⁶에 한 터럭 떠 있으니	遙指六鰲浮一髮
이로써 물결 밖에 신선 정원 있음을 알겠네	是知波外有仙庭

두견새 소리 듣다
聞鵑

천년을 울고 있는 서촉의 망제혼望帝魂[227]	西蜀千年望帝魂
피를 토하는 소리로 원통함 호소하네	一聲流血訴窮寃
산꽃 핀 가지 위에 봄이 저물어 가는데	山花枝上春將暮
숲에 안개 끼어 달은 반나마 어둡네	烟樹林中月半昏
먼 길손 고향 생각에 애가 끊길 듯한데	遠客思歸腸欲斷
미인은 이별이 원망스러워 눈물 자국 뚜렷하네	佳人怨別淚成痕
그대의 한스러움 끝없음을 알지만	吾知爾恨無終極
죽더라도 오히려 자손은 있겠지	縱死猶能有子孫

동계집 제1권
東溪集 卷之一

■ 주

1 동명 선생東溟先生 : 정두경鄭斗卿(1597~1673)을 지칭한다. 본관은 온양溫陽, 자는 군평君平, 호는 동명東溟이다. 아버지는 호조좌랑을 지낸 회晦이며, 어머니는 광주정씨光州鄭氏로 사헌부장령 이주以周의 딸이다. 이항복李恒福의 문인이다. 1656년(효종 7)에 「七條疏」와 「原理說」을 지어 올렸으며 1669년(현종 10) 홍문관제학을 거쳐 예조참판·공조참판 겸 승문원제조에 임명되었으나 모두 노병으로 사양하고 나아가지 않았다. 저서로는 『東溟集』 26권이 있다.
2 백운관白雲關 : 구름과 안개가 가리고 있는 높은 곳을 가리킨다.
3 청심루淸心樓 : 경기도 여주 객관客館의 북쪽에 있는 누각이다.
4 분성盆城 : 경상남도 김해의 옛 이름이다.
5 사또(五馬) : 오마五馬는 한漢나라 때 태수가 타는 마차를 다섯 마리의 말이 끌었으므로 태수의 마차 혹은 태수를 뜻한다.
6 육기六氣 : 세상에 존재하고 있는 여섯 가지 기운. 그늘인 음陰, 바람인 풍風, 비인 우雨, 어둠인 회晦, 밝음인 명明, 볕인 양陽을 말한다.
7 창주滄洲 : 맑고 푸른 물가로, 은인이 사는 곳을 말한다.
8 천생성天生城 : 경상북도 안동에 있는 성이다. 사면에 깎아 세운 듯한 석벽이 성이 되었다. 하늘이 만든 것 같다 하여서 붙여진 이름이다. 『新增東國輿地勝覽』「慶尙道」〈仁同縣〉.
9 하산夏山 : 경상도 창녕현의 다른 이름이다.
10 장한張翰이 강동으로 가지 않았다면 : 진晉나라 장한이 가을바람을 맞고는 농어 맛이 생각나자 벼슬을 그만두고 고향인 오나라 강동으로 내려갔다는 고사가 전한다. 『晉書』「文苑傳」〈張翰〉.
11 서생徐生 : 서복徐福을 말한다. 진시황秦始皇이 서복에게 동남동녀 수천 명을 싣고 바다로 들어가서 삼신산의 불로초不老草를 캐 오라 시켰으나, 불사약을 가져오지 않고 일본으로 도망가 살았다는 말이 전해 온다.
12 동려桐廬 : 중국 절강성浙江省의 현縣을 말한다. 후한後漢의 은사隱士인 엄광嚴光이 은둔하면서 이곳의 동강桐江에서 낚시질을 했다고 한다.
13 염계剡溪 : 절강성에 있는 계곡으로 좋은 수석水石이 많다고 한다. 이백李白이 〈가을에 형문으로 내려가는 시(秋下荊門詩)〉에서 "이번 걸음은 농어회를 먹기 위해서가 아니라 스스로 형산이 좋아서 염중에 들어온 걸세."라고 하였다.
14 상군湘君 : 요堯임금의 딸인 아황娥皇과 여영女英을 가리킨다. 아황과 여영이 순舜임금에게 시집가 비妃가 되었는데, 순임금이 남쪽 지방을 순행하다가 죽어 창오蒼梧의 들에 묻혔다. 그러자 두 비가 순임금을 그리워하면서 통곡하여 흘린 눈물이 대나무에 떨어져 반점이 생겼다고 한다. 그 뒤에 두 비가 상강에서 죽으니, 사람들이 상부인湘夫人이라고 칭하였다. 『列女傳』.
15 향혼香魂 : 미인의 죽은 영혼이라는 뜻의 시어詩語이다.
16 현성玄城 : 경상남도 김해의 옛 이름이다.
17 홍류동紅流洞 : 홍류紅流가 있는 동네로, 홍류는 가야산伽倻山 해인사海印寺 곁으로

흐르는 시내를 가리킨다.
18 무릉교武陵橋 : 가야산 홍류동紅流洞 입구에 있는 다리.
19 옥경玉京 : 백옥경白玉京을 가리킴. 도가道家에서 말하는 천제天帝의 도성都城이다.
20 정문頂門 : 일체의 사리를 꿰뚫어 보는 외눈인 정문안頂門眼을 가리킴. 훌륭한 식견이나 비범한 견해를 갖춘 것을 선가禪家에서는 정문유안頂門有眼이라고 한다.
21 전기全機 : 제불諸佛의 대도大道, 혹은 구진究盡하는 것을 말한다.
22 위음威音 : 공겁空劫(괴겁壞劫 다음에 세계가 완전히 공무空無해졌을 때부터 다시 다음 성겁成劫에 이르기까지의 20중겁中劫을 말함) 시대에 맨 처음 성불成佛한 부처. 한없이 오랜 옛적, 또는 맨 처음이란 뜻으로도 쓰인다.
23 조계曹溪 : 중국 광동성廣東省 곡강현曲江縣 동남쪽에서 발원하여 진수湊水로 흘러들어가는 물 이름. 당나라 때 선종禪宗의 육조六祖 혜능慧能이 보림사寶林寺를 세우고 불법을 크게 일으킨 곳이다. 여기서는 그냥 절이라는 뜻으로 쓴 것.『傳燈錄』.
24 연단鍊丹 : 진晉나라 때 선인仙人 갈홍葛洪이 본래부터 신선도양술神仙導養術을 좋아하여, 조정의 부름을 고사하고 교지交趾에서 선약仙藥의 재료인 단사丹砂가 나온다는 말을 듣고는 그곳의 구루산句漏山에 은거하면서 연단술鍊丹術, 즉 선약 만드는 법을 통하여 선인이 되었다는 고사에서 온 말이다.
25 영재鈴齋 : 영각鈴閣으로 지방 장관이 관할하는 지역을 말하는데, 여기서는 정두경이 머무는 거처를 가리킨다.
26 〈아양곡峨洋曲〉 : 거문고의 명인 백아伯牙가 고산高山에 뜻을 두고 연주하면 종자기 鍾子期가 "좋구나. 아아峨峨하여 태산泰山과 같도다."라고 하고, 유수流水에 뜻을 두고 연주하면 "좋구나. 양양洋洋하여 강하江河와 같다."고 풀이했다는 고사에서 유래한 노래이다.『列子』「湯問」.
27 물가에 가~견주어 보네 :『莊子』「秋水」에서 하백河伯이 자신이 다스리는 하수河水의 물이 불어나자 의기양양하다가 북해北海에 이르러서는 끝없이 펼쳐진 물을 보고 그만 탄식하면서 "내가 길이 대방지가大方之家에 비웃음을 사겠다."라고 하였다.
28 칡넝굴 옷(薜蘿衣) : 보통 산에 사는 은자隱者의 복장을 가리킨다.『楚辭』.
29 도옹陶翁 : 도연명陶淵明을 말한다. 중국 동진東晉 말기부터 남조南朝의 송대宋代 초기에 걸쳐 생존한 중국의 대표적 시인이다. 기교를 부리지 않고 평담平淡한 시풍이었기 때문에 당시의 사람들로부터는 경시를 받았지만, 당대唐代 이후는 육조六朝 최고의 시인으로 그 이름이 높아졌다. 그의 시풍은 당대의 맹호연孟浩然·왕유王維 등 많은 시인들에게 영향을 줬다. 주요 작품으로「五柳先生傳」·「桃花源記」·〈歸去來辭〉 등이 있다.
30 원로遠老 : 진晉나라 고승 혜원 법사慧遠法師를 가리키는데, 그가 여산廬山(匡山)에서 도연명陶淵明·육수정陸修靜과 어울려 놀았다는 고사가 전한다.『廬山記』.
31 헌원軒轅 : 중국 고대 황제의 이름. 헌원이라는 언덕에 살아서 그렇게 불렸다.
32 청안靑眼 : 반가울 때 보이는 눈빛이다. 진晉나라 완적阮籍이 달갑지 않은 사람을 볼 때에는 백안白眼을 치뜨고, 반가운 사람을 만나면 청안靑眼을 보였다는 고사에서 유래한 것이다.『晉書』「阮籍傳」.
33 명부明府 : 현령縣令의 존칭이다.
34 북궐北闕 : 경복궁景福宮을 말한다.

35 전성專城 : 지방 장관의 별칭이다.
36 쌍정雙旌 : 관찰사의 의장儀仗을 가리킨다.
37 원문轅門 : 출정 나간 장수가 주둔해 있는 군문軍門을 말한다. 여기서는 이 공李公이 머무는 관소를 말한다.
38 소무蘇武 : 한 무제漢武帝 때 사신으로 흉노匈奴 땅에 들어갔다가 붙잡혀 갖은 고초를 겪다가 19년 만에 돌아왔다. 이로 말미암아 충절의 인물로 상징된다.
39 손작孫綽 : 진晉나라 때의 시인으로 당시 산수유람의 부賦가 많이 창작되었는데, 그가 지은「遊天台山賦」가 유명하다.
40 양마揚馬 : 한나라의 양웅揚雄과 사마상여司馬相如를 가리킨다.
41 종백宗伯 : 예부의 우두머리를 말한다.
42 남기南紀 : 남국南國의 강기綱紀라는 뜻으로, 여기서는 남쪽 지방을 가리킨다. 『詩經』에 "출렁거리는 강한은 남국의 벼리이다.(滔滔江漢南國之紀)"라는 대목이 보인다.
43 낭원閬苑 : 신선이 사는 곳.
44 요대瑤臺 : 옥으로 장식한 대臺, 또는 하夏나라 걸왕桀王, 은殷나라 주왕紂王이 만든 대의 이름이다.
45 현도玄都 : 중국 장안현長安縣 숭녕방崇寧坊에 있던 수당隋唐 시대의 도관道觀을 가리키는데, 당나라 문장가 유우석劉禹錫이 즐겨 놀았던 곳이라 전한다.
46 소사簫史 : 진秦 목공穆公 때 사람으로, 퉁소를 잘 불어 공작과 백학을 불러들이곤 하였다. 목공의 딸 농옥弄玉이 그를 좋아하자 목공은 농옥을 그에게 시집보냈다. 농옥이 소사에게 매일 퉁소를 배워 몇 해 뒤에는 봉황을 부를 수 있게 되자 목공이 봉대를 지어 주었는데, 이들 부부는 몇 해가 되도록 봉대에서 내려오지 않다가 어느 날 아침 봉황을 타고 날아가 버렸다. 『列仙傳』「簫史」.
47 모산茅山 : 도가道家의 세 신선인 모영茅盈·모고茅固·모충茅衷이 한漢나라 경제景帝 때에 도를 닦아 신선이 되었다고 전하는 산을 일컫는다. 구곡산句曲山 혹은 삼모산三茅山이라 부르기도 한다.
48 화정華頂 : 화산華山의 꼭대기를 말하는 것으로, 두보杜甫의 〈魏將軍歌〉에는 "위후는 골격이 우뚝하고 정신이 긴장되어, 화산 꼭대기의 가을 새매를 본 듯하네.(魏侯骨聳精爽緊。華嶽峯尖見秋隼。)"라는 대목이 보인다. 곧 마음이 긴장되고 맑은 것을 뜻한다.
49 문성文星 : 문창성文昌星의 준말로, 하늘에서 문장을 주관한다고 한다.
50 적공翟公 : 한漢나라 때 하규下邽 사람으로 정위廷尉 벼슬을 지냈다. 그가 정위가 되자 손님들이 문에 가득하더니, 정위에서 파면되고 나자 오는 손님이 없어서 문전에 참새만이 모여들어 새그물을 칠 만하였다 한다.
51 유도劉陶 : 진晉나라 때 술을 즐겨 마셨던 죽림칠현의 한 사람인 유령劉伶과 처사인 도잠陶潛을 합칭해 부른 말.
52 삼계三界 : 욕계欲界·색계色界·무색계無色界를 말하며 중생이 윤회하는 세계를 가리킨다. 이 삼계 속의 만물은 끊임없이 변화하여 고정된 실체가 없다고 한다. 불교의 교의에 따르면, 부처의 지위에 도달하지 못한 사람은 극복되지 못한 무명無明의 미혹迷惑 때문에 탄생과 죽음을 반복하는데, 삼계는 이처럼 아직 깨닫지 못한 상태인 미계迷界를 셋으로 분류한 것이다.
53 모영毛穎 : 붓을 의인화한 말이다. 한유韓愈의「毛穎傳」에 나오는 용어이다.

54 관성管城 : 관성자管城子는 붓의 별칭으로, 토끼 털을 모아 대롱에 끼워 만든 붓을 의인화하여 말한 것이다. 한유의 「毛穎傳」에 "진시황제가 몽염에게 시켜 탕목읍을 내려 관성에 봉해서 관성자라 호칭하게 하였다.(秦皇帝使蒙恬。賜之湯沐而封諸管城。號曰管城子。)"라고 한 데서 온 말이다.
55 영형寧馨 : 『資治通鑑』 권129 「宋紀十一」 〈世祖孝武皇帝 下〉에서 영형아寧馨兒는 훌륭한 아들이란 뜻으로 통용되지만, 본래 영형寧馨은 의문사로 '어찌 이런(若何)'이란 뜻으로 쓰였고 좋다는 의미는 없었다. 『古今事文類聚別集』 권6 「文章部」 〈寧馨阿堵〉.
56 희운希運 : 당唐나라 단제 선사斷際禪師를 가리킨다. 『高僧傳』에는 "희운이 배상국裵相國의 청으로 완릉宛陵의 개원사開元寺에 있으면서 사방에서 모여드는 제자를 가르쳤는데, 배상국도 이곳에서 희운에게 득법得法하였다."는 대목이 보인다.
57 기림祇林 : 기타태자祇陀太子의 원림園林. 전하여 승사僧寺의 뜻으로 쓰인다. 『楞嚴經』.
58 쌍수雙樹 : 석가釋迦가 열반에 들 때 그 사방에 한 쌍씩 서 있던 나무.
59 호락瓠落 : 호락瓠落 또는 호락護落으로 표기하기도 하는데, 적막하게 의지할 곳 없는 상태를 나타내는 말이다.
60 희준犧尊 : 술잔의 하나로, 소의 형상을 만들어 속을 비우고 술을 담을 수 있게 하고 뚜껑을 단 것이다. 『釋奠儀』에 따르면 희준은 무게가 9근 10냥이요 아가리의 직경이 2촌 4푼이다.
61 금원金猿 : 경상남도 거창군居昌郡과 함양군咸陽郡 사이에 위치한 산. 삼봉산三峯山·덕유산德裕山과 함께 호남湖南과 영남嶺南 두 지방의 경계를 이루고 있다. 산명과 관련하여 옛날 이 산속에 금빛 나는 원숭이가 날뛰므로 한 도사가 바위 속에 가두었다는 전설이 있다.
62 높은 어른 : 화양華陽은 도가의 제8동洞으로 모군茅君이 다스리는 곳이므로, 높은 어른은 신선을 가리킨다.
63 금주金州 : 경남 김해의 옛 이름이다.
64 삼산三山 : 중국 전설에 나오는 봉래산蓬萊山·방장산方丈山·영주산瀛洲山. 신선이 산다 하며, 우리나라에서는 금강산을 봉래산, 지리산을 방장산, 한라산을 영주산이라 이른다.
65 삼경三庚 : 초복·중복·말복의 삼복三伏을 말한다.
66 칠월七月 : 음력 7월을 맹추孟秋 혹은 만염晩炎이라고 부르는데, 가을의 시작이자 늦더위가 남아 있는 시기이다. 또한 과월瓜月·교월巧月이라 하듯이 여성들과 관련된 민속이 많은 달이기도 하다.
67 가생賈生 : 전한前漢 문제文帝 때 문신 가의賈誼를 말한다. 낙양인洛陽人으로 문제가 20여 세인 그를 박사博士로 삼으니 사람들이 연소한 수재라 하여 가생賈生이라 별칭했고, 강최降灌와 등균等均 등이 시기하고 모함하여 남초南楚의 장사왕長沙王 태부太傅로 좌천되었다. 시문과 사부辭賦에 능하여 작품에 〈鵩鳥賦〉·〈弔屈原賦〉·「過秦論」 등이 있다.
68 한산한 벼슬(冷官) : 요직이 아닌 한산한 관직을 가리킨다.
69 광문廣文 : 광문 선생의 준말로, 두보杜甫가 벗인 정건鄭虔을 그렇게 불렀다. 정건의 인물됨을 본 당唐 현종玄宗이 그를 위해 광문관廣文館을 설치하고 박사博士로 임명했

다고 한다. 『新唐書』 권202 「文藝列傳」 〈鄭虔〉. 두보杜甫의 〈醉時歌〉에는 "제공들 줄지어 대성에 오르는데, 광문 선생 관직만은 홀로 썰렁하구나.(諸公袞袞登臺省. 廣文先生官獨冷.)"라는 구절이 보인다. 『杜少陵詩集』 권3.

70 택당澤堂 : 이식李植(1584~1647)의 호號이다. 자는 여고汝固·택구거사澤癯居士라고도 한다. 1610년(광해군 2) 별시문과에 급제하였다. 1613년 세자에게 경사經史와 도의道義를 가르치는 정7품에 해당하는 설서設書를 거쳐 1616년 북평사北評事가 되었다. 1642년에 김상헌金尙憲과 함께 청淸나라를 배척할 것을 주장한다고 하여 중국의 심양瀋陽으로 잡혀갔다. 돌아올 때에 다시 의주義州에서 청나라 관리에게 붙잡혔으나 탈출하여 돌아왔다. 1643년 대사헌과 형조·이조·예조 판서 등 조정의 주요직을 두루 역임하였다. 승려들과의 교분이 두터워 승려의 비문과 교유한 시문이 적지 않다.

71 방외方外 : ① 상도常道에서 벗어남. 유교에서 도교나 불교를 가리켜 방외학方外學이라 한다. 『莊子』 「內篇」 〈大宗師〉에서 "옛 선비들은 과거에 급제하여 명성이 자자하나, 참 즐거움은 방외의 사람을 좇아 노는 것이라네.(先儒雖藉桂林春. 眞樂好從方外人.)"라고 하였다. 석진정釋眞靜의 〈次韻答郞州太守金愊所寄〉. ② 구역 또는 중국의 밖. 오랑캐의 땅. 국외局外를 말한다. 『漢書』 「路溫舒傳」. 두보杜甫는 〈偪側行〉에서 "길거리의 술값은 늘 비싸니, 외부의 술꾼들 취하여 조는 일 드물더라.(街頭酒價常苦貴. 方外酒徒稀醉眠.)"라고 하였다.

72 병석瓶錫 : 승려가 지니고 다니는 병발瓶鉢과 석장錫杖을 합친 말이다. 승려나 그들을 비유할 경우 쓰인다.

73 임갈천林葛川 : 임훈林薰(1500~1584)을 지칭한다. 자는 중성仲成, 호는 자이당自怡堂·갈천葛川이다. 1540년(중종 35) 생원시에 합격하여 성균관에서 독서讀書하였고, 1553년(명종 8) 관천館薦에 의하여 사직서 참봉이 되었다가 이듬해에 집경전 참봉으로 옮겼다. 80세가 넘은 노부를 봉양하여 1566년 관찰사의 추천으로 효행의 정려를 받았다. 저서로 『葛川集』이 있다.

74 수송愁送 : 경상남도 거창군 안의면에 있는 수승대搜勝臺를 가리킨다. 옛날 이곳에서 신라에서 백제로 사신을 보냈다고 한다. 그런데 백제의 국세가 쇠약해져서 멸망할 무렵 백제의 사신을 이 대에서 송별하고 돌아오지 못함을 슬퍼해 근심 수愁, 보낼 송送 자를 써서 수송대愁送臺라 하였다 한다. 1543년 이황李滉이 거창을 지나면서 그 내력을 듣고 이름이 아름답지 못하다며 '수승搜勝'으로 고쳤다 한다. 바위 둘레에는 이황의 옛 글이 새겨져 있다.

75 호중壺中 : 호중천壺中天을 줄인 말로 호로壺盧 속에 있는 별천지, 곧 신선의 세계를 말한다. 호공壺公이란 신선이 저잣거리에서 약을 팔고 있었으나 그저 평범한 사람으로만 알 뿐 신선인 줄을 몰랐다. 어느 날 비장방費長房이란 사람이 호공이 천장에 걸어 둔 호로 속으로 들어가는 것을 보고는 보통 사람이 아님을 알고 매일같이 정성껏 그를 시봉하였다. 그 뒤 어떤 날 호공이 그를 데리고 호로 속으로 들어갔는데, 호로 속은 완전히 별천지로 해와 달이 있고 선궁仙宮이 있었다 한다. 갈홍葛洪, 『神仙傳』 「壺公」.

76 조유曹劉 : 위魏나라의 조식曹植과 유정劉楨을 가리킨다. 조식은 진사왕陳思王이라고도 불리는 시인으로, 자기를 콩에, 형을 콩대에 비유하여 육친肉親의 불화를 상징적으로 노래한 〈七步之詩〉를 지었다. 당시의 문학적 중심을 이루었고, 오언시를 서정시로

완성시켜 문학사상 후세에 끼친 영향이 크다. 주요 저서에는 『曹子建集』 등이 있다. 유정은 산동山東 영양寧陽 사람으로 자는 공간公幹이고, 동한東漢 시대의 명사名士이자 문학가이다. 박학다식하고 재능이 있었다. 위나라 문제文帝와 친분이 깊었는데, 뒤에 불경죄로 형벌을 받았다. 오언시에 능했고, 공융孔融·진림陳琳·왕찬王粲·서간徐幹·완우阮瑀·응창應瑒과 더불어 '건안칠자建安七子'로 일컬어진다.

77 불일佛日 : 부처를 해에 비유하여 일컫는 말. 햇볕이 싹을 틔우고 꽃을 피워 열매를 맺게 하고 어두움을 없애는 것처럼 중생의 번뇌를 없애 준다는 데에서 붙여진 말.

78 왕춘王春 : 『春秋』 은공隱公 원년의 "원년 봄 왕의 정월(元年春 王正月)"이라는 기록에 대한 『春秋』 「公羊傳」의 해설에서 연유하여, 천하를 통일한 제왕의 봄이라는 뜻을 갖게 되었는데, 보통은 새해의 봄을 가리키는 말로 쓰인다.

79 도령陶令 : 도연명陶淵明을 가리킨다.

80 사공謝公 : 사령운謝靈運을 말한다. 본적은 진군陳郡 양하陽夏이고, 회계會稽 시녕始寧에서 출생하였다. 남북조南北朝 유송劉宋 시기의 시인이자 문학가이다. 그는 여행가이기도 하며 사학史學과 서법書法에도 능통하였고, 불경佛經을 번역하기도 하였다. 『晉書』·『隋書』·「經籍志」의 편찬에 참여하였다. 『晉書』에 「謝靈運集」이 수록되었다. 저서로 『謝康樂集』이 있다.

81 태현太玄 : 한漢나라 양웅揚雄이 지은 『太玄經』을 일컫는다. 10권으로 되어 있으며 『周易』을 빗대어 우주만물의 근원을 논하고, 음양이원론陰陽二元論 대신 시始·중中·종終의 삼원三元으로써 설명하고 여기에 역법曆法을 가미하였다. 현玄은 눈에 보이지 않는 우주의 본체이고, 태太는 그 공덕을 형용한 미칭美稱이다. 규칙이 바른 양웅의 도식을 높이 사는 학자도 있으나, 『周易』과 같은 흥미는 결여된 것으로 평가되고 있다.

82 개사開士 : 원래 보살을 지칭하는데 여기서는 고승·스님을 가리키는 것으로 보인다.

83 공문空門 : 불교를 말한다. 불교는 공空의 사상을 그 전체를 꿰뚫는 근본 뜻으로 삼는 것이므로 공문이라 한다. 혹은 사문四門의 하나를 가리키기도 한다. 유有에 집착함을 다스리기 위하여 온갖 사물을 실체와 자성이 없다고 말한 공리空理의 법문을 일컫는다.

84 미천彌天 : 하늘에 가득하다는 뜻이지만, 여기서는 스님을 비유하고 있다.

85 환아換鵝 : 글씨를 청하여 얻는 것을 말한다. 진晉나라 때 명필인 왕희지王羲之가 거위를 매우 좋아하여, 도사道士의 집에 거위가 있음을 보고는 그것을 갖고 싶어 하자, 그 도사가 "'도덕경道德經'을 써 주면 거위를 주겠노라."고 하니, 왕희지가 '도덕경'을 써 주고 그 거위를 가져갔다는 고사에서 유래한 말이다.

86 제봉題鳳 : 제봉재문題鳳在門의 준말로, 용렬한 사람들을 가리킨다. 위魏나라 때 혜강嵇康의 친구 여안呂安이 혜강을 찾아갔으나 그를 만나지 못하고 그의 형인 혜희嵇喜의 영접을 받게 되자, 여안이 문에 들어서지도 않고 문 위에다 '봉鳳'이라는 글자를 써 놓고 그냥 갔는데, 나중에 혜강이 이를 보고는 궁금해 하는 형에게 "봉은 범조凡鳥이다."라고 설명해 주었던 고사가 있다. 봉鳳을 파자破字하면 범凡과 조鳥가 된다. 『世說新語』 「簡傲」.

87 임유후任有後(1601~1673) : 1626년(인조 4) 정시문과에 병과로 급제, 1627년 정묘호란 때 가주서로 척화를 주장하였다. 1661년(현종 2) 담양부사가 되고, 1663년 승지를 거쳐 예조참의가 되었다. 은퇴한 뒤 유유자적하며 〈牧童歌〉를 지었다고 한다. 그는 문

장이 뛰어났고 만년에는 『周易』을 가장 좋아하였다.
88 불이不二 : 『維摩經』에서 32보살이 설한 불이법문不二法門을 가리킨다. 상대 차별을 없애고 절대 차별이 없는 이치를 나타내는 법문을 말한다. 문수보살의 불이에 대한 질문에 유마 거사가 침묵으로 답한 장면이 유명하다.
89 불이문不二門 : 불이법문不二法門을 줄인 말이다.
90 백암 성총栢庵性聰(1631~1700) : 13세에 순창의 취암사鷲岩寺에 출가, 16세에 법계法戒를 받았다. 18세에 방장산方丈山(지리산)에 들어가 취미 대사翠微大師로부터 9년간 수학하고 그 법을 전수받았으며, 27세에는 곡성에 있는 신덕왕후 강씨의 원당願堂 신덕암神德庵에 거주, 30세에 이르러서는 명산을 두루 유람하였다. 이후 승주 송광사와 낙안 징광사澄光寺, 하동 쌍계사 등의 사찰에 두루 주석하며 후학들을 가르쳤고, 이때 『緇門警訓註』3권을 간행하여 많은 학승學僧들을 지도하면서 승려들의 교과서로 제시하였다.
91 왕손초王孫草 : 왕손의 풀이라는 뜻으로, 먼 곳으로 떠나 돌아오지 않는 사람을 사모하는 것을 뜻한다. 한漢나라 회남왕淮南王 유안劉安의 〈招隱士〉에는 "왕손은 출유出遊하여 돌아오지 않건만, 봄풀은 돋아나서 무성하구나.(王孫遊兮不歸。春草生兮萋萋。)"라는 대목이 보인다.
92 반빈潘鬢 : 진晉나라 때 문인인 반악潘岳의 살쩍. 반악의 〈秋興賦〉에 "내 나이 32세에 비로소 이모二毛가 나타났다."고 하였는데, 그 주에 "이모는 머리에 흰 털이 나서 두 빛깔이 된 것을 말한다."고 하였으므로, 이는 곧 관자놀이와 귀 사이의 머리털이 희어졌다는 뜻이다. 여기서는 흰머리가 생긴 늙은 나이를 말한다.
93 청심루淸心樓 : 여주驪州 관아 객사의 부속 건물로 여주의 여러 누정 중에서도 가장 유명했던 곳인데, 현 여주초등학교 자리에 있었다. 예로부터 여강驪江(남한강) 주변은 경관이 좋은 장소가 많았는데, 특히 청심루에는 많은 시인 묵객들이 거쳐 갔다.
94 신륵사神勒寺 : 대한불교조계종 제2교구 본사인 용주사龍珠寺의 말사이다. 신라 진평왕眞平王 때 원효元曉가 창건하였다고 하나 정확한 것은 알 수 없다. 절 이름을 '신륵'이라고 한 것은 미륵彌勒 또는 왕사 나옹懶翁이 신기한 굴레로 용마龍馬를 막았다는 전설에 의한 것이라는 설이 있다.
95 방장方丈 : 원래 사방으로 1장丈이 되는 방이란 뜻이다. 부처님 당시의 유마 거사維摩居士가 병이 들었을 때 그가 거처했던 사방 1장의 방에 문병 온 3만 2천 명을 모두 사자좌獅子座에 앉게 한 데서 방장이라는 말이 생겨났다. 그 뒤 그 뜻이 달라져, 주로 큰 절의 주지主持를 가리켜 방장 화상이라고 하였다.
96 인동仁同 : 경북 구미시의 한 동네. 삼한 시대에는 군미국, 신라 시대에는 사동화현이라 하였고, 고려 시대부터 인동으로 개칭되었다. 동계 정일의 고향으로 속가가 있는 곳이다.
97 화각畫角 : 뿔로 만든 피리를 말한다.
98 홍몽鴻濛 : 우주가 형성되기 이전부터 있어 온 천지 자연의 원기이다.
99 중향성衆香城 : 금강산金剛山 내금강의 영랑봉永郞峯 동남쪽을 병풍처럼 둘러싸고 있는 하얀 바위 성이다.
100 두허위斗虛危 : 북방의 별 이름. 이십팔수二十八宿를 사방으로 나누어 한 방위마다 칠수가 있는데, 각角·항亢·저氐·방房·심心·미尾·기箕는 동방에 있고, 두斗·우

牛·여女·허虛·위危·실室·벽壁은 북방에 있으며, 규奎·누婁·위胃·묘昴·필畢·자觜·삼參은 서방에 있고, 정井·귀鬼·유柳·성星·장張·익翼·진軫은 남방에 있다.

101 비로정毘盧頂 : 태백산맥의 북부에 있는 금강산 비로봉의 정상. 금강산에서 최고봉으로 일출봉·월출봉·영랑봉·마석암·석가봉 등으로 둘러싸여 있다.

102 소미少微 : 소미성少微星을 말하는데, 처사성處士星이라고도 한다.

103 하의荷衣 : 은자의 옷을 가리킨다. 『楚辭』「離騷」에서 "기하芰荷를 마름질하여 저고리를 짓고, 부용을 모아서 치마를 짓네.(製芰荷以爲衣兮。集芙蓉以爲裳。)"라는 구절에서 인용한 말로, 여기에서는 속세를 떠나 은거하고 있는 선비를 뜻한다.

104 모공毛公 : 전한前漢의 박사博士로서 시를 전한 대모공大毛公과 소모공小毛公, 즉 모형毛亨과 모장毛萇을 총칭하는 말이다.

105 지난날이 잘못된 줄 아네(悟昨非) : 도연명陶淵明의 〈歸去來辭〉에 "길을 잘못 들긴 했어도 아직 멀리 벗어나지는 않았으니 지금이 옳고 지난날이 잘못된 것을 깨달았네.(實迷途其未遠。覺今是而昨非。)"라는 구절을 말한다.

106 심원深源 : 깊은 근원이란 문장의 근원을 말한 것으로 보아야 한다. 두보杜甫의 〈醉歌行〉에 "문장의 근원은 삼협의 물을 기울인 듯하고, 필력의 전진은 천군을 쓸어 낼 기세로다.(詞源倒流三峽水。筆陣獨掃千人軍。)"라는 구절이 있다.

107 황당黃堂 : 웅황雄黃의 염료染料를 칠한 태수太守의 청사廳舍를 말한다. 여기서는 지방관인 이석견을 일컫는다.

108 동관彤管 : 황후의 모든 행동을 기록한 여사女史의 글을 말한다. 여사는 황후에 대한 적심赤心을 상징하는 뜻으로 대롱이 붉은 붓(彤管)을 썼다고 하는데, 여기서는 단순히 붉은 붓을 가리킨다. 『詩經』「邶風」〈靜女〉

109 두류頭流 : 지리산을 말한다. 방장산·두류산·삼신산이라고도 하며, 불교 문화의 요람지로서 화엄사·연곡사·천은사·쌍계사 등에 국보급·보물급 문화재가 보존되어 있다.

110 쌍계雙溪 : 경남 하동군 화개면에 위치한 쌍계사를 말한다. 이 사찰은 통일신라 성덕왕 21년(722) 대비大悲 화상과 삼법三法 화상이 세워 옥천사玉泉寺라 불렸다고 하며, 정강왕(재위 886~887)이 두 개의 계곡이 만나는 절 주변의 지형을 보고 쌍계사로 고쳤다고 한다.

111 소병蘇兵 : 중국 당唐나라 장군인 소정방蘇定方(595~667)의 병사를 말한다. 소정방은 660년에 나당羅唐 연합군의 대총관으로서 13만의 당군을 거느리고 들어와, 백제의 사비성을 함락하고 의자왕과 태자 융隆을 사로잡았다. 661년에는 평양성을 포위하였으나 전세가 불리해지자 철군하였다.

112 오강烏江 : 항우項羽가 한漢나라 군사에게 마지막으로 패하여 강동江東으로 가려다가 오강에 이르러서는, "내가 강동江東의 자제子弟 8천 명을 거느리고 중원中原으로 왔다가, 지금 한 사람도 살아 돌아가지 못하니 비록 강동의 부형들이 나를 불쌍히 여겨 왕 노릇을 하게 한들 나 혼자서 무슨 면목으로 볼 것인가.(且籍。與江子弟八千人。渡江而西。今無一人還。縱江東父兄。憐而王我。我何而目見之)" 하고 목을 찔러 자살하였다.

113 도원桃源 : 무릉도원武陵桃源의 줄임말. 무릉도원은 중국 동진東晉의 시인 도연명陶淵明의 「桃花源記」에 나오는 말이다. 「桃花源記」의 내용을 보면, 동진 태원 연간

(376~395)에 무릉(지금의 후난 성 타오위안 현)에 살던 어느 어부가 강을 거슬러 올라가던 중 복사꽃이 피어 있는 수풀 속으로 잘못 들어갔는데, 숲의 끝에 이르러 강물의 수원이 되는 깊은 동굴을 발견하였다. 그 동굴을 빠져나오니 평화롭고 아름다운 별천지가 펼쳐졌다. 그곳의 사람들은 진秦대의 전란을 피해 이곳으로 왔는데 그때 이후 수백 년 동안 세상과 단절된 채 지내왔다는 것이다.

114 창주滄洲 : 삼국시대 위魏나라의 완적阮籍이 지은 『文選』 권20 「爲鄭沖勸晉王箋」에 "창주를 굽어보며 지백에게 사례하고, 기산에 올라가 허유에게 읍을 한다.(臨滄洲而謝支伯。登箕山而揖許由。)"는 부분이 보인다. 흔히 은자가 머무는 경치 좋은 곳을 일컫는다.

115 풍교楓橋 : 당唐나라 장계張繼의 〈楓橋夜泊〉이라는 시에 "고소성 밖 한산사에서 밤중의 종소리 나그네 배에 들려오네.(姑蘇城外寒山寺。夜半鐘聲到客船。)"라는 구절이 있어 그것을 인용한 것이다.

116 매산買山 : 은퇴를 해학적으로 풀이한 말이다. 진晉나라 승려 지도림支道林이 심공深公의 소유인 인산印山을 사서 은거하려고 하자, 심공이 "소부巢父와 허유許由가 산을 사서 숨어 살았다는 말을 듣지 못하였다."고 기롱한 고사에서 유래한 것이다. 『世說新語』「排調」. 백거이白居易의 시구 "지금부터 세상만사 떨쳐 버리고, 처자 데리고 산속에 들어가 살고 싶어라.(從此萬緣都擺落。欲攜妻子買山居。)에도 매산이 보인다. 『白樂天詩集』 권16 〈端居詠懷〉.

117 십주十洲 : 신선이 거주한다는 대해大海 가운데 열 곳의 명산名山이다.

118 풍일風鶂 : 바람을 타고 하늘 높이 나는 물새.

119 감로사甘露寺 : 경상남도 김해의 신어산神魚山에 있었던 절. 1237년(고종 24)에 해안海安이 창건하였다. 『朝鮮金石總覽』에서 1731년(영조 7) 이 절에 진남루鎭南樓를 지었다고 한 점 등으로 보아, 조선 후기까지 존립하였음을 알 수 있다.

120 오배鰲背 : 발해渤海에 방호方壺·영주瀛洲·봉래蓬萊 세 선산이 있는데, 이 산을 여섯 마리의 자라가 등으로 떠받치고 있다고 한다. 『列子』「湯問」.

121 병석瓶錫 : 주 72 참조.

122 음편吟鞭 : 시인의 말채찍 혹은 읊조리는 시인을 가리키기도 한다.

123 진회야秦淮夜 : 두목杜牧의 시 〈泊秦淮〉에 "강 뜰에 안개 덮이고 백사장에 달빛 쏟아지는데, 밤에 진회에 정박하니 술집이 가까워라.(煙籠寒水月籠沙。夜泊秦淮近酒家。)"라는 구절이 있다.

124 죽상竹床 : 대나무로 만든 침상을 말한다.

125 양랑楊郞 : 한漢나라 때의 인물인 양웅揚雄(B.C. 53년~A.D. 18년)을 가리킨다. 그는 말더듬이였으나 박학다식하여 경학經學은 물론 시문詩文과 사장辭章에도 뛰어났다. 그의 사부辭賦는 성제成帝(B.C. 32년~B.C. 7년)를 감탄시켰고 〈甘泉賦〉·〈羽獵賦〉·〈長楊賦〉·〈河東賦〉 등의 작품을 남겼다.

126 〈구장九章〉 : 굴원屈原이 지은 작품의 하나이다. 양왕襄王 때 참소를 당하여 강남江南으로 귀양 간 굴원은 〈九歌〉·〈天問〉·〈九章〉·〈漁夫辭〉 등의 글을 지어서 자신의 심정을 피력하였다. 『史記』 권84 「屈原列傳」.

127 요락搖落 : 나뭇잎이 다 떨어지는 가을철을 일컫는다. 전국시대 초楚나라 시인 송옥宋玉의 〈九辯〉에 "슬프도다, 가을 기운이여. 쓸쓸하게 초목은 바람에 흔들려 땅에 떨

어져 시들었다.(悲哉秋之爲氣也。蕭瑟兮。草木搖落而變衰。)"라는 구절에서 나왔다.
128 심랑沈郞 : 송宋·제齊·양梁 삼조三朝에 걸쳐 벼슬이 상서령尙書令에 올랐으며, 시문으로 당대에 이름이 높았던 심약沈約을 일컫는다. 그는 인품이 높았으나 몸이 마르고 병이 많았다고 한다.『梁書』권13「沈約列傳」.
129 청안靑眼 : 주 32 참조.
130 작림作霖 : 단비가 내리는 것을 말함.『書經』에 "큰 가뭄이 들면 내가 그대를 단비로 삼으리라.(若歲大旱。用汝作霖雨。)"라는 구절이 있다.
131 용절龍節 : 용을 그려 넣은 사신의 부절符節을 일컫는다.『周禮』「地官」〈掌節〉에 "산국山國엔 호절虎節, 토국土國엔 인절人節, 택국澤國엔 용절龍節을 쓴다."는 대목이 보인다.
132 당음棠陰 : 원員이나 감사의 선정을 말한다. 주周나라 무왕武王 때에 소백召伯이 남국南國을 순행할 때 감당甘棠나무 아래에서 쉬곤 하였으므로, 그 뒤에 사람들이 그 나무를 사랑하였다 한다.『詩經』「召南」〈甘棠〉.
133 원규元規 : 진晉나라 때 명재상인 유량庾亮을 일컫는다. 그의 부하들이 어느 때 무창武昌의 남루南樓에 올라가 놀고 있었는데, 그가 오자 모두 일어나 자리를 피하려 하였다. 이에 유량이 "그대들은 더 머물러라. 늙은 이 사람도 흥겹소."라고 하고는 진솔하게 함께 놀았다는 고사가 있다.
134 범자范子 : 전국시대 위魏나라 사람 범수范雎를 일컫는다. 그가 위나라 중대부中大夫 수가須賈를 따라 제齊나라에 사신으로 갔을 때, 제 양왕襄王이 그의 구변口辯을 듣고 훌륭하게 여겨 그에게 금금과 우주牛酒를 내렸는데, 귀국 후 위나라 정승 위제魏齊가 "범수가 위나라의 기밀을 제나라에 고해 주고 이런 대우를 받았다."는 수가의 말을 믿고서 대노하여 그를 매질하여 갈비뼈를 부러뜨리고 이빨을 끊으므로, 범수가 거짓 죽은 체하자 그가 범수를 대자리에 싸서 측간 안에 두었다. 이때 범수는 그곳을 지키는 자를 꾀어 결국 그곳을 탈출하여 진秦나라로 망명해서 뒤에 진나라의 정승이 되었다.『史記』권79「范雎蔡澤列傳」.
135 목로牧老 : 목은牧隱 이색李穡을 가리킨다
136 나옹懶翁(1320~1376) : 고려 공민왕恭愍王 때의 고승, 왕사. 나옹은 호이고, 속성은 아牙, 이름은 혜근惠勤, 시호는 선각禪覺이다. 24세 때 회암사에서 3년 동안 참선하여 크게 진리를 깨달았다. 1347년에 원나라에 가서 인도의 승려인 지공에게서 배우고, 1358년 귀국한 후에는 신광사·회암사 등의 주지로 지냈다. 1371년에 왕으로부터 가사와 법복을 하사받고 왕사가 되었다.
137 왕찬王粲 : 삼국시대 건안칠자建安七子의 한 사람이다. 그가 형주荊州에 있을 때 성루城樓 위에 올라가 울울한 마음으로 고향을 생각하며 지은 〈登樓賦〉에서 "참으로 아름답지만 내 땅이 아니니, 어찌 잠시인들 머물 수 있으리오.(雖信美而非吾土兮。曾何足以少留。)"라고 하였다.
138 반랑潘郞 : 진晉나라 때 시인 반악潘岳을 말한다. 그는 젊어서 용모가 매우 아름다웠는데 중년에 백발이 되었다 한다. 그의 〈秋興賦〉는 가을의 처량한 서정을 노래한 작품인데, 그중에 "산에 올라 먼 곳을 그리워하고 가까운 곳을 슬퍼한다.(登山懷遠而悼近。)"는 구절은, 가을에 산에 올라 먼 고향을 생각하는 슬픈 정감을 잘 표현한 것으로 유명하다. 송宋나라 사달조史達祖의 〈齊天樂 白髮〉이란 사詞에 "가을바람이 일찍 반

랑의 귀밑털에 들어가니, 이처럼 희끗희끗한 머리에 문득 놀라노라.(秋風早入潘郞鬢。 斑斑遽驚如許。)"라고 하였다.
139 응진應眞 : 불교에서 최고의 과위果位를 얻은 자로 나한羅漢이라고 한다. 불경이 한역漢譯된 이래로 대개 선종禪宗 사찰에서 신선의 모습으로 십육나한 혹은 십팔나한 상을 조성하였다.
140 팽택彭澤 : 진晉나라 도연명陶淵明이 〈귀거래사歸去來辭〉를 읊고 돌아오기 전에 현령縣令으로 있었던 고을이다. 여기서는 도연명을 가리킨다.
141 마암馬巖 : 여주驪州 신륵사神勒寺 옆에 있는데, 여강驪江에서 두 마리의 검은 말이 나왔다 하여 붙여진 이름이다. 『新增東國輿地勝覽』 권7 「驪州牧」.
142 비단 닻줄(錦纜) : 수隋 양제煬帝가 운하를 통해 강남江南을 순행할 적에 변하에 이르러 자신은 용주龍舟에 타고 소후蕭后는 봉모봉황鳳艒에 태운 뒤에, 돛과 닻줄을 모두 비단으로 만들게 하고는 장장 200여 리에 걸쳐 수백 척의 배로 자신을 뒤따르게 했던 고사가 전한다. 『隋書』 권24 「食貨志」.
143 참료參寥 : 참료자參寥子의 약칭으로, 송宋나라의 승려 도잠道潛을 가리킨다. 시승으로 이름을 떨쳤으며 항주杭州의 지과사智果寺에서 지냈다. 소동파蘇東坡가 황주黃州에 있으면서 꿈속에서 그를 만나 시를 읊었는데, 7년 뒤에 항주 태수杭州太守가 되어 그곳을 방문하여 즐겼다 한다.
144 소주蘇州 : 여기서는 소동파를 가리킨다.
145 시방十方 : 불교에서 사방四方·사유四維·상하上下에 있는 무수한 세계를 통칭하는 말이다.
146 황려黃驪 : 경기 여주의 옛 이름 가운데 하나이다.
147 두대주斗大州 : 말만 한 고을이라는 뜻으로, 작은 읍성을 가리키는데 여기서는 여주현을 뜻하고 있다.
148 흑두黑頭 : 연소한 나이에 벼슬길에 올랐다는 말이다.
149 반생潘生 : 주 138 참조.
150 두로杜老 : 두보杜甫를 말한다.
151 이군리군離群 : 『禮記』 「檀弓 上」에 나오는 말로, 가족이나 친구들과 헤어져서 외로이 사는 생활을 말한다.
152 시훈詩勳 : 시가를 창작하는 데 대한 공훈을 말한다. 송宋나라 시인 진사도陳師道는 〈기호주하랑중寄亳州何郞中〉 시에서 "제성에 들어가서 제력을 힘입고자 하여, 우선 시사를 찾아서 시훈을 드러내노라.(欲入帝城須帝力。且尋詩社著詩勳。)"라고 하였다.
153 학을 태우고(乘軒鶴) : 춘추시대 위衛나라 의공懿公이 학鶴을 좋아한 나머지 대부가 타는 수레에 태우고 다녔다는 '승헌학乘軒鶴'의 고사를 말한다. 『春秋左傳』 「閔公」 2년.
154 휴문休文 : 남조南朝 양梁의 저명한 시인인 심약沈約을 가리킨다. 주 128 참조.
155 묘년妙年 : 스물 안팎의 젊은 나이를 말한다.
156 단나檀那 : Ⓢ dānapati의 음역音譯으로, 단월檀越이라고도 한다. 보시하는 주인을 일컫는데 보통 시주 혹은 불교 신도를 칭한다.
157 괴몽槐夢 : 남가일몽南柯一夢의 고사에서 온 말로, 당唐나라 때 순우분淳于棼이 술에 취하여 회화나무 아래에서 잠을 자다 꿈을 꾼 데에서 연유한다. 그는 꿈속에서 대괴안국大槐安國의 남가군南柯郡을 다스리면서 20년 동안 부귀영화를 누렸지만 깨어

나서 보니, 남가군은 한낱 회화나무 남쪽 가지 아래에 있는 개미굴이었다고 한다. 여기서 괴몽은 세상에서의 부질없는 부귀영화를 말한다.
158 주묵朱墨 : 주필朱筆과 묵필墨筆을 가지고 장부를 정리하는 것으로, 보통 관청의 사무를 집행하는 사람을 가리킨다. 여기서는 장부를 뜻한다.
159 「북산문北山文」: 남제南齊 때의 문인 공치규孔稚圭가 지은 작품. 내용을 보면, 주옹周顒이 일찍이 남경南京의 북산北山인 종산鍾山에 은거했다가 조정의 청으로 해염현령海鹽縣令이 된다. 그 후 임기를 마치고 조정으로 돌아가는 길에 다시 종산에 들어가려 했으나, 공치규가 주옹의 변절을 못마땅하게 여긴 나머지 그 산의 신령의 이름을 가탁해 관청의 이문移文을 본떠서 이 글을 지어 주옹이 종산에 들어오지 못하도록 했다는 것이다. 여기서는 여전히 벼슬을 버리지 못하고 있는 방백의 심경을 대변하고 있다.
160 옥절玉節 : 천자의 사신이 지니고 다니는 절부節符를 말하는데, 여기서는 관리의 임무를 뜻한다.
161 지주비砥柱碑 : 고려 말 충신인 야은冶隱 길재吉再의 유적비遺蹟碑를 가리킨다. 1586년(선조 19)에 인동仁同 현감縣監 유운룡柳雲龍이 감사監司 이산보李山甫 등의 도움을 받아 선산善山에 세웠다. 전면前面은 '지주중류砥柱中流'라 쓰여 있고 음기陰記는 유성룡柳成龍이 썼다. 『冶隱集』 권하 「砥柱碑陰記」, 『西厓集』 「碑碣」, 「年譜」.
162 왕씨王氏 : 고려 왕조를 일컫는다.
163 길자吉子 : 야은冶隱 길재吉再를 가리킨다.
164 원문轅門 : 출정 나간 장수가 주둔해 있는 군문軍門을 말한다.
165 납설臘雪 : 동지冬至가 지난 뒤 세 번째 술일戌日이 납臘인데, 그때 내리는 눈을 말한다.
166 양원梁園 : 한漢나라 양효왕梁孝王 유무劉武의 정원 이름인데, 남조南朝 송宋 때 사혜련謝惠連이 이 정원을 배경으로 〈雪賦〉를 지었다고 해서 설원雪園으로 불리기도 한다.
167 절월節鉞 : 고대 중국에서 천자의 직권을 대행하는 것을 윤허한다는 상징물로, 부절符節이라고도 한다.
168 옥주沃州 : 중국 절강성浙江省 신창현新昌縣 동쪽에 있는 명산이다. 이곳에 방학봉放鶴峯과 양마파養馬坡가 있는데, 옛날 진晉의 고승 지둔支遁이 학을 놓아주고 말을 길렀다 한다. 여기서는 경치가 아름다운 높은 지대를 뜻한다.
169 하공賀公 : 당唐나라 시인 하지장賀知章을 일컫는다. 산음山陰 사람으로 자는 계진季眞이다. 성격이 호방하고 시문에 능했으며 글씨를 잘 썼다. 중년에 벼슬길에 올라 태자빈객太子賓客·비서감祕書監 등을 제수 받았으나 나중에는 스스로 사명광객四明狂客이라고 하면서 전리田里로 돌아갔다. 『唐書』 「列傳」 〈隱逸〉. 여기서는 천자의 명으로 경호鏡湖의 섬계剡溪 한 굽이를 하사 받은 사실을 말한다.
170 백구白鷗와 맹세한(白鷗盟) : 백구맹白鷗盟은 자연 속에서 흰 갈매기와 벗하며 살겠다는 맹세를 가리킨다. 송宋나라 육유陸游의 〈夙興〉에 "학의 원망은 누굴 의지해 풀거나, 백구와의 약속 이미 식었을까 두렵네.(鶴怨憑誰解。鷗盟恐已寒。)"라는 구절이 보인다.
171 토란과 밤 : 두보杜甫의 시 〈南鄰〉에 "금리 선생은 오각건을 쓰고, 정원에서 토란과

밤 거두니 온통 가난하지는 않네. 빈객을 자주 보는 아이들은 좋다 하고, 뜰에서 먹이 얻어먹는 새와 공작은 길이 들었네.(錦里先生烏角巾。園收芋栗不全貧。慣看賓客兒童喜。得食堦除鳥雀馴。)"란 대목이 보인다.『杜少陵集』권9.

172 민지澠池 : 전국시대 조왕趙王과 진왕秦王이 민지에서 주연酒宴을 베풀 때 진왕의 강요로 조왕이 비파(瑟)를 타니, 조왕을 따라갔던 인상여藺相如가 격분하여 진왕에게도 장구 치기를 청하였다. 진왕이 즐겨 치지 않으니 인상여가 "왕이 장구를 치지 않으면 신臣이 다섯 걸음 안으로 목을 찔러 피를 왕에게 뿌리겠습니다." 하니, 진왕이 할 수 없어 장구를 쳤다. 조왕이 민지에서 돌아와서 인상여에게 장군 염파廉頗보다 높은 벼슬을 주니, 염파가 불평하다가 나중에는 인상여의 도량에 감복하였다.

173 경예鯨鯢 : 큰 고래의 수컷과 암컷을 가리킨다. 경예는 작은 물고기들을 잡아먹으므로 악인의 괴수로 비유되기도 한다.

174 망양정望洋亭 : 울진군 근남면 산포리의 뒷산 정상부에 위치한 정자. 관동팔경關東八景의 하나. 1517년(중종 12), 1590년(선조 23) 중수하였고, 1690년(숙종 16) 숙종이 안원군眼原君에 편액偏額을 보내어 계판揭板하였다.

175 대로大爐 : 천지天地·조물造物과 같은 의미이다.『莊子』「大宗師」의 "지금 천지를 큰 화로로 삼고 조화를 대장장이로 삼는다면, 어디로 간들 안 될 것이 있겠는가.(今一以天地爲大鑪。以造化爲大冶。惡乎往而不可哉)"라는 말에서 나온 것이다.

176 도주陶鑄 : 도공陶工처럼 만물을 빚어내는 조화의 솜씨라는 말이다.『莊子』「逍遙遊」에 "그분은 먼지와 때 그리고 쭉정이와 겨 같은 것을 가지고도 도공처럼 요순을 빚어낼 수 있는 분인데, 뭣 때문에 외물을 일삼으려고 하겠는가.(是其塵垢粃糠。將猶陶鑄堯舜者也。孰肯以物爲事)"라는 말이 나온다.

177 우부禹斧 : 우禹임금이 가졌던 도끼. 우임금이 치수에 나섰을 때 이 도끼로 용문산龍門山을 끊어 물길을 만들었다 전한다.『淮南子』.

178 진편秦鞭 : 진시황秦始皇이 돌다리를 놓고 바다를 건너가 해 돋는 곳을 보려고 할 때 신인神人이 나와 돌을 몰아서 바다에 내려가게 할 수 있었고, 돌이 구르는 것이 빠르지 않으면 그 신인이 번번이 채찍질을 하여 얻어맞은 돌에서는 다 피가 흘렀다는 고사가 있다.

179 혼원混元 : 천지개벽天地開闢의 시초 또는 그 후의 천지天地를 말한다.

180 상효象爻 : 육효六爻를 점쳤을 때 각 효에 나타난 형상을 말한 것으로, 전하여 길흉화복의 조짐을 의미한다.

181 돌들 머리 끄덕이네 : 도리道理가 투철하고 설복說服하는 힘이 강하여 다른 사람을 능히 믿고 의지하게 하는 것을 말한다. 중국의 도생 법사道生法師가 호구산虎丘山에 들어가서 돌을 제자로 삼은 다음『涅槃經』을 강론하면서 "내가 설법한 것이 부처의 마음과 들어맞는가?"라고 하니, 돌들이 모두 머리를 끄덕였는데, 열흘 만에 불법을 배우려는 사람들이 구름처럼 몰려들었다고 한다.『蓮社高賢傳』「道生法師」.

182 팔두재八斗才 : 삼국시대 조조曹操의 아들 조식曹植이 재주가 많아 후세 사람들이 천하의 재주가 모두 1석石 10두斗인데, 조식이 혼자서 8두를 차지하였다고 했다.

183 마주馬州 : 대마도對馬島를 가리킨다.

184 단사丹砂 : 붉은 선약을 말한다. 선가仙家에서는 단사를 원료로 하여 불로장생의 비약秘藥을 만들고자 했는데, 이를 연단술鍊丹術·연금술鍊金術이라 하였다.

185 백홍白汞 : 수은을 가리킨다.
186 강엄필江淹筆 : 문재文才가 뛰어난 것을 뜻한다. 남조시대 양梁나라의 문인 강엄江淹이 만년에 곽박郭璞에게 오색필五色筆을 돌려주는 꿈을 꾸고 나서는 글재주가 전만 못해졌다는 고사가 전한다.『南史』권59「江淹列傳」.
187 동천洞天 : 도교에서 말하는 땅속의 선경.
188 보조普照(804~880) : 신라의 스님. 이름은 체징體澄이며 속성은 김씨이다. 웅진 사람으로 어려서 출가하여 화산花山 권 법사勸法師의 회상에 있다가 827(흥덕왕 2년) 가량협산 보원사에서 비구계를 받았다. 설산 억성사億聖寺 염거廉居에게 선禪을 닦고, 837년(희강왕 2) 정육·허회 등과 함께 당唐나라에 가서 선지식을 두루 방문하였다. 840년(문성왕 1)에 본국에 돌아와 무주 황학난야黃壑蘭若에 머물렀다. 헌강왕 6년에 입적하였으며 세수 77세, 법랍 53세이다. 김영金穎이 찬한 보림사보조선사창성탑비寶林寺普照禪師彰聖塔碑가 전라남도 장흥 보림사 터에 있다.
189 금사金沙 : 인도에 있는 아뇩달지阿耨達池를 가리키는데, 금빛 모래가 가득하다고 한다.
190 태전太顚 : 당唐나라 때의 고승이다. 한유韓愈가 조주 자사潮州刺史로 있을 때 형산衡山의 조계曹溪에 고승 태전이 있음을 알고, 기생 홍련紅蓮을 보내어 유혹하도록 하였다. 그러자 태전은 홍련의 치마에다 "어찌 한 움큼 조계의 물을 가지고서 붉은 연꽃의 잎에 떨어뜨려 적시랴.(肯將一勺曹溪水, 滴向紅蓮連葉中.)"라는 시를 써 주었다는 일화가 전한다.
191 독수 거사獨樹居士 : 경일의 도반으로 보이나 신상은 알 수 없다.
192 노동盧同 : 당唐나라 시인으로 호는 옥천자玉川子이다. 소실산少室山에 은거했는데 차 품평을 잘했으며 〈茶歌〉가 유명하다.
193 사조謝朓 : 남제南齊 때의 문인으로 자는 현휘玄暉이며, 선성宣城 태수太守를 지냈으므로 사선성謝宣城이라 일컬었다. 글이 맑고도 화려하며 시詩에 능하였다.
194 천뢰天籟 : 자연의 소리를 말한다.『莊子』「齊物論」에 "네가 지뢰는 들었으나 천뢰는 듣지 못하였다.(汝聞地籟, 未聞天籟矣.)"고 하였다.
195 소문昭文 : 가야금의 명인.『莊子』「齊物論」에 "가야금의 명인 소문昭文이 연주를 하면 성성과 휴虧가 있고, 연주를 하지 않으면 성과 휴가 아예 없어진다."고 하였다.
196 우군右軍 : 진晉나라의 명필 왕희지王羲之의 별칭이다.
197 혜원惠遠 : 진晉나라의 고승 혜원 법사慧遠法師를 말한다.
198 분첩粉堞 : 석회로 바른 성가퀴(성벽 위에 설치한 높이가 낮은 담).
199 적선謫仙 : 인간 세상으로 귀양 온 신선이란 뜻으로, 이백李白을 가리킨다. 그의 열전은 "하지장賀知章이 이백의 글을 보고 감탄하며 '그는 인간 세상에 귀양 온 신선이오.'라고 현종玄宗에게 말하니 현종이 금란전金鑾殿에서 이백을 만나 보았다."고 하였다.『唐書』권202「李白列傳」.
200 선리仙李 : 노자老子가 오얏나무 아래에서 태어났기 때문에 오얏 리李 자로 성을 삼았다. 이후 이씨의 왕조였던 당唐나라를 거치며 '선리'는 모든 이씨를 가리키게 되었다. 한편 '선리'는 적선謫仙이라 불리던 당나라 시인 이백李白을 가리키기도 한다.『神仙傳』.
201 금지金枝 : 금지옥엽金枝玉葉의 준말로, 임금의 후손을 가리킨다.

202 풍운風雲 : 고위 관직을 뜻한다.
203 옥을 이루고(成玉) : 성옥成玉은 훌륭한 자손을 의미한다.
204 한 떨기(一朶) : 소식蘇軾의 시에 "시종신이 고니처럼 줄 서 있는 통명전, 한 떨기 붉은 구름이 옥황상제를 모셨어라.(侍臣鵠立通明殿。一朶紅雲捧玉皇。)"라는 구절이 있다. 『蘇東坡詩集』 권36 〈上元侍飮樓上三首呈同列〉.
205 굴러다니는 쑥(轉蓬) : 두보杜甫의 시에 "기둥에 글을 썼던 당초의 장한 그 뜻이여, 지금은 생애가 유독 굴러다니는 쑥대로세.(壯節初題柱。生涯獨轉蓬。)"라는 표현이 나온다. 『杜少陵詩集』 권3 「投贈哥舒開府翰二十韻」.
206 상신霜信 : 서리가 내리는 가을날을 가리킨다. 북쪽의 흰 기러기(白雁)가 가을이 깊어지면서 날아오므로 그때쯤에는 서리도 내린다고 하여 '서리 소식(霜信)'이라고 불렀다고 한다.
207 백붕百朋 : 많은 재물을 뜻한다. 옛날 조개껍데기를 돈으로 사용할 때에 오패五貝를 붕朋이라 했는데, 『詩經』 〈菁菁者莪〉에 "이미 군자를 만나 보니, 나에게 백붕을 주신 듯하네.(旣見君子。錫我百朋。)"라는 시구가 보인다.
208 음산陰山 : 중국 하투河套 이북과 대막大漠 이남의 여러 산을 통칭한다. 대개는 중국 북방의 오랑캐 지역에 있는 산들을 가리키는 말로 쓰였다.
209 도용陶鎔 : 가마에서 자기를 굽고 용광로에서 쇠를 녹이는 것처럼 인재를 배양하고 육성한다는 뜻. 여기서는 조물주가 금강산을 기기묘묘하게 만든 솜씨를 가리킨다.
210 옥잠玉簪 : 기묘한 산 봉우리를 말한다.
211 태청太淸 : 도교道敎에서 옥청玉淸·상청上淸과 더불어 신선이 산다는 삼청선계三淸仙界 중의 하나를 가리킨다.
212 오로五老 : 오로봉五老峯을 가리키는 것으로, 중국 강서성江西省 성자현星子縣 여산廬山 동남쪽 끝에 있는 산이다. 당唐나라 때 은사隱士 이발李渤이 그의 형 이섭李涉과 함께 여산 오로봉 아래 은거하며 글을 읽으면서 흰 사슴 한 마리를 길렀다. 후대에 이곳에 학관學館을 세우고 여산국학廬山國學이라 칭하였다. 『宋史』 권429 「道學列傳」 〈朱熹〉. 여기서는 은사가 머무는 곳을 가리킨다.
213 도공陶公 : 팽택령彭澤令을 지낸 진晉나라 도연명陶淵明을 가리킨다. 여산廬山의 동림사東林寺에서 혜원 법사慧遠法師가 유유민劉遺民·뇌차종雷次宗·주속지周續之·종병宗炳 등 18인의 명사들과 백련사白蓮社란 이름의 모임을 결성하고 함께 불법을 닦을 때, 도연명도 그 모임에 참여하였다. 『十八高賢傳』.
214 왕손王孫의 풀 : 주 91 참조.
215 채익彩鷁 : 화려하게 꾸민 배를 말한다. 풍파를 잘 견딘다는 익鷁이란 새를 그려 뱃머리를 치장했다고 한다.
216 적벽赤壁 : 소동파蘇東坡의 〈赤壁賦〉는 임술년 7월 기망旣望에 시인이 적벽에서 놀았던 자취를 시화한 것이다. 〈赤壁賦〉 중에 "계수나무 노와 목란 상앗대로 공명을 치며 물결을 거슬러 오른다.(桂棹兮蘭槳。擊空明兮泝流光。)"라는 대목이 있다.
217 난정蘭亭 : 중국 절강성浙江省 회계현會稽縣 산음山陰 지방에 있던 정자를 가리킨다. 동진東晉 때에 많은 명사들이 시회詩會를 즐겼던 곳이다. 당시 상황은 왕희지王羲之가 지은 「蘭亭序」에 잘 나타나 있다.
218 수계修禊 : 민간 풍속으로 음력 3월 상사일上巳日(3월의 첫 번째 사일巳日)에 재앙을

막기 위해 물가에서 지내는 제사이다. 왕희지의 「蘭亭序」에 보면 "늦봄 초엽에 회계산會稽山의 난정에 모여 계사禊事를 지냈다."는 대목이 있다.
219 자규子規 : 두견새의 다른 이름. 전해 오는 이야기에 따르면 촉蜀나라 망제望帝 두우杜宇의 혼백이 화하여 두견새가 되었으며, 울음소리가 '불여귀不如歸'로 들리는 탓에 불여귀라고도 한다.
220 연촉蓮燭 : 연꽃 모양의 촛불을 가리킨다. 당唐나라 영호도令狐綯가 선종宣宗과 더불어 이야기하던 중 촛불이 꺼져가자 선종이 영호도에게 자신의 수레와 금련촉을 전했다는 일화가 전한다.『新唐書』권166「令狐綯列傳」.
221 상방上方 : 본래 주지住持의 거처를 뜻하는데, 여기서는 법당을 가리킨다.
222 호리병 속에~있음 깨닫네 : 주 75 참조.
223 삼차수三叉水 : 김해金海 부근 낙동강洛東江의 한 지역을 말한다. 오랜 세월 김해를 지나는 낙동강 물이 모래를 퇴적시켜 삼각주가 형성되고 이로써 강물이 세 갈래로 갈라졌다 하여 삼차수三叉水 또는 삼차강三叉江이라 일컫는다.
224 칠점산七點山 : 경상남도 양산군梁山郡 남쪽 44리 지점 되는 바닷가에 있는 산. 일곱 봉우리가 점처럼 보인다 해서 붙여진 이름이다. 가락국駕洛國의 참시선인旵始仙人이 놀던 곳으로 전한다.『新增東國輿地勝覽』권22「慶尙道」〈梁山郡〉.
225 풍이馮夷 : 수신水神을 가리키며, 하백河伯이라고도 한다.
226 육오六鰲 : 바닷속에서 삼신산三神山을 머리로 이고 있다는 여섯 마리 자라를 가리킨다. 용백국龍伯國의 거인이 한 번의 낚시로 바닷속에 있다는 큰 자라 여섯 마리를 한꺼번에 낚았다 전하는데, 섬이 바다에 떠 있는 것을 큰 자라가 아래에서 떠받치고 있는 것으로 비유하였다.『列子』「湯問」. 여기서는 섬을 가리킨다.
227 망제혼望帝魂 : 주 219 참조.

동계집 제2권

| 東溪集 卷之二 |

종언 상인에게 주는 서

아, 우리의 도가 세상에 드러나지 못함이 심하다. 무릇 도가 혼미해진 것은 덕이 없어진 탓이며, 덕이 없어진 것은 사람들이 위태로워졌기 때문이다. 사람들이 위태로워진 것은 세상이 말살되었기 때문이고, 세상이 말살된 것은 학문의 근원이 막힌 탓이다. 내가 보기에 지금 학자들은 어로魚魯를 구분하지 못하며[1] 물과 우유를 판별하지 못하고, 겨우 입으로 책을 읽는 데 그칠 뿐이다. 학문이 이야깃거리에 그치는 것이니 마치 바람과 그림자를 잡는 것과 같다. 도는 백 보 떨어진 곳의 모기 소리와 같으니 그림자를 볼 수 없는데 하물며 그 형체를 볼 수 있겠는가. 자신의 짧음을 알지 못한 채 다른 사람들의 비웃음을 부끄러워하지 않고, 멋대로 지어내고 괴이함을 날조하여 큰 인물이 되고자 이름을 엿보고 이익을 재면서 문도를 모으며, 자신을 치켜세우고 다른 무리를 업신여기는 것을 사업으로 삼으니, 누가 능히 종풍을 떨치고 아득한 시절 현철들의 실마리를 일으키겠는가.

상인으로 말하면 위풍이 있고 초탈하며 기상이 맑고 높으며 지혜와 재주를 아울러 드러내니 가히 우리 문중이 인물을 얻었다 말할 수 있지 않으랴. 연락이 끊긴 지 10년이지만 그때는 자주 만나, 이야기는 민첩했고 공평했으며 그 이치는 간결하고 정성스러웠으니, 옛사람이 말하기를 오하아몽吳下阿蒙[2]이 아니로구나라고 한 것이 아니겠는가. 상인은 절대로 이렇게 평생을 살지 말고 세상이 경박해짐을 알고 도가 찢겨졌음을 알아,

장차 반드시 깊은 산 깊은 숲에 들어가 아름다운 털을 보존하라.[3] 무릇 밝지 못한 도로 덕이 없어지고 이미 학문이 무너졌으니, 떨쳐 그것을 일으키고 소생시켜 돌아오게 하고 나타내어 드러내고 환하게 밝혀야 한다. 이는 그대와 내가 똑같이 바라는 것이니, 그런 후에야 더불어 뜻을 같이하는 선비가 될 수 있다. 상인은 힘쓰라.

贈宗彥上人序

噫。斯道之不明於世甚矣。夫道之昧也。德之所以喪也。德之喪也。人之所以殆也。人之殆也。世之所以抹撥也。世之抹撥也。學之源塞矣。予觀今之所謂學者。不分魚魯。不辨水乳。而纔通口讀則已。資談柄於學。如捕風捉影。而道如隔百步之外。而聆蚊蚋之響。不得見其影。而況見其形乎。不知其己之屈也。不愧于人之笑也。搆虛捏怪。要做大漢。窺名揣利。娶緝門徒。以矜己慢物爲己業。孰能使其宗風振而起之於前賢往喆千百年之緒餘哉。如師風棱脫洒。氣象淸高。智與才並爲表襮。則可謂吾門之將得人歟。相聯十年。向始謜然相接。其談逕廷。而其理簡夷。非古人所謂殆非吳下阿蒙者耶。師須勿以此。爲平生。而知世澆漓。知道滅裂也。必將。入山之深。入林之密。而務澤其毛也。夫欲使不明之道。將喪之德。已頹之學。振以起之。蘇而復之。著以炳之。皎而燭之。則其胥與子之所欲同也。然後方可與爲同志之士也。師乎勉之。

동자 영숙에게 주는 서

무릇 기북冀北[4]의 들판에 있는 말은 스스로 천 리를 달릴 발굽이 있으며, 우문禹門[5]의 굴에 사는 물고기는 역시 삼급三級[6]을 뛰어오를 비늘이 있다. 바야흐로 말과 물고기가 어렸을 때는 비늘이 단단하지 못하고 발굽이 만들어지지 못했으나, 이미 하늘을 찌르고 바람을 좇는 기골을 지녔다. 발굽이 단단해지고 비늘이 바뀌자 하룻저녁에 바람과 벼락처럼 빨라져 구중의 난간에 올라 높이 두각을 나타냈으니, 능히 허무를 출입하고 은하수로 날아가 대물이 되는 것이다. 백락의 돌아봄을 얻으면 또한 말구유를 벗어나 도시와 산을 지나서 바람과 벼락처럼 달리니 준마가 되는 것이다. 무릇 사람 또한 이와 같으니, 큰 세상을 짊어질 인재로 남다른 기상을 어린 나이에 지니고 있다면 이미 비상한 바탕을 가진 것이다. 그러므로 고적高適[7]은 일곱 살에 고거지사高車之詞를 지었으며, 두보는 아홉 살에 봉황지편鳳凰之篇을 읊고 끝내 만 권의 책[8]을 읽어 그 이름을 천고에 드리웠다. 이제 서씨의 아들 영숙英叔 또한 세상에 없는 자질을 갖춘 비범한 인재로서 나에게 와서 글과 시를 주었는데, 놀랄 만한 말이 있어 말과 물고기의 고사로 조언하노니 그대는 힘쓸지어다.

贈童子英叔序

夫馬冀北之野者。自有千里之蹄。魚産禹門之穴者。亦有三級之甲。方其馬與魚之幼也。甲未勁而蹄未成也。已有凌雲之氣。追風之骨者矣。及其蹄之堅也。甲之變也。一夕有風雷之便。則可以躍上九重之瀾。頭角崢嶸。卽能出入虛無。飛騰霄漢。而成大物也。得伯樂之顧。則亦可以超逸槽櫪。歷塊過都。凌風騁電。而成駿馬也。夫人亦如是。負曠世之才。蘊出人之氣者。其在髫稚。已有非常之資也。故高適七歲。賦高車之詞。杜甫九歲。詠鳳凰之篇。終能讀萬卷之書。垂千古之名也。今徐氏子英叔。亦有不世之資。非几之材。而來從予。受子書。又賦詩。有驚人之語。予以馬魚之語。贈以示之。爾其勉之。

해인사 만월당 불상 중조기

　무릇 상相이란 모두 허망한 것이니 이것은 전세의 부처가 멸한 탓이다. 성했던 것은 없어지고 없어진 것은 다시 성하게 되는 것이니, 또한 후세의 부처가 흥하게 되는 까닭이다. 흥성함과 사라짐은 특히 세상과 관계 있는 것이지 마음과 관계되는 것이 아니다. 부처는 곧 마음인데 어찌 흥성과 멸망과 관계되지 않음을 알겠는가. 과거와 미래가 정情에는 있으나 도道에는 없으니, 도가 과거·미래와 관계되지 않는 것을 알겠는가. 과거니 미래니 흥성이니 멸망이니 하는 것은 특히 세상과 운수에 관계되는 것일 뿐이니, 어찌 부처에게 손상이 있겠는가. 비록 세상에 이루어짐과 머묾, 손상됨과 공허가 있고 사람에게 생로병사가 있다 해도 부처는 이미 현세에 있으니, 사람들이 능히 그에게 돌아갈 수 있다. 어찌 일찍이 세상을 좇고 사람을 좇고 전과 후, 흥성과 멸망의 운수를 좇지 않았음을 알겠는가.
　아아, 흰 돼지, 흑소의 해에 울유鬱攸[9]의 별이 금원에 화를 미쳐 자금紫金[10]은 훼손되고, 쌍림雙林[11]은 빛을 감추었다. 지금 섭허 대사는 웅천 사람으로 복구를 맹세하였다. 경자 유월부터 임인년까지 3년의 공사를 마친 다음 절에 부처님의 용모가 빛날 수 있게끔 나에게 사건의 시말을 써달라고 부탁하였다. 두려운 심정으로 장차 그 공렬의 근면함과 물력의 넉넉함을 길이 전하길 바라지만, 글로써 알리는 게 부족하여 부처님의 빛나는 자취로 글을 써서 기記로 삼는다.

海印寺滿月堂佛像重造記

夫凡所有相。皆是虛妄。則此其所以前佛之滅也。成之者毀也。毀之者成也。則亦其所以後佛之興也。其興與滅。特關於世。而不關於心。則佛則心也。安知其未嘗關乎興與滅也。而後而前。在於情。而不在於理。則亦安知其未嘗係於前且後也歟。曰前曰後。曰滅曰興。特在於世與數而已也。則於佛又何傷哉。雖然世有成住毀[1]空。人有生老病死也。則佛旣現世。人能歸之。庸詎知其亦未嘗隨其世隨其人隨其前後興滅之數也哉。嗚呼。往在龍集白黑之際。鬱攸一星。流禍金園。紫金月面。潛彩雙林。今有攝虛大師。卽熊川人也。誓以復之。自庚子六月。至壬寅。于三年告訖。使金容再煥于祇林。屬余以記其事始末。將欲壽於可畏心目。其功烈之勤。物力之浩。不足待筆而知之。是用佛重光之跡。以書爲記。

1) ㉑ '毀'는 '壞'인 듯하다.

보은현 금적산 금수암기

　삼산의 남쪽에 한 언덕이 있으니 금적이라 하며 오른쪽에 구봉이 있으며 왼쪽에 삼년봉이 있다. 이악離岳이 그 뒤에 붙어 있으며 계산이 그 금적산 밑을 넘어선다. 상설象設[12]은 하늘이 감춘 곳이며 귀신이 수호하는 곳인데, 은연중 호남의 왼쪽 산천에서 아름다움으로 이름났으나 세상에 아는 이가 드무니, 이곳은 호중壺中[13]의 비밀스런 땅이 아닌가. 읍에 사는 이계술李季述은 평소에 산수를 사랑하고 임천에 흥취를 붙이며 노는 사람으로, 무술년 봄에 가벼운 차림으로 산에 올라 구경하고 정상에서 아름다운 봉우리와 골짝, 괴석과 한천이 맑고 화려한 것을 보고는 마침내 세상을 벗어날 뜻을 품게 되었다. 그리하여 처자를 거느리고 깊은 곳으로 들어가 초가집 두어 칸을 짓고 금수金水란 편액을 처마에 붙였는데, 분명히 금빛의 단 샘을 얻어 머물게 된 것을 생각한 것이다. 그 터는 옛날 진표율사眞表律師가 지내던 터이다. 대개 세상 사람들이 탐욕과 명예에 갇혀 있음이 마치 아교 그릇에 들어가 헤어나지 못하는 것과 같다. 지금 이 공李公은 하루아침에 은거하려는 마음을 품고 속세를 벗어남이 마치 새매가 거미줄을 지나치는 것처럼 거침이 없으니, 그는 녹문산에 은거한 방공龐公[14]의 무리가 아니겠는가. 가을 지난 무렵 심부름꾼이 나에게 와 기문을 청했으나, 그 땅을 아직 보지 못한 터라 온 사람의 말을 듣고 몇 줄의 글을 지어 돌려보낸다. 공의 이름은 경방經邦이요 호는 월곡月谷이다.

報恩縣金積山金水菴記

三山之南有一丘。曰金積。右九峯。左三年。離岳枊其背。鷄山跋其胡。象設天秘。鬼擔神呵。暗擅湖左。山川之美。而世罕有知者。此非所謂壺中之秘地者耶。邑居李公季述者。素愛山水寄興林泉而遊之者也。戊戌春。輕藜短帽登覽其冢。頂見其瑤岑綉谷。怪石寒泉之瀟洒秀麗。遂懷脫世之志。卽携妻子而歸隱。結茅舍數架。以金水扁其簷。想必得金色甘泉以居也。其基乃古律師眞表公之燕居處也。盖人之於世。皆蟄於利欲榮名。如入膠盆而不可出也。今李公。一朝懷歸隱之心。蛻擺塵網。如快鶻之透蛛絲焉。此非其龐公之隱鹿門之流耶。越秋遣伻。請記于余。余未及見其地。聽其來人之告。輒綴數行文。而贈歸之。公名經邦。號月谷云。

단구사기

무하유지향無何有之鄕[15]에 옹달샘을 낀 작은 언덕이 있어 올라 보니 물이 콸콸 흐르다가 그 앞에서 빠르게 합해져 푹 들어간 곳에 작은 못이 생겼다. 위에는 소나무 세 그루가 있는데, 큰 것은 중간에 있고 중간 것은 집 앞에 있으니 뒤를 감싸 안는 기세가 있다. 당당한 한 그루의 버드나무가 왼편으로 심어져 있으며, 여러 갈래로 엉겨 뻗어 간 포도덩굴은 버드나무와 소나무를 타고 올라 농락하며 뒤덮은 것이 완연히 천막을 친 듯하였다. 못 가운데는 세 점의 석상과 세 개의 섬이 있다. 초록 창포 몇 줄기를 점점蔪蔪[16]이 못가에 심으니 금붕어 수백 마리가 헤엄치며 못 안에서 놀았다. 장마가 그치고 처음 날이 개자 여름 경치가 허공을 흐르는데, 나는 송당松堂부터 걸어서 위에 올라가 소매를 걷고 두건을 젖혀 쓰고 바위 위에서 쉬었다. 못을 위아래로 바라보는데, 솔바람은 천천히 불어오고 산 구름이 갑자기 일어나며 산 빛과 구름 그림자가 못 위에 감돌고 물고기와 물을 보면서 가슴이 활짝 열리니, 이에 나는 이미 천연天淵[17]의 즐거움을 얻게 되었다. 솔 뿌리를 베고 누우니 갑자기 잠이 오는데 쏴아 부는 솔바람 소리, 졸졸 흐르는 샘물 소리가 꿈을 에워싸는 바람에 의연히 깨어나 못가의 돌로 가서 발을 씻으니, 몸과 정신이 깨끗해지고 기상이 초연해지니 이 또한 신선의 즐거움이다. 이리저리 거닐며 위아래를 바라보니 푸르름이 짙은 것은 산이요, 희디흰 것은 구름이며, 사방에 그늘진 것은 소나무요, 영롱하게 울리는 것은 샘이며, 음기를 불어오는 것은 바람이다. 이 다섯 가지는 서로 주고받으며 실컷 노닐어 보고 듣는 바탕이 되고 또한 호연의 즐거움이 되는 것이니, 나는 이 세 가지의 즐거움을 얻어 즐겼다. 곁에서 상인이 말하길 "아, 이것은 곧 우리 선사 호감이 짓고 판 것인데, 이름이 없으므로 선사에게 이름을 청합니다."라고 하였다. 나는 "아아, 호감은 곧 우리 법문의 형제이다. 한유韓愈가 말하길 "원빈元賓[18]과 사귄 사람을 보면 원빈을 보는 것과 같다."[19]고 말했으니, 이에 내가 상인을 대하는 것이 그와 같으니 마침내 단구로 이름을 짓고 못을 천연이라 하고 글을 지어 기記로 삼는다.

丹丘舍記

無何有之鄉。有小皐挾細泉。而昂然爲泉流㵽㵽。而襟合于舍前。窪然爲小池。上有松三株。大者居中。次者居前。後爲擁衛之勢。有柳一條亭亭。而植於左。有大葡萄藤數蔓屈曲。而攀上柳及松。籠絡覆蔽。完成幔幌。爲池中有三點石象。三島也。綠蒲數莖。蘄蘄然植于池畔。有金鯽數百首鱍鱍。而游於池內也。當夫宿雨初晴。暑景流空。予自松堂。步至于舍上。披襟岸巾憩于石。俯瞰于池。松風徐來。山雲乍起。山光雲影。頹澹於池面。觀魚戲水。宵次蕩然。予於是已有天淵之樂者矣。枕卧松根。乍引閑眠。松聲淅瀝。泉響潺湲。來繞夢魂。依然而覺。就于池石。濯足而登舍。神骨洒然。氣象超忽。又有羽化之樂者矣。倘佯散步。俯觀仰視。則葱蘢而秀者。山也。皓皚而色者。雲也。婆娑而蔭者。松也。玲瓏而鳴者。泉也。颺陰而吹者。風也。五者相供。爲游衍。視聽之資。又有浩然之樂者矣。予得此三般之樂而遊之。傍有上人曰。噫。此乃吾先師灝鑒之所築而鑿之者也。未有名。請師名之。予曰。嗟乎。灝鑒卽吾法門之昆弟也。韓子云。見元賓之所與。如見元賓。吾於此舍及上人如之爾。遂以丹丘名。池曰天淵。書之爲文以記。

제월헌기

나는 신유년 가을 몇 명의 도반과 더불어 이곳에서 겨울을 지냈는데 절집이 비좁아 마음이 스스로 답답하여 창을 없애고 방장을 터서 한 방으로 만들었다. 다음 해 봄에 수익守益 상인이 그에 대한 애착을 버리고 또 기술자들을 모아 갑자기 머물고 있는 집 서편에 집 한 채를 짓고 집끼리 연결하여 작은 난간을 열어, 나로 하여금 그 앞에 머물 수 있게 하였다. 내가 집에 들어가 난간에 오르면 샘물 소리가 문안으로 들리고 산 빛이 넓게 비치며 맑은 바람이 서서히 불어오고 맑게 갠 달이 저절로 이르렀다. 밤에는 누각 위에서 서성이고 진눈깨비 내릴 때는 방 안에 누워 장자의 호접지몽蝴蝶之夢[20]을 좇아 흡족해하다가 홀연 잠에서 깨어 일어나 누각에 의지하여 뜬구름 같은 세상을 굽어본즉, 꿈 같기도 하고 환영 같기도 하다. 가슴을 비추는 거울을 얻어 티끌을 없애니 정상에서 보이는 것은 모두 하늘과 땅뿐이다. 마침 흘러온 샘물 소리는 장광설을 들려주고 산은 맑은 몸체를 드러내니 소나무 아래의 맑은 바람을 생각하고 산 사이에 밝은 달을 즐기는데, 눈과 귀를 빼앗아 거침없이 한 마당을 이루어 끝없이 살아 숨 쉬는 땅인 것이다. 그러므로 이 터는 끝없이 살아 있는 땅이다. 그것은 누가 준 것인가. 그것은 무극진군이다. 나로 하여금 그 사이에 노닐게 한 이는 또한 누구인가. 그것은 수익 상인이다. 이때에 상인이 당호를 청하니 나는 제월霽月로 처마 끝에 제하노니 대개 위에서 말한 네 가지 좋은 경치 중 가장 빼어난 것을 취한 것이다.

霽月軒記

予於辛酉秋。携若干法侶。止於此過一冬。堂宇狹窄。物情有自隘之撓。欲以關房櫳開丈室。洞爲一室。越明春有守益上人。卽捨己儲。且募人倩工。而輒結一窩於所居堂之西。連窩而啓小軒。於前俾予處之。予入其窩登其軒。則泉聲徹戶。山色暎闥。淸風徐來。霽月自至。夙則倘佯於軒上。霄則寢臥於窩中。使莊生蝴蝶之夢。栩栩然忽覺於枕上。起而憑軒。俯觀浮世。則如夢如幻。轉得胥鏡。絶浯埃而頂眼盖乾坤矣。適來泉聲呈廣長之舌。山色顯淸淨之身。而惟松下之淸風。與山間之明月。目以寓之。耳以得之。渾成一場。無盡藏活鱍鱍地也。然則此一場。無盡藏活地。其誰賜之。卽無極眞君乎。使予游於其間者。又其誰也。卽守益上人乎。於是上人。請軒名。予以霽月。題其眉。盖取上四活景中其最優者爾。

지리산 양진암기

무릇 표범은 안개에 숨어 있으며 용은 계곡에 잠겨 있으니 양생하는 바가 반드시 다른 것이다. 옛날 군자들은 방외에서 나막신을 벗은 채 바위와 계곡 사이에 높이 머물렀으며, 자연 속의 사표로서 절개를 지키며 돌을 베개 삼고 흐르는 물에 양치질하고 세상과 더불어 사는 것을 잊었다. 비록 천금지자千金之子[21]이며 만승의 군주라 하더라도 세력으로 이름과 지위를 이롭게 하고 그 뜻을 빼앗고 취지를 음란하게 할 수는 없다. 옳고 그름과 근심과 즐거움을 가슴속에 넣을 수는 없으며 오직 도만이 처음과 끝을 마음대로 할 수 있는 것이니, 이를 일러 양생하는 바가 다르다 하는 것이다. 지금 내 양생의 스승은 오래도록 삼산의 푸른 바위를 좇아 노닐었으니 지절이 탁월하고 군세며 세상의 시끄러움을 싫어하여 지리산 화양동의 북쪽 낭떠러지에 소나무 판잣집을 짓고 끝까지 머물 곳으로 삼았는데, 거사인 배 공裵公은 그 일을 돕고 또한 살아갈 도구를 마련해 줘 빠뜨린 것이 없었다. 아, 저 배 공은 진실로 다른 이를 즐겁게 하는 것을 좋아하는 사람이라 할 수 있다. 나는 우리 스승의 걱정 없음에 감동하고 배 공의 신의를 아름답게 여겨 몇 마디를 써서 기記로 삼는다.

智異山養眞庵記

夫豹隱霧龍潛壑者。其所養。必有異也。古之君子。有脫屣方外。高栖岩壑之間。抗節烟霞之表。枕石漱流。與世相忘。雖有千金之子。萬乘之君。不能以勢利名位。奪其志淫其趣。是非憂樂。不入。于胷次。惟以道專其始終也。此其所謂所養者異也。今吾養師。久從三山碧巖游。志節卓硬。厭世喧鬧。於智異山華嚴洞之北崖。松椽板屋。以卜終焉之所。有居士裵公。助其務。且資其什用之具而無闕焉。噫。若裵公者。眞所謂樂人之樂者也。余感我師之無閔。嘉裵公之有信。書數言而記。

황악산 금강암기

　무릇 봉황의 서식처는 천 장 높이의 산이요 여룡의 집은 구중의 못인 것처럼 대개 소양하는 곳에 따라 무릇 태어남이 달라지는 것이니, 그 깃든 곳은 마땅히 높고 험하고 깊고 넓은 것이다. 이러한 까닭으로 옛날 도사들은 모두 시끄러운 세속을 피하여 세상 밖에서 고고하게 지냈으며 한적한 곳으로 흩어졌다. 그리하여 혹은 만 길 높이의 산봉우리에 집을 지었으며, 천백 층이나 되는 바위 사이에 초가를 짓고 한 세상을 굽어보며 사물과 나를 잊은즉, 세상 사람들이 우러르며 생각하는 것이 땅속 벌레가 큰 기러기를 기리는 것과 같다. 처자 거두기를 끊고 이고지고 산에 올라 험한 곳을 평탄한 곳처럼 밟으니, 대체로 경관이 빼어나 오히려 육체의 고통을 잊어버렸으며 오직 경관을 제대로 보지 못할까 두려운 마음뿐이었다. 그러한즉 무릇 도인이 은거하여 수양하는 것 또한 초연하고 탁월하니 분분한 세속의 무리들에게 표상이 되는 것이다. 이제 이 금강암은 멀리 금릉군의 북쪽 황악산 정상에 있어 창을 열면 우두성牛斗星[22]과 푸른 하늘 사이가 아득하니, 설사 뜬구름과 날아가는 새라 할지라도 모두 그 아래 티끌인 것이다. 암자의 도인은 집 벽에 의지한즉 나그네의 세상 속 번뇌는 모두 깨끗해지고 밤낮 오로지 불조佛祖[23]의 고상한 담론으로 깨달음을 얻으니, 가슴이 쇄락해지고 드넓은 풍광에 마음과 눈이 동요하지 않는다. 일각의 공부일지라도 진겁塵劫[24] 속에서 배사倍蓰[25]가 되었으며, 암자와 도인은 금강의 경계를 타성일편打成一片[26]하게 되어, 이로써 금강으로 이름을 지었으니 요체는 여기에 있는 것이다. 그런즉 도를 닦는 선비라면 빌려주어 머무는 것을 좋게 여기지 않을 것이며, 머무는 사람 또한 암자에 머물지 말지를 알고 머물러야 하는 것이니 이것이 옳은 것이다. 어느 땐가 지어진 암자가 작년 가을에 여덟 사람에 의해 훼손되었다. 산인인 서보瑞寶 · 응잠應岑 등은 모두 도를 좋아하는 뛰어난 선비들로 탄식하며 다시 하산할 생각을 갖고 동지와 몇 명의 단월자에게 말하여 옛 터에다 새 집을 지은 것이었으니, 우뚝한 것이 전 건물보다 나았다. 1년이 지난 다음 나에게 기문을 청하였는데 우연히 산중에 왔다가 올라와 암자를 둘러보고는 즐거워하였다. 이에 사양하지 못하고 기記를 쓴다.

黃岳山金剛庵記

夫鳳凰之棲。在于千丈之岡。驪龍之宅。藏乎九重之淵者。盖由其所養者。有異於凡産故。其栖止。宜乎高危而深廣也。是故古之有道之士。皆避人間喧卑。而高蹈物表。冡絶靜散之。或置屋于萬仞峰頭。結蕁千百層岩間。俯視一世。與物相忘。則世之人仰望而思之。如壤虫之與鴻鵠焉。割妻孥之所養。負戴攀躋。履危險如坦夷。盖景道之彌高。猶忘形骸之苦。惟恐不及也。然則凡道人之所棲養。亦超然卓越。於紛紛俗流之表者也。今玆金剛庵者。迥在於金陵郡北黃岳絶頂之上。軒窓開闢。縹緲於牛斗層霄之間。使浮雲飛鳥。皆芒芴以斯在下矣。庵之道人。臨軒倚壁。則客塵煩慮。一切蕩然。日夕惟以佛祖高話。機用提撕。其胷襟洒落。浩浩風景。不動乎心目。一刻工夫。倍筵[1]于塵劫。庵與道人。打成一片金剛境界。以金剛爲號。旨在斯乎。然則爲養道之士。不爲是以累居之。居之人。亦知是庵之居可不可而居之。斯爲善矣。庵成於何代。而上年秋。爲八人之所毁。山人瑞寶應岑等皆好道勝士也。慨然志復下山。而告同志。若干檀士。依舊址。刱新屋。翼然有勝於前制。越一年。請以記余。偶客于山中。亦爲登覽斯庵而喜之。於是乎不辭。書爲記。

---
1) ㉠ '筵'는 '蓰'인 듯하다.

설악산 한계사 가허루기

　관동에서 오는 나그네가 말하길 "나는 설악산의 승려인데 감히 당신에게 몇 줄의 글을 청하여 가허루의 벽 위에 붙이고자 합니다."라고 하였다. 이에 나는 "가허루가 과연 어디에 있소?"라고 물었더니 "한계사의 누각입니다."라고 하였다. 이에 "무릇 설악산과 한계사가 천 리 밖에 있다고 일찍부터 들었으나, 소위 가허루라는 것은 아직 들은 적이 없소이다."라고 하였다. 나그네가 말하길 "산의 절은 오래되었으며 절의 누대는 새로 세운 것입니다. 계해년에 산승인 융택融澤과 처일處日 두 상인의 노력으로 세운 것으로 모某 시승詩僧이 이름을 지었습니다. 무릇 설악은 나라의 명산이며 한계는 산 가운데 절승지라 하는데, 가허루는 한계의 빼어난 누대입니다. 만약 산의 품격을 말한다면 금강이 첫째이고 설악이 그 중간이며 천후가 끄트머리라 하니, 설악은 금강과 천후 두 신선의 산 사이에 위치합니다. 험한 산세와 설색에다 삐죽삐죽 봉우리가 우뚝 동해의 항해沆瀣[27] 위로 치솟아 벼슬아치와 의관 차린 선비, 산을 노닐며 물을 감상하는 스님, 세상에서 달아나 선에 몸을 담은 무리, 시인묵객들로 하여금 금강을 거쳐 이곳에 이르게 합니다. 설악을 좇아 온 사람들은 모두 '금강이나 설악은 천하의 명산으로 비록 인도의 설산, 중국의 여산일지라도 이에 비길 수 없다.'라고 했거니와, 듣기로 설악의 한계는 유월 한창 더위에도 모골이 서늘하다 합니다. 더군다나 그 누대에 오르면 만 척의 폭포가 바라보이는데, 마치 하늘에서 띠가 드리운 것같이 보입니다. 가벼운 안개와 찬 눈이 창 안으로 휘몰아칠 때는 노니는 사람이 부구浮丘[28]를 잡고 서늘한 바람을 거느리고 해와 달을 곁에 끼고 있는 것 같습니다. 굽어보면 주위가 텅 비어 있고 그 표표함이 세상사를 잊어버린 것 같아서 우화등선하고픈 생각이 문득 가슴에서 일어납니다."라고 하였다. 나는 나그네의 말을 듣고 탄복하여 "만약 내가 병들고 쇠약하지 않다면 천 리도 마다하지 않고 잠시나마 틈을 내 돌아보고 싶지만, 그렇게 하지 못하는 것이 한스럽습니다."라고 하였다. 만약 크고 작은 것을 챙기는 능력과 역부의 힘과 돈독한 믿음이 있다면 세세히 거론하는 것을 번거롭게 여기지 않을 것이니, 다만 나그네의 말을 적어서 돌아가는 편에 부친다.

雪岳山寒溪寺架虛樓記

客有自關東而來者曰。我乃雪岳山之僧也。敢請子綴數行文。以俾貼於所謂架虛樓之壁上也。余曰。架虛樓者。果在於何。曰寒溪寺之樓也。曰夫雪岳山與寒溪寺。則雖在千里之外。聞之曾也。而所謂架虛樓者。未有聞。客曰。山之有此寺則古也。而寺之有斯樓則新也。歲在癸亥。山之僧融澤處日兩上人之戮力所建。而韻釋某之所號者也。夫雪岳。乃一國之名山。寒溪爲山中之勝地。架虛則爲寒溪絶勝之樓也。若論山之品族。則金剛爲昆。雪岳爲仲。天吼爲季。而雪岳乃。處於金剛天吼兩仙山之間。嵯峨雪色。嵬然秀出於東溟沆瀁之上。使搢紳冠笏之士。游山翫水之僧。遁世逃禪之流。負笈含墨之儒。由金剛而抵此。從雪岳而適彼者。俱必曰。金剛雪岳。乃天下之名山。而雖天竺之雪山。中華之廬岳。未足以比。而聞雪岳之寒溪。則雖處六月炎蒸之際。毛骨已冷。而況登斯樓。望萬仭之瀑。如見垂天之紳。其輕霏寒雪。噴洒於軒窓之內。使游之者。如揖浮丘。御冷風。挾日月。俯寥廓。而其飄飄如遺世羽化登仙之志。輒已發於胷次矣。余聞客言而歎曰。若予者病矣衰矣。恨不得一者凌千里而暫遊於其間也。若夫在幹緣之勤。役夫之勞。檀信之力。不煩細擧。而只記客言。而附其歸。

양양 땅 천후산 내원암기

　천후산天吼山은 내가 비록 유람해 본 적이 없으나 가끔 사람들의 시화 중에서 보곤 했는데, 천후라 부르는 것은 그 산의 뿌리가 동해에 가까이 있어 큰 바람이 불어와 부딪칠 때는 은산 같은 파도가 솟구쳐 일어나고 그 소리가 마치 우레와 같기 때문이다. 그곳을 노니는 사람은 산의 울림을 하늘이 울부짖는 것으로 여겨 이로써 이름을 삼았다. 관동은 아름다운 산수가 가장 많은데, 이 산은 매우 수려하고 은밀하며 바위굴이 많아 세상을 피하기에 마땅한 땅이다. 그러므로 한 마리의 벌처럼 돌아다니며 관동의 팔경을 감상한 후에 이 산에 올라 구경한다면 족히 평생의 기이한 볼거리가 될 터인데, 남해의 외진 곳에 떨어져 있어 평소의 뜻을 이루지 못해 한스럽다. 산은 호쾌한 곳이 많지만 내원암 자리가 으뜸이며 그 자리는 산허리를 넘어서는 곳으로 푸른 산과 자줏빛 봉우리가 좌우를 에워싸고 있는데, 만 길의 봉우리가 울창하게 동쪽으로 보이는 것이 달마봉이다. 하늘의 띠 한 줄기가 흰빛으로 남쪽에 걸려 있는 것이 토성 폭포이다. 만약에 그것을 보면 놀라고 소리를 듣는다면 즐거우니, 원근 고저에서 가슴을 씻어 줘 마음이 상쾌해진다. 만일 강엄江淹의 시나 한유韓愈의 문장이 아니라면 능히 만의 하나도 그려 내지 못할 것이다. 무오년에 도휴道休 대사가 동지인 수견守堅 상인과 더불어 이 절을 짓는 인연이 생겼는데, 경신년을 지나 낙성하게 되었다. 7년이 지난 을축년 수견 상인이 도휴 대사를 따라 남쪽으로 떠나, 영남 분성의 감로사로 나를 찾아와 그 산의 아름다움과 내원암 창건의 전말을 말해 주고는 나에게 기문을 청하였다. 산이 유명하다는 이야기는 익히 들어서 층암절벽의 골짝 사이를 노닐고 마음껏 산의 진면목을 감상한 것 같았으니, 이것이야말로 몸은 가지 않고 마음이 먼저 유람한 것이 아니겠는가. 원컨대 상인은 내원암으로 돌아가 내가 그곳으로 갈 때를 기다렸다가 그곳을 유람하는 주인이 되게 해 달라.

이에 기記를 쓰노라.

襄陽地天吼山內院庵記

天吼之山。予雖未得游覽。而往往見之於東人詩話之中。則所謂天吼者。以其山之根。迫在於東海之濱。而當乎戕風窣然之際。海濤如銀山之摧起。則其聲若雷焉。遊其山者。以爲山鳴與天吼故名也。關東最多佳山水。而此山愈爲秀麗而深邃。山多岩窟。宜爲避世之地。故欲以一蠟。吾屐而遊賞關東八景。然後登覽玆山。足遂平生之奇觀。而僻處南海之陬。恨未嘗素志也。山之爽塏多。而內院居其最。其盤基跨於山腰。則蒼屛紫釖。排繞左右。而芙蓉萬丈蔚然東望者。達磨之峰也。天紳一條。縞然南掛者。土星之瀑也。若夫其目之所駭耳之所喜。遠近高低之蕩乎臂。而爽乎心者。倘非江淹之筆。韓愈之文。未能摸其萬一也。歲戊午有道休大師。率同志守堅上人。萬緣以刱玆庵。越庚申落成焉。越七年乙丑。守堅上人。隨休大師南游。至嶺國之盆城甘露寺。屆余戶。而言其山之絶勝及其刱內院庵之顚末。而請記余。慣聞山之名聞其說。怳若游天吼層岩絶壑泉石之間。恣賞其山之面目。則此非所謂身未到而神先往遊者耶。願上人歸於內院。以竢余之他日。遊涉其境而作主人也。於是乎記。

창녕현 용흥사 낭사 창건기

신유년 가을 7월 나는 팔공산으로부터 와서 이곳에서 세 번의 가을을 지내며 그 산세를 살핀즉 뒤는 우뚝 솟고 앞은 낮았으며, 그 지형을 살핀즉 세로는 평탄하고 가로는 높으며 그 집을 보면 안은 좁고 밖은 텅 비어 있었다. 그리하여 주지인 대덕大德 혜공慧公에게 "무릇 당우를 짓는 것은 그 지형을 살펴서 배치하는 것이 옳습니다. 그런데 지금 절을 보면 그렇지 않습니다. 내 생각으로는 앞쪽에 높이 섬돌을 쌓고 그 위에 긴 회랑을 지어 울타리로 삼아 터가 이리저리 쏠리는 기운을 누른다면 사람들의 마음을 편안하게 할 뿐 아니라 머무는 스님들에게 복이 있을 것입니다."라고 말하였다. 혜공이 "그렇겠습니다."라고 하였다. 마침내 동지인 사士·수守·엄嚴 등 네 사람이 곡식을 모으고 목재를 모았다. 병인년 봄이 되어 사중들을 시켜 큰 섬돌을 쌓았는데, 길이가 200주에 이르렀다. 무진년 봄을 지나서 그 위에 긴 회랑을 세웠고 홍하·채운 등 네 개의 방을 지었으며, 또한 금강·불이 두 개의 문을 세워 그 사이를 동서로 구분한 후에 절의 규모가 크게 갖추어졌다. 그 다음 해를 지나 화주인 설한에게 단청을 하도록 하였다. 신미년에 주지인 엄공이 나에게 기를 청하니 마침내 혜공에게 전해 준 말을 써서 기記로 삼는다.

昌寧縣龍興寺創建廊舍記
辛酉秋七月。予自八公來。留於此。仍閱三秋。就審其山勢。則後峻而前卑。察其地形。則袤平延袤。視其堂序。則內密而外虛。遂以告住持大德慧公曰。凡堂宇之制。乃察地形而排其序可矣。而今乃寺則不然。予以爲必築大砌於前。創長廊於其上。爲藩籬。以制基形傾撓之勢。則非獨使人心安集。亦將有居僧之福矣。慧公曰。諾。遂與同志士守嚴等四人。募其粟。鳩其材。於丙寅春。領寺衆築大砌。長二百肘。越戊辰春。建長廊於上。作紅霞彩雲等四房舍。且以金剛不二兩門。爲其間分東西位然後。寺貌大成也。越明年。命化主雪閑用丹雘。又辛未。住持嚴公。請記於予。遂書前所與慧公之語以爲記。

신어산 백련암기

　내가 임술년 봄에 이곳을 지나다가 그 봉우리가 빼어나고 골짝이 빙빙 감도는 것을 보았는데, 용이 서려 있고 봉황이 나는 형세 같아 속으로 홀로 기뻐하였다. 이윽고 지팡이를 짚고 나아가 살펴본즉, 두 갈래의 시내가 에둘러 흐르고 천석은 선명한데 그 안이 툭 트여 있었으며, 동쪽으로는 신어산의 한 기슭이 푸른 물을 거슬러 올라 마치 옷깃과 허리띠 같았다. 북쪽으로는 낙동강이 흐르는데, 백 개의 시내가 같이 흘러가다가 모여서 웅덩이가 되었다. 봉우리가 없는 서쪽으로 전각을 지었으니 넓은 바닷물은 백 리 밖 남쪽으로 통하고, 산천은 서로 얽혀 창창하게 우거졌으니 완연히 금구金甌[29]와 옥잔처럼 아름다웠다. 이윽고 손뼉을 치면서 감탄하길 "이것은 진실로 호중壺中의 별천지로다."라고 하였다. 대개 이곳은 인간 세상과 멀리 떨어져 있지 않으며 사람들이 일찍이 차지한 곳이 아니다. 어찌 지령이 천여 년 동안 나무꾼이나 목동이 오가는 길 사이에 숨겨 두고 다른 사람들에게 인색하게 굴면서 나를 기다렸다가 오늘 보여 주는가. 이에 흔연히 돌아가 본사의 승통인 탄정과 전 승통인 선문 두 대덕에게 "절의 서쪽 골짝은 기이한 경치로서 절을 지을 만한 지경입니다. 만약 절을 짓는다면 장차 영남 지역에서 중요한 곳이 될 것입니다."라고 말했다. 이에 두 노승이 듣고 기뻐하면서 청오靑烏[30]를 데리고 가서 가늠한 뒤 그 방위를 분별하였는데, 경좌갑향庚坐甲向[31]의 터였다. 이에 절 지을 뜻을 대중에게 말하니 대중이 허락하였다. 이윽고 종민 상인에게 부탁하여 모연의 담당자로 삼게 되었는데 상인 역시 사양하지 않았다. 그는 나에게 와서 "제가 이 일을 맡기는 하되 시굴거영時屈擧贏[32]과 같이 형세가 어렵습니다. 그러나 물력을 준비하고 힘을 쓸 것인즉 제가 사중들을 믿지만 가장 어려운 것이 재목입니다. 이 산은 이미 나라에서 벌목을 금하는 곳으로 작은 나무라도 벨 수 없는데 무슨 수가 있겠습니까?"라고 하였다. 내가 "무릇 일을 하려고 하면 하늘이 마땅히 사람들을 넉넉하게 해 주는 것이다. 산령이 천 년 동안 감추어 놓은 땅을 하루아침에 나에게 주었으니 어찌 재목에 인색하겠는가. 그대는 굳게 마음을 갖기를 바라네."라고 하였다. 또한 "부에 거주하는 배원경 공이 지금 통제사와 친한 사이이니 그대는 가서 일을 도모하라."라고 했는데 상인은 이 말대로 하였다. 1년이 지나 계해년 봄에 법당이 완성되었으니, 행랑이 에워싸고 다락으로 덮여 있으며, 크고 넓은 것이 강의 오른편에서 으뜸이었다. 학탄 상인 역시 그 봄에 기와를 구웠다. 그해 가을 내가 금릉의 황악산에서 배를 타고 수백 리를 내려와 절이 완성된 것을 보고 기뻐하면서 민 상인의 손을 잡고 그 노고를 위로하였다. 상인이 "제가 비록 책임을 맡았으나 만약 흠欽대덕의 노력이 없었다면 절을 짓지 못했을 것입니다."라고 하였다. 내가 말하길 "무릇 박자를 잘 치면 반드시 그 화음이 이루어지는 것이 맏형이 훈을 불고 둘째형이 지를 분다는 것이니, 지금 상인과 흠 상인은 또한 훈지燻篪[33]의 화합이라 말할 수 있는 것이다."라고 하였다. 그리하여 절이 그런대로 지어지고 띠로 지붕을 했는데, 이때에 사중들이 기와를 옮겨 지붕을 얹고 진흙으로 벽을 바르고 창문을 달고 온돌로 방을 덥혔다. 나는 몇 명의 도반들과 쉬면서 겨울을 지내고 다음 해 봄을 맞았다. 그리고 사중에게 청하여 시내를 돋워 고르게 하여 뜰의 경계로 삼고 돌을 쌓고 흙을 돋워 한길의 담장을 만들었으며, 전 호남 총섭이었던 대원 스님은 탱화를 만들고 단청을 하여 아름답게 꾸몄다. 학사인 문학·오심·위총 등은 이를 이어받아 힘을 기울였다. 세간 물건들을 대강 갖추어 모든 계통을 세우게 된 것은 대체로 나懶 상인과 흠 상인이 애쓴 덕분이다. 하루는 내가 흠·민 두 상인에게 말하길 "무릇 천하의 사물은 대개 그 근원이 있는데 내가 애초 이 땅이 눈에 들어온 데는 역시 뜻이 있었다. 아, 내 스승인 벽암碧岩 화상은 나라 안 선문의 대종사로서 그 도로 풍속을 교화하고 인도하는 풍모가 사방에 퍼졌는데, 오로지 이 한 구석만이 교화가 미흡하여 내가 일찍이 개탄하였다. 만약 여기에 절이 완성된다면 선사의 초상을 그려서 봉안하여 죽을 때까지 곁에서 시봉하고자 하였다. 이제 다행스럽게도 절이 지어져 내 원이 풀렸는데, 이는 나의 두 상인이 힘써서 된 일이므로 두 상인에게 사례하는 것이다."라고 하였다. 그리고 손을 잡고서 전하기를 "무릇 수년 사이에 우거진 잡초와 나무가 변하여 절집이 우뚝 솟았으니 분명 세월의 운수, 지령의 넉넉함, 사중의 근면함, 두 상인의 노고가 있었던 것이다. 그리고 사물의 이치에 따른 운수와 사람에 대한 산천의 기다림 역시 감동되는 바가 있는 것이다."라고 하였다. 아, 이 땅은 비록 계원雞園[34]의 승지인 데다 사라쌍수의 기이함을 갖추었으나, 두 상인이 없었다면 누가 능히 그 당을 짓고 장엄하고 화려하게 꾸몄겠는가. 사중이 없었다면 누가 그 재물을 내어 그 원력을 펼쳤겠는가. 산령이 없었다면 누가 처음에 나로 하여금 이 땅의 기이함을 알게 했을 것인가. 그런즉 나와 산령은 말 없이도 마음이 맞은 것이다. 나는 또한 두 상인과 종신토록 이곳에 머물면서 노닐 수 있게 되었으니, 마땅히 산령을 저버리지 않는 것이 옳은 것이다. 이에 글을 써 기기記로 삼는다.

神魚山白蓮庵記

予在壬戌春。適過于此。見其峰巒秀異林壑盤紆。有龍蟠鳳翥之勢。心獨喜之。乃扶藜而就審之。則雙澗環流。泉石鮮明。中有爽塏。而其東則魚山一麓。遡翠水上。爲襟爲帶。北則洛江之流。百川同歸。而匯而瀦。無着千峰。作殿于西。滄海之潮。南通于百里之外。山川相繆。鬱乎蒼蒼。而宛成金甌玉盞之美。遂抵掌而歎曰。此眞所謂壺中別有天者也。蓋玆地旣與人世。非有絶遠窅窕之隔。而不爲人之所曾占。則安知非地靈閟之於樵蹊牧徑之間。於千萬年。而靳於人以待予於今日以畀之者耶。乃欣然歸告於本寺僧統坦淨及前僧統善文兩大德而語之曰。寺之兗谷。有一奇境。乃象設之區也。若造禪廬。亦將爲。嶺國之重地乎。二老聞之喜。卽携青烏就硂。而卜其方。乃庚坐甲向之基也。以叔蘭若之意。諗于衆衆諾之。遂囑宗敏上人。爲募緣之主。上人亦不辭。就告于予曰。吾之任此事。時屆擧羸。勢似難堪。然物力之備。功勞之課。則吾將恃之於寺衆。其最難者。材乎。玆山旣爲國家之禁地。則雖一尺之材。奈無下手處何。予曰。夫事之將成者。天將有所裕於人者乎。山靈旣以千年秘慳之地。與我於一朝。則安有以吝其材耶。子茅勵其匪石之志乎。且曰府居裵公元卿爲今統相之橡賓也。子其詣以圖之。上人從之。越一年癸亥春堂成。翼以廊宇蔽以樓楹。而宏而曠。甲於江之右也。有學坦上人。亦於其春。陶其瓦也。其秋予自金陵之黃岳。舟行數百里而來。見堂成而喜之。卽握敏上人之手。而慰其勞。上人曰。吾雖受是任。若不有欽大德之努力。則堂必不成矣。予曰。夫善其拍者。必有善其和者故。伯氏之壎有仲氏之箎。今欽師之於上人。亦可謂壎箎之和者乎。然堂堇成。以茅蔽之。於是寺衆。乃運瓦以盖之。取泥以壁之。掩以窓闥。溫以房堗。予與若干法侶憩錫。而過其冬至翌年春。子又倩寺衆。壘潤平坎。以爲庭界。筥石輦土。以爲墻仞。而有釋前湖南揔攝大元。造佛幀幹丹艧。以貢餙之。有文學玉心偉聰等。相繼而致力。什用之物。以備之槊。諸擧有緖者。皆懶欽上人之力也。一日予謂欽敏兩上人曰。凡天下事物。皆有其原。予當初寓目於此地者。亦有意存焉。噫。吾先師碧岩和尙。乃一國禪門之大宗師也。其道化之風。遍於八表。獨此一隅。其化未洽。予嘗有慨歎。若見堂成於此。則欲摹先師之眞。以奉安之。侍其側。以終吾年。今幸成之。吾願遂矣。此吾兩師之力也。爲兩師謝之。又執手而告之曰。夫不數年間。變榛莽之翁蔚。堂宇之突兀者。其必有年代之運。地靈之裕。寺衆之勤。兩師之勞也。而物理之有數。山川之待人者。亦有所相感者矣。噫。此地雖有雞園之勝。鶴樹之奇。非有兩上人。孰能締構其堂華廣廈之壯麗。非寺衆。孰能捨其財而宣其力。非山靈。孰能初使我知此地之異也哉。然則吾與山靈。自有默默相契者矣。又與兩上人。終得栖遲。而倘伴於此。宜乎不負其山靈者善矣。卽書爲記。

예천군 태행산 대곡사 중창기

무릇 절이란 이어 가는 것이다. 대개 할 일은 서로 이어서 전하고 그 안에 머무는 것이니, 혹은 정사精舍라 부른다. 영우靈祐[35]는 사고寺誥에서 "거칠고 사나운 곳은 머물러서는 안 된다."라고 했고, 또한 『예문지藝文志』에는 "정련하는 자가 머무는 곳이기 때문에 혹은 도량이라 말한다."라고 하였다. 승조僧肇[36]는 말하길 "도를 닦는 장소를 초제招提 혹은 승가람이라 하니 여러 사람들의 농원인 것이다. 농원이라 하는 것은 불제자들을 길러 내는 것이니, 도를 싹 틔우고 거룩함을 열매 맺게 하는 터이다. 무릇 천하의 절 이름에 또한 뜻을 붙이는 바가 있으니, 한나라에서는 백마白馬를 절 이름으로 했는데 백마가 경을 싣고 온 공덕 때문이다. 비사毘舍는 산서山鼠[37]를 절 이름으로 삼았으니, 산서의 은공에 감응되었기 때문이다. 이제 이 대곡사大谷寺는 사물의 은공에 감동하여 지어진 이름은 아니지만, 또한 지세로 유명한 곳이다. 원래 그 절터의 기세는 금강산의 한 가지가 남으로 전해져 오대산이 되었으며, 오대산으로부터 태백산이 되었고 태백산의 한 줄기가 청량산이 되었다. 청량산이 굽이굽이 내려와 청송에 이르러 보현산이 되었으며, 보현산에서 맴돌아 서쪽을 지나 이 군에 이르러 이 산이 되었으니, 군에서 북쪽으로 50리의 자미紫微[38] 터에 자리 잡았다. 골짝이 벌여 있으며 동남쪽으로 탁 트여 큰 계곡이 되었으니 골짝의 어귀는 강물이 물웅덩이를 이루어 수백 리에 걸쳐 있고, 산하의 기세가 띠처럼 둘러 있은즉 절을 대곡大谷이라 칭한 것이 필경 옳은 것이다. 일명 대국大國이라 부르는 것 역시 뜻이 있다고 생각하는데 상세하지는 않다. 옛날 당나라 사람이 산 밑을 지나다가 산을 가리키며 "이 산의 형세가 중국의 대행산과 조금도 다르지 않다."라고 한 뒤로 근처 사람들 또한 태행산太行山이라 불렀다. 이 산을 일명 비봉산이라고도 하는데 이는 산세를 따라 말한 것이다. 절이 처음 지어진 때는 신라 시대라 하는데 세월이 오래 지나 상고할 수 없게 되었다. 고려 말 공민왕 때에 서천 출신 지공指空 대사 즉 박타존자薄陀尊者로 불리는 분이 중국에 들어와 나옹 대사에게 불법을 전하고, 그 뒤 나옹과 더불어 이곳을 유력하다가 유지를 보고 또한 절을 지었다.

만력 연간에 일어난 임진왜란과 정유재란을 맞아 절은 왜구들에게 분탕되어 10년 동안 초토의 언덕이 되어 버렸다. 을사년에 이르러 산신각이 재건되고 훌륭한 이들이 다시 돌아왔으니, 탄유坦裕 대덕이 계은戒誾·경성敬性·계운戒雲 등과 더불어 이곳에 와서 서로 의논하여 말하길 "아, 이 절은 옛날 지공 화상이 창건한 것인데 처참하게도 왜구들에게 불태워졌으니, 우리가 차마 눈뜨고 볼 수 없게 되었다."라고 하였다. 이때에 탄유 대덕이 곧 법당을 짓고 계은·계운·경성 세 사람이 불상을 조성하고 혹은 개와를 구웠다. 설선·우화·백수·취운 등 네 요사, 두월·담월·남월·원통 등 네 요사가 지어졌으며, 법선·대전·경미·혜련·인규·각심·수경·숭신 등 여러 스님이 앞뒤로 머물면서 힘을 다하였다. 서상실과 향로전과 오십삼불의 전각이 있었는데 보정·태감·학열 등이 힘을 썼으며, 정문과 종각은 사우·회옥·의화·도한 등이 힘을 합하여 지었으며, 시왕·향적 두 전각은 영민·희묵·방택·응관·설매가 지은 것이며, 시왕과 오십삼불 등의 불상은 방택·처상 등이 만들었으며, 부처 뒤 삼장과 사오로四五路[39] 탱화는 덕잠·처연이 힘쓴 괘불로 영찬이 완성했으며, 성행당은 각일이 세운 것이다. 아, 옛날 지공 대사가 이 절을 창건하여 세상에 이름이 전해진 지 수백 년이 되었는데, 절이 없어진 후에 지금의 탄유 등 스님들이 지공의 유지를 이어 절을 중건한 것이니, 지금 스님들이 옛날 지공 대사의 그림자를 나누어 세상을 교화한 것이 아닌가. 아아, 성대하도다. 금수레·종·북·경함·불기·금고·바라·집물에 이르기까지 각기 담당하는 이가 있으니, 그 이름은 산중의 여러 암자의 이름과 함께 후록에 갖추어 실었다.

醴泉郡太行山大谷寺重創記

夫寺者。嗣也。盖治事者。相續嗣駐於其內也。或名精舍。靈祐寺詁曰。非
麁暴者所居也。又藝文志云。良由精練行者所處也。或名道場。肇師云。修
道之場。或云招提。或名僧伽藍。爲衆人之園圃。園圃者。生植之所爲佛弟
子之生。道芽聖果之所故也。且凡天下之寺名。亦有所寓意而稱之。則漢以
白馬名寺者。以白馬駄經之功也。毘舍以山鼠名寺。則亦感山鼠之恩故也。
今玆大谷寺者。非是感物之恩功。而亦有以地勢而名者歟。原厥宅勢。則金
剛一肢。南轉爲五臺。自五臺。爲太白。太白之子。爲淸涼。自淸涼逶迤而
至靑松。爲普賢。自普賢盤旋西歷而至玆郡。爲此山去郡北五十里。坐於
紫微之鄕。開張洞壑。唅呀向巽爲大谷。谷之口。江水潆匯爲數百里襟。帶
山河勢。則寺之稱大谷者。必以是也。一名大國者。想亦有旨。而未向細焉。
昔者有唐之人。過山下而指之曰。此山之形。宛與中國大行山無異也。鄕人
遂亦呼爲太行山也。一名飛鳳山者。此用山勢云耳。寺之初創。則在新羅朝
云。而歲代甚久不可攷也。中至麗季恭愍王朝。有西天指空。卽所謂薄陀尊
者也。至中華。付法於懶翁。後與懶翁。遊歷於此。見遺址。而又創伽藍。至
我朝萬歷丁壬之亂。寺爲斑寇所焚蕩。而爲十年焦土之丘。至乙巳山靈再
造。人傑重來。有坦裕大德戒與[1]豈敬性戒雲等。就於玆。相爲謀曰。噫。此
乃古之指空和尙所創者。而慘爲島夷所燼了。吾等其忍視而等棄之耶。於
是裕公先構法堂。豈雲性三人。或造佛像。或燔盖瓦也。其說禪雨花栢樹翠
雲四寮。斗月淡月南月圓通四寮。有法禪大顚敬眉惠璘印圭覺心秀瓊崇等
諸禪。居先後而戮力者也。西上室香爐殿五十三佛殿。則普淨太鑑學悅等。
所着力者也。正門鍾閣。則思祐懷玉義和道閑所共幹者也。十王香積兩殿。
則靈敏希默方澤應觀雪梅之所營也。十王五十三佛等像。則方澤處祥等所
造也。後佛三藏四五路幀。則德岑處璉之所務也掛佛。則靈贊之所成。而省
行堂。則覺一之所建者也。噫。昔者指空。創玆寺傳名於世者。數百年。而
今有坦裕等諸德。繼指空而重復。於旣廢之後。今之諸德。非古之指空之分

其影而化於世者歟。嗚呼。盛哉。及其金輦鍾鼓經函佛器禁鼓鈸羅什物。各有所幹之人。其名則與山中諸庵之名。具載於後錄也。

1) ㉑ '戒與'는 '與戒'인 듯하다.

유공산지

　내가 호서의 공산부에 대해 들었는데 옛 웅진부에 속한다. 그 산천의 형승으로 말하면 금강과 계룡산의 수려함이 시인들로 하여금 족히 멋진 시를 짓게 하고 도를 품게 하여, 깨끗하게 세상에서 벗어나고자 하는 마음을 불러일으킨다. 그동안을 생각해 보니 눈으로 보고 귀로 들은 지 오래되었다. 창룡의 해(1664) 봄에 우연히 유람할 기회를 얻어 고을에서부터 공북루라는 곳에 올랐는데, 금강의 상류에 임해서는 가슴속이 활짝 열렸으며 경물이 호연하여 훌쩍 속된 세상의 생각을 버릴 수 있었으니, 저절로 그칠 수가 없었다. 그것은 동정호를 제압하고 악양루에 오른 것과 같았다. 꽃봉오리가 원근에 물에 잠긴 듯 보이는 것은 언덕들이요, 높이 치솟아 빛나는 것은 산이요, 넓게 고여 있는 것은 물이다. 아득한 안개 백사장, 창망한 섬, 물가의 조약돌, 짧은 언덕과 긴 모래톱에 지는 해가 반만 남았는데, 가는 비 내리는 중에 사립을 쓰고 낚시하는 것은 사람이요, 오 그린 채 조는 것은 백로이다. 장오檣烏[40]가 한가롭게 흔들리고 배들이 이어진 곳에 이르니, 어부 노래 오가고 평지와 끊어진 언덕길 사이에서는 목동의 피리 소리 서로 급하다. 나와 객은 누대 위에서 잔을 든 채 조하趙嘏의 장적일성長笛一聲[41]의 시구를 읊조렸다. 그 사이의 경치는 비록 천하에 유능한 사관이 있다 할지라도 능히 한 치도 그려 낼 수 없을 것이니, 저녁노을과 쓸쓸한 물새는 왕자王子의 등왕각滕王閣에 의지하게 한 것이 아니며,[42] 비 갠 강과 방초는 또한 최호崔顥가 황학루黃鶴樓에서 읊조리게 한 것이 아니겠느냐.[43] 그러한즉 비단강의 아름다움과 별이 북극성을 향하는 기이함은 멀리 위제魏帝에게 허물 있는 앵무주鸚鵡洲를 생각나게 한다.[44] 이때에 노넒의 흥취가 가시지 않아 바람에 배를 띄워 타고 하류에서 경쾌하게 노를 저어 구름을 넘고 시내를 건너고 계산의 정상에 올라 보니, 산은 깎아지른 듯 솟아 있고 동쪽에도 우뚝, 서쪽에도 우뚝하고 그 사이로 봉우리가 층층이 드러났다. 구름은 펼쳐져 있고 푸른 산이 어둑어둑했으며 안개 낀 사이로 흰 봉우리가 삐죽삐죽했으니, 따오기가 서 있는 듯 붕새가 날아 오르는 듯하였다. 마치 말이 달리는 듯하고 갑옷을 모아 놓은 듯하고 오두막 같고 움집 같으니, 조용한 골짝이 되어 만 길 낭떠러지요 천 길의 폭포였다. 손선孫仙이 천태天台에 오른 것[45]이 아닐까. 아찔한 것이 이태백李太白이 올랐던 검각劍閣[46]이 아닌가. 가파르고 험하기로는 한유韓愈가 노닐었던 형산衡山[47]이 아닌가. 벌벌 떨며 양지쪽으로 발길을 옮겨 석등을 거쳐 내려오는데, 암자에 노승이 있으니 방주芳洲라 하였다. 그리하여 자리를 빌려 이틀을 묵으며 혹은 현묘한 도를 이야기하고 혹은 시를 품평하였다. 고금의 일을 살펴 이어 갈 것을 생각하고 맺힌 생각을 들추어 깨뜨렸으니 가히 가슴에 막힌 것이라고는 없게 되었다. 다시 방주의 손을 잡고 만 길 위태로운 데까지 올라 티끌 먼지 세상을 내려다보고 태허를 올려다보면서 말하길 "내가 노닌 바를 무릇 세상의 명리에 골몰하여 벼슬로 달려가는 것과 비교하는 것은 백 년의 한가로움을 모르는 것이다. 그런즉 어린 벌레가 멀리 날아가는 기러기에게 무슨 대수겠는가."라고 하였다. 글을 지어 기記로 삼는다.

遊公山誌

余聞湖西之公山府。卽古之態[1])津府也。其山川之形勝。有錦江雞龍之秀麗。而使足詞人。發綺藻而懷道者。增其瀟灑出塵之趣也。思一涉其間。以目寓之而耳得之者久矣。在蒼龍春。偶得以遊之。自州。孰登其所謂拱北樓者。翼然臨於錦江之上。宵襟頓豁。景物浩然其飄飄遺世之思。自發而不可已也。若壓洞庭。而登岳陽樓者也。瞻睇其遠近則其浸淪也。巍。峙也。嶢然兀者。山。而瀲然匯者。水也。烟沙渺浩。島嶼蒼茫。圓磯芳渚。短岸長洲。斜陽半在。微雨初收。簑而釣者。人。而拏眠者。鷺也。至於檣烏泛泛。艦鷁聯聯。漁歌互答。牧笛相催於平坡斷隴之間。余與客。擧盃於樓上。吟趙嘏長笛一聲之句。此間景狀。雖有天下之良史。不能摸其一髮也。落霞孤鶩。非王子之倚於滕王閣者耶。晴川芳草。亦非崔顥之詠於黃鶴樓者耶。然則錦水之勝。拱北之奇。想有過於帝子鸚鵡之洲者遠矣。於是不盡遊賞之興。駕一帆於長風。輕揉櫓於下流凌雲越澗。且登其所謂雞山之巔。則削立峭聳。東峋西嶁。間見層出。排雲而靑黯黯也。帶霧而白齒齒也。其鵠立也鵬裹也。如馬之躍。如甲之簇。似廩也者。窖也者。窅窕而爲洞壑。硿砑而爲溪澗。丹崖萬丈。瀑道千尋。豈孫仙之上天台者耶。何其危哉。非大白之登釖閣者耶。嶄兮巇兮。非韓子之遊衡岳者耶。惝惝然轉其陽。由石磴而得一菴有老宿曰。芳洲也。因借榻而信宿焉。或談玄語道。或討月評雲。搜今攬古以繼膏。披破靹思。眞可謂胷中無滯碍者也。更攜芳洲。登萬仞之危。俯塵寰。傲太虛。而語之曰。以吾之所遊。比夫世之役名利。奔科官。不知百年之閑者。則豈特壤虫之於冥鴻哉。書以爲錄。

1) ㉑ '態'은 '熊'인 듯하다.

동계집 제2권
東溪集 卷之二

주

1 어로魚魯를 구분하지 못하며 : 어魚 자와 노魯 자를 분간하지도 못할 정도로 무식하다는 뜻이다.
2 오하아몽吳下阿蒙 : 옛날 오吳나라에서 무식하게 날뛰던 시절의 여몽呂蒙을 지칭하는 것으로, 어느새 지략을 갖춘 훌륭한 무장으로 성장한 것에 감탄하면서 쓰는 말이다. 다시 말해 삼국시대 오나라 장수 여몽에게 손권孫權이 학문을 하여 깨우치라고 하자 그 말에 발분되어 여몽이 독실하게 공부를 하게 되었다. 그 뒤 노숙魯肅이 주유周瑜를 대신하여 도독都督이 되어 여몽을 방문했다가 여몽의 학문이 크게 진전을 이룬 것을 보고 그의 등을 치면서 말하기를 "그대가 무략武略만 아는 줄 알았다가 박학하고 영준한 것을 보니 더 이상 오하아몽이 아니다."라고 한 데서 연유한 성어이다. 『三國志』권54 「吳書」〈呂蒙傳〉주注.
3 아름다운 털을 보존하라 : 유향劉向의 『列女傳』「陶答子妻」에 나오는 말이다. 도陶나라 답자答子의 아내가 능력이 없으면서도 스스로를 과대평가하는 남편에게 충고하던 중, "남산에 사는 표범이 안개비 속에서 7일을 굶어도 산에서 내려오지 않는 까닭은 그 털을 아껴 좋은 무늬를 유지하기 위함이다.(南山有玄豹。霧雨七日。而不下食者。何也。欲以澤其毛。而成文章也。)"라고 하였다.
4 기북冀北 : 준마駿馬가 많이 생산되는 지역으로 한유韓愈는 「送溫處士赴河陽軍序」에 "백락이 기북의 들판을 한번 지나가자 말들의 그림자가 보이지 않게 되었다.(伯樂一過冀北之野。而馬群遂空。)"라 하였다.
5 우문禹門 : 옛날 우왕禹王이 치수 사업으로 상류의 용문산 맹진의 폭포를 3단으로 끊어서 강물이 들지 못하도록 했는데, 하류에 사는 물고기가 3단의 폭포를 일시에 뛰어오르면 용이 된다는 전설이 있다. 이를 우문삼급禹門三級이라 한다.
6 삼급三級 : 물고기가 용이 되려면 용문龍門에 있는 세 층계(三級)를 뛰어올라야 한다고 한 데서 나온 말이다.
7 고적高適(707~765) : 당唐나라 시인이다. 그는 칠언고시에 능했으며 시인인 잠삼岑參과 함께 고잠高岑으로 불린다. 시의 기절氣節을 숭상하였으며, 일찍이 간의대부諫議大夫·회남 절도사淮南節度使 등을 거쳐 발해현후渤海縣侯에 봉해졌다. 『新唐書』권143 「高適列傳」.
8 만 권의 책(萬卷之書) : 두보杜甫의 시구 중에 "글은 만 권의 책을 독파하였고, 붓을 잡으면 귀신이 돕는 듯하였도다.(讀書破萬卷。下筆如有神。)"라고 표현한 시구가 있는데, 자신의 문재를 밝힌 것이다. 『杜少陵詩集』권1〈奉贈韋左丞丈〉.
9 울유鬱攸 : 화기火氣, 즉 화마火魔를 가리킨다.
10 자금紫金 : 적동赤銅과 황금을 배합한 것과 같은 진귀한 광물이다. 여기서는 불상을 말한다.
11 쌍림雙林 : 부처님이 열반에 드신 사라쌍수가 있는 숲. 여기서는 가야산을 가리킨다.
12 상설象設 : 왕릉王陵 등에 마련된 여러 가지 석물石物 따위를 말하며, 여기서는 절을 뜻한다.
13 호중壺中 : 호중천壺中天을 줄인 말. 후한後漢 시대 술사術士였던 비장방費長房이 시

장에서 약을 파는 호공壺公을 따라 그의 호리병 속으로 들어갔는데, 그 안에 일월日月이 있었으며, 별천지別天地가 펼쳐져 있더라는 고사가 전한다. 여기서는 별천지를 가리킨다.
14 방공龐公 : 후한後漢 시대 방덕공龐德公을 가리킨다. 그를 방공 또는 방거사龐居士라 일컫기도 한다. 후한 양양 사람으로 현산峴山 남쪽에 살면서 세상에 나아가지 않았다. 형주 자사荊州刺史 유표劉表가 초빙하고자 했으나, 응하지 않고 건안建安 중에 가솔을 모두 데리고 녹문산鹿門山에 들어가 다시는 세상에 나오지 않았다. 『後漢書』 권83 「逸民列傳」〈龐公〉.
15 무하유지향無何有之鄕 : 실제로는 존재하지 않는 상상 속의 세계. 현실의 제약을 벗어난 무위자연의 이상향을 가리킨다.
16 점점蕲蕲 : 무성하다는 뜻이다. 혹은 점점漸漸으로 쓰기도 한다. 기자箕子가 주周나라에 가서 멸망한 은殷나라의 옛 도읍터에 벼와 보리가 무성함을 보고 비탄한 심정에서 "맥수가 점점함이여. 벼와 기장이 성하네.(麥秀漸漸兮。禾黍油油。)"라는 〈麥秀歌〉를 지었다 한다. 『史記』 권38 「宋微子世家」.
17 천연天淵 : 『詩經』「大雅」〈旱麓篇〉에서 나온 말이다. 여기에 "소리개는 날고 물고기는 뛰도다.(鳶飛戾天。魚躍于淵。)"라는 시구가 보이는데, 소리개와 물고기가 자득自得하는 모양, 혹은 임금의 덕화德化가 잘 미치고 있는 상태를 말한다. 결국 천연은 상하上下 모두 분명하고 모든 현상이 도에 부합되는 것을 일컫는다.
18 원빈元賓 : 당唐나라 문인 한유韓愈의 벗이었던 이관李觀의 자字이다. 그는 이전 문인들의 글을 답습하지 않았으며, 한유와 겨룰 만큼 출중한 재주를 갖추었는데 29세에 타향에서 요절하자 한유가 묘지墓誌를 지어 애도하였다. 『舊唐書』 권190 하.
19 원빈元賓과 사귄~것과 같다 : 한유韓愈가 지은 「答李秀才書」에 "원빈이 죽은 뒤 그의 글이 더욱 귀중해졌으며, 원빈을 생각해도 볼 수 없으니 원빈이 사귀던 사람을 보면 원빈을 보는 것과 같다.(元賓旣沒。其文益可貴重。思元賓而不見。見元賓之所與者。則如元賓焉。)"라는 대목이 보인다. 『古文眞寶後集』.
20 호접지몽蝴蝶之夢 : 호접蝴蝶은 『莊子』의 「齊物論」에 나온다. 장자가 꿈속에 나비가 되었는지, 아니면 나비가 꿈속에 장자가 되었는지 모르겠다며 물화物化의 비유를 그렇게 표현하였다. 대체로 현실인지 꿈인지 혼동되는 경우에 쓰이는 말이다.
21 천금지자千金之子 : 귀한 집의 자식을 뜻하는데, 한문제漢文帝가 말을 타고 험한 언덕을 치달리려 하자, 원앙袁盎이 "귀한 집 아들은 마루 끝에 앉지 않는 법이다.(千金之子。坐不垂堂。)"라고 하면서 만류하였던 고사에서 연유한 말이다. 『史記』 권101 「袁盎鼂錯列傳」.
22 우두성牛斗星 : 북두성北斗星과 견우성牽牛星을 합해 부르는 말.
23 불조佛祖 : 석존釋尊과 종파宗派의 개창조開創祖를 말한다.
24 진겁塵劫 : 진세겁난塵世劫難의 준말로, 인간 세상에서의 위협과 어려움을 말한다.
25 배사倍蓰 : 배倍는 두 배, 사蓰는 다섯 배를 가리킨다.
26 타성일편打成一片 : 피아彼我·주객主客·선악善惡·호오好惡 등 상대적이고 대립된 관념을 깨고 차별 없는 세계로의 조화를 일컫는다.
27 항해沆瀣 : 야간의 수기水氣가 엉긴 맑은 이슬을 말하는데, 여기서는 구름, 운무를 말한다.

28 부구浮丘 : 고대 전설상의 신선인 부구공浮丘公을 가리킨다. 곽박郭璞의 〈游仙詩〉에 "왼손으로는 부구의 소매를 당기고, 오른손으로는 홍애의 어깨를 친다.(左相浮丘袖。右拍洪崖肩。)"라는 대목이 보이는데, 신선과 나란히 장생불로하고자 하는 뜻을 담고 있다.

29 금구金甌 : 금으로 만든 사발을 가리키는데, 흠이 없이 견고하다는 뜻에서 강토疆土를 가리킨다. 양梁 무제武帝가 무덕각武德閣에 이르러 혼잣말로 "나의 국토는 오히려 금구와 같아 하나의 상처도 흠도 없다."고 하였다는 일화가 전한다.『梁書』권38「朱異列傳」.

30 청오青烏 : 풍수술風水術에 밝았던 전설상의 술사術士인 청오자青烏子를 말한다. 풍수가風水家나 풍수서風水書를 뜻하는 말로도 쓰인다. 여기서는 풍수가를 지칭한다.

31 경좌갑향庚坐甲向 : 좌坐는 묘를 쓸 때 시신屍身의 머리 쪽, 즉 묘의 뒤쪽이고, 향은 시신의 발끝 쪽, 즉 묘의 앞쪽이다. 경좌갑향은 경방이 좌이고 갑방이 향이라는 뜻인데 서쪽을 등지고 동쪽을 향해 있다는 말이다.

32 시굴거영時屈擧贏 : 어려운 상황인데도 사치스럽게 일을 벌인다는 뜻이다.『史記』권45「韓世家」에 "지난해에 진秦나라에 의양宜陽을 빼앗기고 금년에는 가뭄이 들었는데, 소후昭侯가 이러한 시기에 백성을 구휼하는 것을 급하게 여기지 않고 도리어 더욱 사치하니, 이것이 시굴거영이다."라는 대목이 보인다.

33 훈지壎箎 : 형제 혹은 친구 사이의 화목과 조화를 비유할 때 쓰는 표현으로,『詩經』「小雅」〈何人斯〉의 "맏형은 훈을 불고 둘째형은 지를 분다.(伯氏吹壎。仲氏吹箎。)"라고 하였다.

34 계원雞園 : 인도印度에 있는 절 이름인데, 무우왕無憂王이 세운 것이다.

35 영우靈祐 : 위산潙山 선사(771~853)의 법명이다. 속성은 조趙씨이며 복건성福建省 장경長慶 출신이다. 15세에 출가하여 절강성浙江省 항주杭州 용흥사龍興寺에서 경·율을 배우고, 백장 회해百丈懷海의 문하에 들어가 법을 이었다. 위산은 그가 주석한 대위산大潙山을 가리킨다. 제자로는 앙산 혜적仰山慧寂·향엄 지한香嚴智閑·왕경초王敬初 등이 있으며, 저술로『潙山警策』·『潭州潙山靈祐禪師語錄』이 전한다.

36 승조僧肇(383~414) : 중국 장안 출신의 스님으로 구마라집鳩摩羅什 문하 사철四哲의 한 사람이다. 처음에는 노장老莊의 학을 좋아하여 심요心要라 주장, 뒤에 지겸支謙이 번역한『維摩經』을 읽고 나서 불교에 귀의하였다. 구마라집을 스승으로 섬기어 역경 사업에 종사하였는데, 교리에 관한 한 구마라집 문하에서 으뜸이었다. 진晉나라 의희義熙 10년, 장안에서 나이 31세로 입적하였다. 저서는『般若無知論』·『涅槃無名論』·『寶藏論』등이 전한다.

37 산서山鼠 : 가란타迦蘭陀, 가란태가迦蘭駄迦, 가란타리가迦蘭陀夷迦라고도 하는데, 왕사성의 한 부자를 말한다. 그는 처음에는 외도를 신봉하다가 뒤에 부처님께 귀의하여 죽원을 바쳐 반바사라왕이 이곳에 절을 지을 수 있게 하였다.

38 자미紫微 : 제왕이 있는 궁궐을 가리키지만 여기서는 절을 말한다.

39 사오로四五路 : 염라대왕이 망자의 집에 파견하는 저승사자인 사직사자四直使者와 오제五帝를 그린 탱화.

40 장오檣烏 : 돛 위에 매단 까마귀 모양의 풍향계風向計를 말한다.

41 조하趙嘏의 장적일성長笛一聲 : 조하는 당唐나라 시인 조희일趙希逸을 말한다. 여기

서 장적일성은 조하의 시에 보이는 "별 몇 개 남았는데 기러기는 변방을 지나고 긴 피리 한 소리에 사람은 누대에 기댔다.(殘星幾點雁橫塞。長笛一聲人倚樓。)"라는 대목을 가리킨다.

42 저녁노을과 쓸쓸한~것이 아니며 : 왕자王子는 당나라 왕발王勃를 가리키며, 등왕각滕王閣은 「滕王閣序」를 말하는데, 그중에 "저녁노을은 쓸쓸한 물새와 나란히 떠 있고, 가을 강물은 가없는 하늘과 한 빛을 이루었네.(落霞與孤鶩齊飛。秋水共長天一色。)"라는 대목이 있다.

43 비 갠~것이 아니겠느냐 : 당唐나라 시인 최호가 황학루黃鶴樓에 올라서 지은 시에 "비 갠 강에 한양의 나무 역력하다.(晴川歷歷漢陽樹。)"라는 구절이 있다.

44 위제魏帝에게 허물~생각나게 한다 : 후한後漢의 이형禰衡은 오만하여 조조에게 밉보였다가 끝내 황조黃祖에게 죽임을 당하게 된다. 앵무주鸚鵡洲는 바로 이형이 묻힌 곳을 말한다. 「滄波詩話」.

45 손선孫仙이 천태天台에 오른 것 : 동진東晉 시대 시인 손작孫綽이 천태산天台山에 오른 것을 말한다. 그의 〈遊天台山賦〉에 보면 "아, 기묘하게 솟은 천태산이여. 분명 신명이 도와서 일으켜 세웠겠지.(嗟。台嶽之所奇挺。寔神明之所扶持。)"라는 구절이 나온다. 『文選』 권11.

46 이태백李太白이 올랐던 검각釰閣 : 검각은 검각산釰閣山을 말한다. 이백李白의 〈蜀道難〉에 "검각이 험난하게 우뚝하게 버티고 있으니, 한 사나이가 관문을 지키면 1만 명이 와도 열지 못하리.(劍閣崢嶸崔嵬。一夫當關。萬夫莫開。)"라는 시구가 있다. 『李太白集』 권2.

47 한유韓愈가 노닐었던 형산衡山 : 당唐나라 시인 한유가 형산에 올라간 것을 말한다.

동계집 제3권

|東溪集 卷之三|

대곡사 창건 전후 사적기

　내가 일찍이 소년 시절에 안동으로부터 이 절에 당도했을 때 눈썹이 긴 노승 네다섯과 문루門樓 위에서 마주보고 이야기하다가 눈을 들어 잠시 살펴보니, 그 골짝이 고르고 넓었으며 그 터는 네모반듯하였고 전각과 집이 우뚝하고 깨끗하여 그 소쇄함을 느끼고자 했으나, 갈 길이 촉박해 다 보지 못한 채 돌아왔다. 지금 그 일을 생각해 보니 거의 30년 전의 일이라 아득하기가 일장춘몽과 같다. 갑자년 봄에 나에게 법 조카뻘이 되는 탁린琢隣 상인이 금릉金陵의 황악산으로 나를 찾아와서는 소매에서 대곡사의 여러 문서와 창건에 관여한 이들의 기록을 내놓으며 그 사적문을 청하였다. 내가 재주가 졸렬할 뿐만 아니라 근래 병약하여 필묵을 놓은 지가 1년이 넘었지만, 천 리 길을 달려와 다시 청함에 거절하기가 어려워 부득이하게 가져온 기록을 살펴보니, 대곡사는 고려 말 공민왕의 왕사였던 지공指空 대사가 창건한 것이었다.
　지공 대사는 서천의 108대 조사이다. 인도로부터 동쪽으로 총사蔥沙[1]의 험준함을 넘고 육로와 해로로 10만 8천 리 바깥을 지나서 중국에 이르렀으니, 때는 원元나라 순종 황제 시절이었다. 순종 황제는 대사의 도덕을 흠모하여 국사로 삼고 대도의 대경수선찰大慶壽禪刹에 머물도록 명하였다. 이때에 우리나라 나옹懶翁 화상이 원나라에 가서 도를 구했는데, 지공의 오묘한 뜻을 이어받아 동쪽으로 돌아오는 날에 교화를 펼칠 땅을 구하였으니, 삼산三山과 이수二水 사이를 손가락으로 가리켰는데 대체로 지금의 양주 회암사檜岩寺가 그곳이다. 삼산은 삼각산이고 그 남쪽의 이수는 곧 양화楊花²와 모진毛津 두 물줄기를 말한다. 그 북쪽은 나옹 화상이 나중에 얻은 땅으로 큰 절을 세우고 싶어, 다시 원나라에 들어가서 지공 대사를 모시고 돌아왔다. 공민왕恭愍王 역시 지공을 왕사로 삼고 나옹에게 회암사를 세우도록 명을 내렸다. 지공 대사는 서천으로 들어가 사위국 나란타사의 격식을 본떠 돌아왔으니 대개 절의 80여 개 방, 큰 복도와 긴 행랑채, 긴 지붕이 확 트여 있어 서로 막힘이 없었다. 동쪽에서 보면 서쪽이요 남쪽에서 보면 북쪽이어서 한 방 안에 있는 것과 같았으며, 네 개의 방이 활짝 통하였다. 절이 크게 지어지자 사람들이 많이 모였다. 지공은 나옹을 머물도록 하고 주지로 삼았으니, 조사들의 교화를 크게 선양하고 이곳에서 노닐었다. 또한 대곡사를 창건했으니 큰 절이 되었다.

무릇 지공은 선문禪門의 산 성인으로, 하늘과 땅을 안목으로 삼았으며 산하를 살과 뼈로 삼고 풍운과 일월을 숨결로 삼았다. 안에서는 사람과 하늘이 존경하는 바가 있었으며, 밖에서는 제왕의 스승이었으니 한때는 사람들이 양나라 때의 달마에 비교하였다. 지리술에 이르러서는 특별히 지공이 한 땅을 택했으니, 이 땅은 지공의 옛 자취가 남은 터여서, 그 산천의 기이함, 신령의 뛰어남은 인간 세상의 사람들이 논할 바가 아니라는 것이 분명하다. 산과 절은 각기 두 가지 이름이 있는데 비봉산飛鳳山 대국사大國寺는 또한 지공 대사가 친히 지명한 것이다. 대개 봉황이 천 길의 산에서 날다가 사람의 덕이 빛나는 것을 보고는 내려온 것인즉, 지공이 대원大元과 고려 두 나라에서 놀았으니 봉황이 덕이 빛나는 것을 보고 내려온 것이 아닌가. 은밀히 그 뜻을 취하여 이로써 산의 이름을 삼은 것은 필연이다. 또한 이 절을 짓고 나라의 복을 크게 끌어올리고자 한 것도 역시 지공의 진실된 마음이다. 어떤 사람은 태행산太行山 대곡사라 한 것을 두고, 옛날 당나라 사람이 산을 지나다 가리키면서 "중국의 대행산이 언제 날아왔는지 모르겠다."라고 말한 것이 태행산의 유래가 되었다 한다.

대곡이라 하는 것은, 이 산에 넓게 펼쳐진 골짝이 동남쪽으로 벌어져 천백 갈래로 겹치고 구부러져 갈고리 같고 계곡들 입구의 강물 웅덩이가 십리에 걸쳐 여울을 만들기 때문에 세간에서 태행산 대곡사라 부르는 것이다. 그 절의 제도와 당우의 성대함은 비록 회암사에 미치지 못하나 또한 나라 안에 널리 알려진 절이다.

명나라 만력 연간의 임진왜란과 정유재란의 변을 맞이하여 천 년 된 보찰이 갑자기 하루아침에 잿더미가 되고 덩굴은 시들었으며 구름과 샘물의 흐느낌이 그치지 않았다. 을사년에 이르러 행운이 다시 일어나 좋은 인연이 왔으니, 탄우坦祐 대덕과 계은戒訔·경성敬性·계운戒雲 등 여러 선승들이 이 터에 나아가 의논하여 말하길 "아아, 이곳은 옛날 지공 화상이 지은 것인데 처참하게 섬 오랑캐들에 의해 불타 버렸다. 우리가 이를 보고도 차마 버려둘 수 있는가."라고 하였다. 이에 탄우 스님이 먼저 법당을 짓고 계은·경성·계운 등 세 스님이 기와로 지붕을 덮고 불상을 조성하여 봉안하였다. 설선說禪·우화雨花·백수栢樹·취운聚雲 등 네 당과 두월斗月·담월淡月·남월南月·원통圓通 등 네 요사채는 법선·태전·경미·혜린·인규·각심·수경·숭신 스님 등이 차례대로 힘을 기울인 것이다. 서상실西上室과 향로전香爐殿은 보정·태감 스님이 지은 것이며, 오십삼불전五十三佛殿과 시왕전十王殿은 덕잠·희묵 스님이 지은 것이며, 학열·처상 스님은 불상을 만들어 봉안하였으니, 범종각은 우뚝하고 불이문不二門은 제자리를 찾고 향적전香積殿은 높이 솟았다. 덕우·회옥·의화·도한·영민 등의 스님은 갑신년부터 계해년에 이르기까지 앞뒤로 절을 지은 이들이다. 후불後佛·괘불掛佛·삼장三藏·사오로四五路[3] 등의 탱화는 처연·영찬 스님이 맡은 것이다. 각일 스님은 성행당省行堂을 맡았고, 계인 스님은 극락전極樂殿을 맡았으며, 인관 스님은 법당을 개축했고, 지웅 스님은 계장階墻을 만들고, 영옥 스님은 전장田庄을 베풀었으며, 도진 스님은 큰 종을 주조하고, 대징 스님은 금수레를 만들었고, 유철 스님은 큰 북을 만들었고, 도청 스님은 금고禁鼓를 맡았으며, 석매 스님은 경함經函을 맡았고, 담일·회해 스님은 불기佛器를 맡았고, 경해·인지 스님은 바라鈸鑼를 맡았고, 상주 스님은 대상大象을 맡았으며, 경신은 동해東海[4]를 맡았고, 조헌 스님은 큰 시루를 맡았으며, 조은 스님은 운판雲板 등을 담당하였다. 비록 사물이 크고 작고 기물이 정밀하고 거친 차이가 있으나 그 용도로 이르면 모두 빠뜨릴 수 없는 것이니, 이런 물건들이 있은 연후에 절의 모양이 갖추어졌다. 그것은 태산이 흙덩이를 사양하지 않는 것과 같은즉 작은 먼지 조각을 사양하지 않으며, 강과 바다가 작은 물줄기조차 가리지 않는즉 바야흐로 골짜기들의 우두머리인 것이다.

무릇 절은 군에서 북쪽으로 50리에 있는데 산은 용이 서려 있고 봉황이 날아오르는 기이한 형상이다. 지공의 넓고 두터운 도덕으로 이미 나라의 복을 무궁하게 드날렸으니, 절의 공력이 나라와 깊이 관계되는 것이 아닌가. 지공의 도를 돌아보면 나옹에게 전해지고 나옹은 우리 태조의 스승이 되어 경제를 강론하는 틈에 저 한양 300년의 큰 토대를 상의하여 신성한 자손으로 하여금 지금까지 서로 이어받아 누리게 한 것이니, 이는 나옹의 공인데 주소周召[5]와 비교하더라도 차이가 없다. 그런데 후손에 이르러 불교를 초월楚越[6]처럼 여기게 되었으니 그것은 나옹의 공을 크게 저버린 것이다. 회암과 신륵 두 절은 대개 나옹 대사의 절로 지금은 모두 무너진 채 버려져 조금도 돌보지 않고 있는데, 하물며 이 지공이 노닐던 땅은 어떻겠나. 그런즉 고금에 사라지지 않는 것은 도이며 시종을 극복할 수 없는 것은 사람이다. 아, 천지의 움직임과 멈춤을 보고 만물변화의 추이를 살피면 육기는 변화가 무궁하다. 네 계절로 바뀌는 것은 운수인즉 이치가 비록 하나이지만 사물의 변화에 많은 원인이 있으므로, 성인이 태극을 살피고 우주를 베껴서 오행을 추측하고 팔괘를 그려 주역의 도를 이루었다. 대개 순박함은 흐트러지고 길함과 흉함은 그것을 좇으며 길함·흉함·뉘우침·아낌은 부류에 따르며, 천하에 이르러서는 도가 행해지면 성인이 만물을 번창하게 하며 도가 행해지지 않으면 물러나 은밀하게 감춘다. 저 지공과 나옹은 모두 때를 보고 나타났으며 때를 당하여 돌아갔으니, 어찌 세상의 선악을 가지고 평생 고락에 시달리겠는가. 지금 구차스러운 한 조각의 땅으로 천만세에 신의 자취를 남기고 세상의 변화와 만물의 융성함과 침체함이 구름과 연기같이 일어났다 사라지고 꿈속의 몽롱함과 같으니, 언제 지공·나옹 같은 무극지인들의 경지에 관계할 수 있을까. 내가 지공·나옹 부자의 풍격을 깊이 사모하는 뜻이 있었는데, 이제 인隣 상인의 청에 따라 절의 고적을 거칠게 썼으며, 또한 두 대사가 저술한 실마리를 서술하여 돌아가는 편에 부친다.

大谷寺創建前後事蹟記

予嘗在少年之日。自花山路。經于是寺。有厖眉老宿四五輩。對予于門樓之上接語。移時予暫時寓目。則其洞壑平寬基址方正。殿閣輪奐。房寮潭濟。雖愛其瀟洒。仍行忙。未能領略。而歸于今想之殆。將三十餘年之久。怳若一場夢。在甲子春。有琢隣上人於吾爲法姪也。訪予於金陵之黃岳。袖出大谷寺衆書及寺之前後創建人之名錄而致之。請其事跡之文。予非獨才拙。近以衰病廢文墨久矣。不爲之操筆。越一年。又以書走千里。再請之勤。遂重違上人之請。不得已就其來錄而觀之。寺盖麗季恭愍王師指空大師之所創者也。指空乃西天一百八代祖師也。以遊化。自西域。東逾葱沙之險。梯航歷踏十萬八千里之外。至于神州。卽元順宗之時也。順宗皇帝欽師道德。拜爲國師。命住大都大慶壽禪刹。時我國懶翁和尙。入元求道。承指空之玄旨。東還之日。求其演化之地。則指點三山二水之間。盖今之楊州檜岩寺是也。三山以三角之山。在其南二水。卽楊花毛津兩水。在其北也。懶翁後得其地。欲建大伽藍。再入元朝。奉指空大師而來。恭愍亦拜爲師。命懶翁建檜巖寺。指空大師。旋入西天。摸畫舍衛國羅蘭陀寺制而還。盖其寺八十餘房。大廡俙廊。踈敞洞豁。無相隔碍。東望而西。南觀而北。如坐一室之內。洞開四戶也。寺大成。衆大集。指空留懶翁爲其住持。大揚祖化。遊歷于此。又賑大谷寺。爲大伽藍也。夫指空以禪門活聖。以天地爲眼目。山河爲肌骨。以風雲日月爲氣息。入則爲人天之尊。出則爲帝王之師。一時之人以梁朝達磨比之。至於地理之術。特指空之一毛髮耳。此地旣爲指空遺蹤之處。則其山川之異。地靈之勝。非世人之所可論者明矣。山之與寺。旣各有兩名。而飛鳳山大國寺者。槩亦指空之親所指命者也。盖鳳翔于千仞之岡。覽人之德輝而降。則指空之來游於大元高麗兩國。非鳳之覽德輝而降者耶。暗取其旨。以名其山者必也。又創玆寺而欲鴻揚其國祚者。亦指空之誠意乎。或曰太行山大谷寺者。昔有唐之人。過山而指之曰。中國大行山。不知何日飛來乎。此以太行之山。有大谷。而此山亦開張洞壑。哈呀向巽。爲千重百曲之鉅。谷谷之口。有江匯瀁。爲十里之灘故。俗呼爲太行山大谷寺云耳。其寺之制。堂宇之盛。雖未及檜岩。然亦爲一國之叢林也。逮萬歷丁壬之變。千年寶刹。遽作一朝之焦土。烟蘿憔悴。雲泉嗚咽而已。至乙巳歲。寶運重興。勝緣再來。有坦祐大德。與戒訔敬性戒雲等諸禪。就於玆址。相與謀曰。嗟乎。此乃古之指空和尙所創者。而慘爲島夷之所燬了。吾等其忍視而等棄之耶。於是祐公。先構法堂。訔性雲三人。從以瓦盖之。造佛像以奉安之。其說禪雨花栢樹聚雲等四堂。斗月淡月南月圓通等四寮。有法禪太顚敬眉惠璘印圭覺心秀瓊崇信等。相次而用力者也。西上室香爐殿。普淨太鑑之所創也。五十三佛殿十王殿。德岑熙嘿所造。而學悅處祥造其像而安之。至於泛鍾閣之嵯峨。不二門之有序。香積殿之嵬然。德祐懷玉義和道閑靈敏等。自甲申至癸亥。前後以建者也。後佛掛佛三藏四五路等幀處連靈贊之所務也。覺一之省行堂。戒仁之極樂殿。印寬之改法堂。智雄之造階墻。靈玉之施田庄。道眞之鑄大鍾。大澄之造金輦。惟哲之成大鼓。道淸之禁鼓。碩梅之經函。淡一懷海之佛器。敬海印暹之鈸鑼。尙珠之大象。敬信之東海。祖軒之大瓿。道闊之雲板等。雖物有大小。器殊精粗。至其所用之地。皆不可以闕者也。有此等物然後。寺樣方成。其猶太山。不讓土壤。

則不辭片埃之微。河海不擇細流。則方爲衆壑之宗者也。夫寺在郡北五十里。而山之形有龍蟠鳳翥之奇。以指空道德之洪厖旣揚國祚於無窮。則寺刹之功。豈不關重於國家哉。顧指空以其道。傳之於懶翁。懶翁爲我太祖之師。講論經濟之餘。相夫漢陽三百年之丕基。而使聖子神孫。至于今相承而享之。則其懶翁之功。直與周召無異。而至于末裔。視釋氏。如楚越。其於懶翁之功。深有所負也。而至於檜岩神勒兩寺。皆懶翁之園舘。而今皆廢棄。不見一毫之俯護。則況玆指空所遊之地乎。然則古今不亡者。道也。始終不克者。人也。噫。觀天地之動息。審萬化之推移。六氣之變化者無窮。四時之遷改者。數。則理雖有一貫。物化多端故。聖人觀太極而摹大象推五行而畫八卦。易道成焉。盖大朴旣散。休咎從之。吉凶悔吝隨類。以至天下。有道則聖人與物昌之。無道則退藏於密。彼指空懶翁。皆觀時而來。[1] 應時而去。豈以世之臧否。用休戚於其間哉。今以區區一片之地。留神寄跡於千萬世。而世之變態。物之隆替。如雲烟之起滅。夢寐之悅惚。何嘗關於指空懶翁無極至人大方之境哉。予於指空懶翁父子之風。深有嚮慕之志。今仍璘[2] 上人之請。粗述其寺之古蹟。亦敍二大士作述之緖業以書之。附便之歸也。

---

1) ㉮ '觀時而來' 네 자가 난 밖에 '來觀時而'로 판각되어 있는데 여기서는 편찬자가 '觀時而來'로 고쳐 놓았다. 2) ㉯ '璘'은 '隣'의 오기인 듯하다.

비슬산 용흥사 사적기

　무릇 천하 사람들은 동국의 산천을 가리키며 천하 최고의 산은 삼신산이라고 하는데, 대체로 여기에는 까닭이 있다. 옛날 진시황의 폭정으로 말미암아 봉래에서 노닐 것을 상상하며 공자 같은 성인도 동해로 떠가기를 원했으니, 세상의 현자나 불초한 사람이나 우리 동방을 신선의 고향으로 여기지 않은 이가 없는즉, 하물며 영남 가운데에 있는 금오산 곁이겠는가. 무릇 영남의 산천은 비록 물줄기 하나, 언덕 하나일지라도 금오산의 빼어난 기운의 나머지가 아닌 것이 없다. 옛날 내가 낙동강 가를 따라 상류를 지나는데 푸른빛이 끝이 없더니, 그곳이 비슬산琵瑟山임을 알았다. 신유년에 나는 비슬산 남쪽의 용흥사龍興寺에 노닐면서, 봉황 같은 산굴과 용 같은 언덕이 단단히 연이어 있고 촘촘하게 끌어안고 있는 샘과 골짝이 맑고 깊은 것을 보았다. 경내의 땅이 넓고 비옥하여 완연히 세상 밖의 이름난 곳으로 두루 돌아갈 생각을 잊었다. 이에 머물러 노닐며 삼백三白[7]을 맞았는데 계해년 여름에 절의 여러 스님들이 나에게 "이 절은 지어진 지 오래되었으나 사적의 전말이 기록되지 않았다. 그대는 문필에 종사하니 글을 써 달라."라고 말하였다. 이에 말하길 "나로 말하면 학문은 이치에 이르지 못하고 글은 나아갈 방향을 모르는데 어찌 그 청에 따를 수 있겠는가."라고 하였다. 그러나 끈질기게 청하는 바람에 뿌리치지 못하고 청을 받아들여 "이 절은 언제 지어졌으며 지은 사람은 누구인가?"라고 물었다. 눈썹이 두터운 노승이 말하길 "들기로는 신라 때 지어졌으며 고승인 관기觀機가 이 절을 짓고 편액을 용흥이라 했다."라고 말했다. 그 후에 병화를 여러 번 거치면서 불타 없어진 지 오래되었다. 그러다가 도인인 각료와 단사인 곽항이 다시 일으켜 세우고 이름을 바꾸어 요항사了恒寺라 했는데, 그 두 사람의 이름을 취한 것으로, 이름이 알려진 것은 고려 시대였다.

우리 조선 만력 연간에 임진란을 맞아서 절은 왜구들에 의해 짓밟히고 화려한 절집은 다시 불타고, 오직 나한전만이 풀섶 아래 파묻힌 채로 황폐하게 홀로 남았다. 갑인년 여름에 이르러 지혜 스님이 그 터를 보고 "이것이 요항사의 터가 아닌가."라며 개탄하더니, 동지를 거느리고 우거진 것을 베어 내고 모래와 자갈을 걷어 내고 계단을 높이 쌓고 바닥을 단단하게 다지니 완연하게 그전과 같아졌다. 마침내 그 곁에다 초가집을 지어 머물렀는데 어느 날 저녁에 어떤 스님이 씨를 뿌리다가 무엇이 호미에 부딪치며 쨍그랑 소리가 들려 파 보니, 바라 한 짝이 있었고 용흥사란 글자가 새겨져 있는데 자획이 분명하여 상고할 수 있었다. 혜공 등이 기뻐 말하길 "지금 산신령이 지신을 시켜 비밀스런 기록을 보여 준 것으로 이는 절을 복원하라는 징표가 아니던가."라고 하였다. 즉시 용흥으로 그 절의 편액을 고치고 나한전 기둥의 구부러진 곳을 고치고 온전한 기와로 바꾸고 빠진 곳을 기우고 십육나한을 비호하였다. 이때에 혜공이 안선지당安禪之堂을 건립하고 선오 스님에게 권하여 모연의 책임자가 되도록 하였으며, 당이 지어지자 혜공은 스님들을 초청하였는데 편안히 머물다 때를 기다려 오는 일이 거의 20년에 이르렀다.

　백양의 해에 학순 스님에게 권하여 서상실西上室을 지었는데 지금의 명부전冥府殿이 그것이다. 사경 스님은 양로당養老堂과 괘월당掛月堂을 지었는데, 지금은 고쳐서 영월료詠月寮가 되었다. 푸른 돼지의 해에는 성오 대사가 대웅전을 지었으며, 신사년에는 신종·선규·계훈·석륜 스님이 승당을 지었으며, 옥령 대덕이 불상을 조성했으며, 선오 스님이 또 나한상과 불전을 중수하였다. 을유년에 홍인 스님이 종각을 지었으며, 기축년에는 신종 스님이 상동실上東室을 조성하였다. 경인년에는 홍연 스님이 금화당金華堂을 지었으며, 신묘년에는 도신 스님이 관음전觀音殿을 지었는데 지금은 편액을 바꾸어 백설료白雪寮라 한다. 정묘년에는 성진 스님이 극락전極樂殿을 지었다. 만월滿月·청운靑雲 두 당은 무오년에 사중이 힘을 모아 건립한 것이다. 신유년에는 철심 스님이 향적전香積殿, 나한전의 동사東舍, 극락전의 서헌西軒, 문수文殊·향로香爐의 작은 방을 조성했는데, 오른쪽 당과 요의 앞뒤에 위치한 것이다. 계해년 가을 나는 절 사람들에게 말하길 "이 절의 터는 뒤가 높고 앞이 낮다. 절의 모양 또한 그 형세를 헤아려 짓는 것이 아닌가. 행랑채와 복도가 길지 않아 그 앞을 가로막는 탓에 앞을 볼 수가 없으며 단지 그 뒤만 볼 수 있을 뿐이다. 스님이 앞에 담장을 쌓고 그 위에 긴 행랑을 지어 앞에 장막을 두른 것 같다."라고 하였다. 이때에 주지인 종혜 대덕을 불러서 그 일을 감독하도록 하였다. 무신년에 이르러 장랑長廊 네 채와 불이不二·금강金剛 건물이 지어졌는데, 네 건물이란 영월詠月·홍하紅霞·관세灌世·채운彩雲 등이다. 세간의 도구와 쇠북 등 속들을 말하면 선정·수원 스님이 힘을 합해 갖가지를 구비하였으니, 절의 격식이 모자람이 없었다. 이때에 전殿·각閣·당堂·실室이 기러기 같은 처마에 원앙 같은 복도를 갖추어 나는 듯하고 조용했으며, 단청으로 그려 놓은 흰 수레가 환히 빛났다. 등불 빛과 종고 소리가 육시六時[8]에 그치지 않았으니, 대체로 강 왼편에서 손꼽는 절이 되었던 것이다.

아, 무릇 절이 세워지게 된 데에는 유래가 있는바, 옛날 후한 명제 때 불법이 중국으로 들어왔으니 마등摩騰[9]·법란法蘭[10] 두 인도승이 채음蔡愔[11]을 따라 낙양에 이르자, 황제가 보고서 크게 기뻐하고 인도의 절같이 세워 주기를 청하여 낙양성 동쪽에 처음으로 백마사가 세워졌다. 아울러 성의 안팎 십여 군데에 절을 지어 승니를 도와 머물게 하였으며, 그 후에도 인도승이 오면 곧 절을 지어 머물게 하였는데 단지 약간의 당사堂社일 뿐이었다. 달마가 양나라에 들어와 선법이 크게 천하에 현양하게 되면서 불교 대중이 집에 먼지처럼 모였으며, 당나라 백장 대지百丈大智[12] 선사에 이르러 도가 크게 이루어지고 대중도 많아졌다. 크고 넓은 집이 아니라면 조사들의 가르침을 현양하고 황제의 복을 축원할 수 없으니 이에 큰 건물을 지어 총림이라 부르고, 법을 만들어 대중을 머물게 하여 향화에 힘쓰고 임금의 장수를 빌고 세상에 부처의 교화를 알리고 백세에 조사의 기풍을 떨치니, 총림을 짓는 것이 어찌 세상의 양민과 더불어 여염閭閻에 머무르며 나그네로 하여금 집으로 사용하게 하는 것과 같다고 하겠는가. 이러한 까닭에 천하 변방의 군신들은 중국의 풍습을 사모하고 또한 총림을 지어 조종을 이어 갔으니, 신라의 일천 개 보비처나 고려의 오백 선찰이 그런 종류이다.

아, 무릇 지령地靈의 성함과 쇠퇴함, 사람과 사물의 영화와 쇠퇴, 나라의 흥성과 멸망, 총림의 창건과 쇠락은 모두 세상의 운수에 달려 있으니, 이 절 역시 관기·각료·지혜 등 세 사람을 만났을 때 지어지고 흥성했으며 영화로웠고 성대하였다. 생각해 보면 그때에 나라 역시 창건의 흥함과 영화의 왕성함을 더불어 즐겼으며, 병화의 재앙이 미치면 절과 나라가 같이 쇠퇴해지고 멸망하는 참변을 면할 수 없었다. 그런즉 총림이 지어지고 허물어지는 것이 나라의 흥망과 똑같이 관계되는 것이 아닌가. 어찌 총림만 특별한 것인가. 혹 하나의 사물에 있어서도 이와 같지 않은 것이 없으니 나라도 어쩔 수 없이 이것과 매여 있는 것이 아닌가. 지혜·성오 등 여러 스님들이 힘을 다하는 때를 맞이하여 나라는 일기가 순조로웠으며 백성들은 할 일을 즐겼으니, 선함을 좇는 것이 물 흐르는 것 같았으며 세월이 가면서 익어서 한번에 근본이 세워졌다. 대중의 선함이 모여진 까닭에 수백 개의 총림이 경영되어 뭇 사람들이 좋아했으니 마치 자식들이 와서 혜공이 때를 기다림을 도와주는 것 같았다. 그 생각하는 바가 깊었으며 그 도모하는 바가 원대했다. 관기의 성스러운 자취를 싣고 있는 지지地誌[13]에는 "신라 때 관기·도성 두 고승이 있어 같이 포산의 남과 북에 숨어 지냈는데, 십여 리를 떨어져 지냈지만 서로 자주 만났다. 도성이 관기를 부르고 싶으면 산중의 나무들이 모두 남쪽으로 구부러졌으며, 관기가 도성을 부르고 싶으면 나무들이 모두 북쪽으로 누웠다."라고 했다. 포산은 이 산의 다른 이름인데 어떤 사람이 찬미하기를 "서로 찾아 달빛 밟고

운천을 희롱하니 두 노인의 풍류 몇 백 년 되었나. 골짜기에 가득한 안개와 노을 고목에 어렸는데, 구부렸다 일어서는 찬 그림자 아직도 서로 맞는 듯."이라고 했는데, 그 신이한 행적은 내가 말할 필요도 없이 세상에서 이미 알고 있다.

또한 산을 비슬이라 하고 절을 용흥이라 하는데, 대개 산맥은 금강산과 오대산에서 내려와 낙동강 복판을 가로막고 산줄기에 의지한 채 성주·밀양·현풍·창녕 사이에 위치하였다. 거만한 형세가 마치 비파 같아서 그리 지은 것이다. 산의 기세 또한 북으로부터 남쪽으로 노니는 용과 같이 날아오르다 절의 뒤편에서 멈추고 머리를 높이 쳐들어 절의 주봉이 되었다. 그 정상에는 거석이 있으니 우뚝 솟은 것이 마치 용의 뿔 같은데, 세속에서 관기봉이라 하는 것은 관기가 노닐던 장소이기 때문이다. 또한 관기봉으로부터 그 형세가 다시 일어나 굼실거리다 동남쪽 모퉁이로 움직이며 치달려 60리 지점에서 우뚝 솟아 울타리가 되었으니, 창녕현의 주산인 관룡산이다. 비슬산과 관룡산은 창창하게 고을의 남과 북에서 마주하고 있는데, 관룡산의 줄기가 이윽고 일어선 까닭에 용흥을 절의 이름으로 삼았으니 참으로 마땅하다. 무릇 심어진 것은 북돋워 주고 기울어진 것은 엎어 버린다고 하였는데, 참으로 하늘의 도는 그런 것이다. 그 변하지 않는 바를 본다면 바다와 산의 기울어짐과 옮겨짐, 세상의 뒤집어짐 그리고 음양의 쇠퇴와 융성, 고금의 오고 감이 있으니, 그 사이에서 한 점도 관여하는 것이 없고 물아가 모두 끝이 없다. 이것은 부처가 말한 청평 세계로 우리나라를 위하고 큰 원각으로 우리 절을 위하는 것이다. 나는 이 말을 여러 산령에게 붙여 장차 한 덩어리의 언덕과 골짝, 한 구역의 가람을 돕도록 하여 그에 의지하여 청평의 세계로 돌아갈 것이니, 깨달음의 땅은 삼재의 해가 없으며 사겁四劫[14] 동안의 침입이 없으므로 천만 년 무궁하기를 기약하며 또한 나아가 그것을 노래한다.

대지의 기운이여
정영精英이 모여 있도다
흩어졌다 모여 생긴 산천
빼어나고도 넓구나
높고 높도다
저기 보이는 삼산三山이여
우리 동방에 우뚝 솟았도다
동방산수東方山水의 빼어남과 화려함이여
부처 나라와 신선 궁전이 되었도다
더구나 고개 근처 오산鰲山의 곁이라니
비슬산毗瑟山만이 튀어나와 산 중의 최고 되고
성주 낙동강을 넘어서 창녕·밀양에 웅거했지
배와 수레 지키는 중요한 요새로
천고의 세월 한적하고 편안했지
울창한 푸른 산, 아득한 아지랑이여
만고의 신선 고향일세
낙동강 물은 넘실대고
포산苞山은 화기가 서려 있네
만 길의 붉은 벼랑 천 길의 푸른 절벽
험하기가 학굴鶴窟처럼 위태롭네
나는 배회하면서 돌아가지 못한 채
적막과 무위를 도모한다네
아, 붓을 놀려 산의 아름다움을 짓자니
절벽을 더럽히고 산에 흠을 냈네
손공孫公[15]과 백부白傅[16]의 천태天台·용문龍門 노래 되길 바랐지만
금성金聲[17]과 월운月韻[18]의 시 욕되게 했을 뿐이네

琵瑟山龍興寺事蹟記

夫天下之人。指東國山川。爲天下最者。以其爲三神之山。皆在於此故也。故以秦皇之暴。想游蓬萊。夫子之聖。思浮東海。而世之賢。不肖之人。莫不以吾東爲仙鄕。則况嶺國之近在鰲山之側者乎。然則凡山川之在嶺國者。雖至一水一丘。莫非鰲山孕秀之餘者也。昔予由洛江之上。而過水上。有碧無限者指點知其爲琵瑟山也。歲辛酉。予游龍興寺在琵山之陽。卽見鳳岫龍岡。鉤聯擁密泉壑淸邃。境壞爽沃。宛爲衆外名區遂樂而忘歸。仍留屐而邊周三白也。在癸亥夏。寺之諸德。語予曰。玆寺也。創旣久而未紀寺蹟之顚尾。子其操觚而洒翰也。曰若予者。學不足以窮理。文不足以知方。烏得以從所諸乎。請德請益膠辭。不獲已乃徵之曰。盖此寺之創在何世也。創之人其誰耶。有尨眉老宿對曰。聞在新羅之世。有高僧觀機。創是寺。扁曰龍興焉。厥後累經兵火。焚廢久矣。卽道人覺了與檀士郭恒。重復改名曰了恒寺。取其二人之名。而名之乃高麗時也。至我朝萬曆壬辰。爲倭寇之蹂躪。華堂梵宇。再爲煨燼之場。而惟羅漢一殿。沒在藤蘿下。頹然獨存。至甲寅之夏。有僧智惠。見遺址。慨然曰。此非了恒寺之基乎。乃率同志。芟剔蒙翳。刻去砂礫。則其階砌之崇。磚礎之堅。宛然如昨。遂就其傍。而結茆居之。一夕有僧。種菜之際。有物觸鋤鏗然作聲。乃掘而得波鑼一隻。有刻龍興寺字。字畫分明可考。惠公等喜曰今有山靈。使地媼呈其闕記。此非得復是寺之徵耶。卽以龍興改其所居扁。就羅漢殿柱之橈者。改以之正瓦之。缺者揳以補之。以護十六聖軀也。於是惠公乃建安禪之堂。勸僧禪悟。爲募緣之主。堂旣成。惠公乃招集緇流。燕晏而居待時之來者。幾二十年。至白羊之歲。乃勸僧學淳。創西上室。卽今之冥府殿是也。僧思敬建養老堂及掛月堂。今改爲詠月寮也。在靑猪之年。有性悟大師創大雄殿。於辛巳有信宗善圭戒薰碩倫。建僧堂。有玉玲大德。成佛像。禪悟又重修羅像殿。乙酉弘印。建鍾閣。己丑信宗。造上東室。庚寅弘衍。創金華堂。辛卯道信。作觀音殿。今改額白雪寮者也。至丁卯性眞。建極樂殿。其滿月靑雲兩堂。則在戊午。寺衆協謀而建者也。辛酉哲心。造香積殿。其羅漢殿之東舍。極樂殿之西軒。文殊香爐些小之室。在右堂寮之前後而造者。在癸亥之秋。予語寺衆曰。盖此寺之基址後高而前低。堂舍之勢。亦未卜其形勢以制之。無長廊脩廡。掩蔽其前。可謂不顧其前。但瞻其後者歟。師築長坍於前。建長廊於上。以爲前藩也。於是囑住持宗惠大德。董其役。至戊辰長廊四舍。及不二門金剛二成。四舍曰。詠月紅霞灌世彩雲等舍也。至其什用之具鍾鼓之屬。有禪定守元。同爲俱俱。百色俱成。寺樣無歉也。於是殿閣堂室鴻簷鶩廡。翼翼潭潭。施丹艧而用繪素輪焉奐焉。香燈之明。鍾鼓之聲。不絶於六時。殆爲江左之叢林也。噫。夫叢林之設。有自來矣。昔在漢明之時。佛法入中國。則有摩騰法蘭二梵僧。隨蔡愔而至洛陽。帝見而大悅。請西國寺院之制。始創白馬寺於洛陽城東。又創寺於城內外几十餘所。度僧尼而使居之厥後有西僧之來游者。輒建寺而留之但若干堂社而已。至有達摩之入梁也其禪法大揚於天下。其法衆坋集於屋宇。至唐世有百丈大智禪師。以爲道既太矣。衆既盛矣。若非大厦廣宇。無以揚祖敎。而祝皇祚。於是乃創大棟宇名曰叢林。制規繩而處其衆。勤香火而祝聖壽。揚佛化於天下。振祖風於百世。則叢林之作。豈與世之養民。庶之閭閻留使客之廨宇。同其築哉。以故至夫天下外藩之君臣。慕中華之風。而亦建叢林以永祖宗。宗社之福。則其新羅之一千禪補。高麗之五百禪刹。即其流也。噫。夫地靈之盛衰。人物之榮悴。國家之興亡。叢林之創廢。皆關於世數。則此寺亦當乎觀機覺了智惠等三人之際創之興之。榮之盛之。想有其時之國家亦與之創以興之榮以盛之之樂也。及其兵燹之禍。寺刹與國家。俱不免衰悴廢亡之慘也。則叢林之創廢。非與國家之興亡同所關者哉。豈特叢林哉。或至一事一物。莫不如斯。則當乎國家者不可不以此係其念也哉。至夫智惠性悟等諸德。當乎毀刀之際。家國安寧風雨調順。民樂其業。從善如流。歲有其稔。一役纔擧。衆善畢集故。其營數百架之叢林。衆人樂之。如子來而神柴惠公之待時。其所慮也深。所謀也遠也。其在觀機之聖跡。備在地誌曰。新羅時有觀機道成二高僧。同隱苞山南北。相距十餘里。每相過從。成欲致機。則山中樹木。皆俯南。機欲致成。則樹木皆北偃云。苞山乃此山之異稱也。有人讚曰。相過踏月弄雲泉。二老風流幾百年。滿壑烟霞餘古木。低昂寒影尙如迎。則其神異之跡。不待予言。而世已知之矣。且山之爲琵瑟。寺之爲龍興者。盖山之脉。自金剛五臺而來。枕洛心據嶺腹。跨星密玄昌四州之間。其勢偃然。若琵瑟之形故也。山之勢。又自北而南。如游龍之矯矯。而止寺之後。昂然擧首。爲寺之主峯。其頂有巨石。屹然而立如龍角。俗謂之觀機峰。以觀機之所遊處故也。又自觀機之峯。其勢重起逶迤。震巽之隅。奔至六十里許。嵬然大藩。爲昌縣之主者。觀龍山也。則兩山蒼蒼相對於一邑之南北。以觀龍之脉。旣興於此故。以龍興名此寺。固其宜矣。若夫培栽傾覆。固天道之常然。以其不變者觀之。則海岳之傾遷。人世之翻覆陰陽之消長。古今之往復。無一點相干於其間者。而物與我。皆一無窮也。此釋氏所謂以淸平世界。爲我國土。以大圓覺。爲我伽藍者也。予將此語。附諸山靈。將以此一塊之丘壑。一區之伽藍擔而阿之。轉歸於淸平之界。圓覺之地而不爲三灾之所害。四劫之所侵。將期於千萬年之無窮也。又從而爲之歌曰。

大塊之氣兮。有精英之蘊兮。洩而布結爲山川之秀兮。有湯湯兮。嶬嶬兮。瞻彼三山兮。屹在我之東兮。維東方山水之秀且麗兮。爲佛國與仙宮兮。况嶺近在鰲山之側兮。惟琵岳逾爲嶺之最兮。跨星洛而據昌密兮。鎭舟車之要會兮。穹隆窅窕乎千古。積翠葱蘢乎杳靄兮。爲萬古之仙區兮。洛水洋洋兮。苞山藹藹兮。丹崖萬丈翠壁千尋兮。有揉岩鶴窟之危兮。予得盤桓而不去兮。圖岑寂而無爲兮。羌弄管而摛山之藻兮。爲壁玷而山疵兮。想孫公白傅之賦。天台與龍門兮。媿夫金聲月韻之辭兮。

밀양 재악산 영정사 전후 창건기

 밀양은 영남의 이름난 고을인데 그 풍토의 아름다움과 산천의 빼어난 경치 때문이다. 고을에서 동쪽으로 50리 되는 곳에 푸르게 울창한 곳을 재악載岳이라고 하는데, 그 산속에 있는 절을 영정靈井이라 한다. 산은 오대와 태백에서 내려와 이리저리 남쪽으로 달려왔으니 몇천 리를 내려와 이곳에서 멈추어 겹겹으로 바위와 봉우리가 되었으며, 구름이 쌓이고 물결이 무너지는 듯 우뚝하게 치솟아 호랑이가 웅크리고 독수리가 깃들어 있는 듯 울타리를 만들고, 봉황이 날아오르듯 용이 서려 있는 듯 갈고리가 연달아 둘러 있는 듯 큰 골짝을 만들었다. 시내들이 모여 들어 하나의 큰물을 이루었고 굽이굽이 몇 차례 건너 이곳으로 들어오니, 소위 물은 윤택하고 구름은 많고 수레가 거의 오지 않는 곳이다. 산의 메마른 땅은 낙엽이 수북하고 대숲을 등지고 구름을 누르면서 시원스럽게 툭 트여 있으니, 남향의 터가 옛날에 이루어진 것이다. 처음 그 터를 점지한 사람은 황발 노선이다. 신라 시대 황발 노선이 서천에서 와 이곳에 은둔하고 있었는데, 어떤 이인이 병에 걸려 그를 찾아와 치료 방법을 구하자 신선이 흐르는 샘물을 가리키며 "이 물을 마시면 그 병이 나을 것이오."라고 하였다. 이인이 가르쳐 준 대로 하자 효험이 있었다. 그가 놀라며 감사하면서 "신선께서는 대성이십니다."라고 하였다. 그리고 나가서 향인鄕人들에게 말하니 듣는 사람들이 기뻐하면서 다투어 재물을 보시했고 이를 근간으로 절이 세워졌다. 그 샘물을 영정이라 불렀는데, 절의 동쪽 모퉁이의 작은 샘이다. 네 국사가 있을 때에 물이 솟다가 그쳤다. 대중이 늘어나고 사세를 떨친 자취는 사적寺蹟에 갖추어 실렸으므로 이제 번거롭게 말하지 않겠다.
 임진·정유 난 이후에 혜징 스님이 계셨는데, 호남 사람으로 호남에서부터 영남으로 와서 놀며 구경하다가 이곳에 이르러 마침내 무너진 터를 복원했으니, 우선 금당을 짓고 다음으로 법당을 지었다. 동지·각능·도전 등 16명의 개사開士[19]가 혜징 스님의 유지를 이어 앞서거니 뒤서거니 20여 년간 다투며 힘을 다하여 온갖 것이 갖추어졌으나, 산이 험하고 땅이 깊어 머무는 스님이 드물어졌다. 기축년에 이르러 태수인 황 공이 이 절에 들렀다가 사방을 둘러보고는 여러 스님에게 조언하기를 "이 절은 서남 방향이 비어 있는데 물이 그 방향으로 흐르고 있어 마땅히 긴 회랑을 지어 이로써 그 결함을 덮어야 한다. 그러면 그대들이 생활하는 데 이득이 될 뿐 아니라 흩어졌던 스님들이 모여드는 상서가 있을 것이다."라고 하였으니, 총섭인 삼학이 곧 회랑을 지었다. 강희 기미년에 문득 화기가 엄습하는 변고가 있어 법당法堂·명부전冥府殿·선당禪堂이 모두 불타 버렸다. 사중들이 상의하여 말하길 "이번 환란은 실로 승사僧舍에서 시작되어 법당으로 번진 것이니 일찍부터 머물렀던 승려들을 행랑으로 옮겨 가도록 해야 합니다."라고 하였다. 거듭하여 의론하여 말하길 "이전의 법당은 규모가 작아서 산의 형세가 높고 큰 것과는 어울리지 않습니다."라고 하였다. 이에 탄영·상순 등 33명의 선승에게 명하여 공덕주를 맡고 혹 성조成造를 짓고 혹 단청을 하고 혹 기와를 만들고 혹 땅을 고르고 혹 철물을 다루고 혹 복전을 짓게 했는데, 대중도 일을 같이 했으며 숱한 공장이들이 기술을 보탰다. 경신년에 크게 동우棟宇를 지었는데 웅장하고도 아름다워 낙동강 왼편에서는 첫째였다. 도총섭인 지월 역시 영조인 중추부사 박재흥朴再興을 이끌어 단청의 시주자가 되게 하였다. 다음 해에는 도한·신일·계화·회소·대윤 등이 명부전을 지었다.

아아, 시간에는 선후가 있으며 일에는 득실이 있다. 선후는 사람에 해당되고 득실은 운수에 해당된다. 지금 이 절을 본다면 앞서 황발 노선이 있었으며 네 국사에 이르렀다. 혹 신라 시대 혹은 고려 시대에 절이 지어지고 유지되어 왔으며, 후에는 혜징·도전 등이 흥성케 했으니 득실의 운수 역시 그 사이를 따랐다. 또한 탄영 등 33인의 선승들이 옛 규모를 바꾸어 큰 집을 지었다. 비록 큰 환란으로 없어졌으나 크게 지어질 수 있었으니, 이것 역시 그 사이의 운수인 것이다. 나로서 살펴본다면 일찍이 20년 전에 탄영이 나에게 사적을 청하였고 현재에는 종사가 역시 나에게 기記를 청하였다. 만약 사적문이 빼어난 재주를 지닌 석학의 솜씨로 훌륭하게 지어진 바가 있다면 얻은 것이 있다고 이를 만한데, 나의 쓸모없는 능력, 거친 지식, 비천한 언사, 둔한 글로 짓는다면 잃는 것이 많다고 이를 것이다. 그러한즉 얻고 잃음의 구분은 또한 문장의 차이에 있는 것이다. 저 황발 노선과 네 국사의 자취는 누가 좇아서 살필 것인가. 이윽고 산중의 노스님인 쌍운이 노닐며 완상하다가 태백산 정암定庵에 이르렀다가 먼지 쌓인 들보 사이에서 이 절의 고적 한 편을 찾아가지고 와서 그간의 자초지종을 전해 주었다. 무릇 절의 얻음과 잃음, 지어짐과 무너짐의 운수는 비단 오늘만에 해당되지 않으니, 후대 천만세의 무궁한 때까지도 또한 반드시 없어지지 않을 것이다. 후세 이 글을 보는 사람 또한 혜징·도전·탄영·상순 등 여러 스승의 자취에 대해 감회가 있을 것이니, 옛것을 살리고 끊어진 과업을 잇는 데 힘을 바친다면 나의 이 글이 또한 헛되지 않을 것이다.

密陽載岳山靈井寺前後創建記

密爲嶺國之名州者。以其有風土之美山川之勝者故也。州治之東五十里。有鬱乎蒼蒼者。曰載岳。山之中有寺曰靈井也。山自五臺太白。透迤南走。幾乎千里而至于此止。爲重巖疊巘。雲委波頹。嵬然嶮阻。以虎踞鷲栖。爲藩籬。鳳騫龍蟠。鉤連環鑽。爲巨洞壑。澮衆淙爲一大溪曲。折屢渡而入此。所謂水潤雲多蹄輪罕到之地。而山之膴土。落爲堆隼。負竹林壓雲潤。爲一爽塏。作癸坐丁向之基。卽古之基也。初占其基者則黃髮老仙也。在新羅之世。有黃髮之仙。自西天來。至此遁跡焉。有異人抱殘疾。來求治。仙指一流泉曰。飮此則爾疾瘳矣。異人如其敎立效。遂驚謝曰仙乃大聖也。乃出告諸鄉人。聞者悅之競以財施。乃就此建寺宇。以其泉名曰靈井。卽寺之東隅細泉也。及其在四國師。相繼而止。衆益盛寺益振之跡。備載于寺籍。今不煩云。逮丁壬亂後。有僧惠澄。湖南人也。自湖抵嶺。游翫至此。遂復廢址。先建金堂。次創法堂。有同志覺能道全等十六開士。承惠澄之績。先後爭相戮力於二十年間。百色俱成。以其重嶮深邃。居僧鮮少。至己丑有太守黃公。來遊於寺。顧四隅而諭諸僧曰。爾寺庚兌旣虛。水出其方。宜建長廊。以蔽其缺。則非獨爾等生涯有潤。必有僧伍圽集之祥云。摠攝三學。卽建廊宇焉。康熙己未。輒有鬱攸之變。法堂及冥府殿禪堂。盡爲蕩燬了。寺衆相議曰。今之此患。實由僧舍。逼近於法堂所致也。卽使曾居之僧。移之於廊舍也。重與之議曰。前之法堂規制其小。不稱山形高大之勢。乃命坦英尙淳等。三十三禪伯。爲功德主。或爲成造。或爲修莊。或爲盖瓦。或爲地正。或爲鐵物。或爲複殿。衆役齊施。百工迭手。於庚申之歲。大建棟宇。其壯麗宏大。甲於江左。有都摠攝智月。亦用影助中樞府使朴公再興。爲丹艧之檀越也。次年有道閑信日戒和懷侶大允等。建冥府殿也。嗚呼。時有先後。事有得失。先後者。人也。得失者。數也。今以此寺觀之則先有黃髮老仙。及四國師。或在羅朝或在麗世。創之守之。後有惠澄道全等復之興之。則得失之數。亦隨於其間。又有坦英等三十三士。變舊制創鉅宇。此則雖失之於大患。而得之於大成。此亦數之存焉於其間者也。若夫以予而觀則嘗在二十年前。有英公。請寺蹟於予。今有宗師。亦請記於予。若在記蹟之文乃高材碩學大手茂詞之所能者。則可謂得矣。若予之樗材鹵學淺詞鈍筆之所事。則可謂失之矣。然則得失之數亦存於文墨之間者歟。彼黃髮之仙與四國師之跡。從誰而審之。乃山之古釋雙運。游翫至大白山定庵。於塵梁間覘得此寺之古跡一篇而來。傳之所詳也。至夫寺之得失。成毀之數。非亶今日。於後之千萬世無窮之間。亦未必不有者矣。後之覽此文者。亦有感於惠澄道全坦英尙淳等諸師之跡。而着力於復古繼絶之業。則予之此文。亦不爲虛作矣爾。

지리산 백련대기

내가 지리지를 보니 동해의 삼신산을 여섯 마리의 자라가 떠받치고 있는데, 방장산이 그 하나라고 하였다. 산 아래에 13개 주가 있는데 봉성鳳城[20]도 그중의 하나이다. 성에서 북쪽으로 10리 되는 계곡에 있는 큰 절을 화엄사華嚴寺라 하는데, 고려 시대 도선道詵 국사가 창건하였다. 절이 임진·정유 변란에 모두 불타 버린 뒤 100여 년이 흘렀으나 그것을 복원하는 사람이 없었다. 숭정 연간 갑술년(1634)에 국일國一 선사[21]가 강주康州[22]의 쌍계사雙溪寺에서 와서 절터를 보고 애석하게 탄식하면서 "이곳은 고려 시대 도선공이 『화엄경華嚴經』을 강론하던 도량이 아니던가. 도선 대사의 공을 애석해하는 것은 물론 어찌 화엄의 가르침을 생각하지 않으리오."라고 하였다. 이에 문도들을 이끌고 『화엄경』이 새겨진 돌 조각들의 나머지를 모으고 전각을 지어 보관하였으며, 허물어진 터를 청소하여 천년이 지나 없어진 도선의 공로를 이어서 마침내 그 터에 중창을 하니 원근에서 호응하여 약속이나 한 것처럼 사람들이 모여들었다. 얼마 뒤 절이 크게 이루어지자 국일 대사가 문인들에게 말하길 "그대들이 모두 부지런히 힘써 겨우 절의 뼈대가 회복되었고 지혜를 닦는 힘이 갖추어졌으니 더욱 힘써라."라고 하였다. 장로인 미공眉公이 머뭇거리다 나아가 아뢰기를 "제자는 불도에 뜻을 둔 지 오래되었습니다. 원하건대 나아갈 바를 일러 주십시오."라고 하였다. 이에 대사가 "지금은 말세의 운수로 오탁[23]이 다투어 흐르는데 마구니를 복종시켜 부처의 경지에 오르려면 정토업[24]을 닦는 것만 한 것이 없으니 편안한 곳에 고요히 앉아 몸과 마음을 다스리고 멀리 서방정토를 생각하면 이 도가 이루어질 것이다."라고 하였다. 장로가 기뻐하며 물러나 깊이 무상함을 생각하면서 면벽하여 문을 닫고 마음을 고요히 하여 진리를 살피는 데 힘써 좌선하면서 다소간의 진전을 보았다.

무술년(1658) 봄에 장로는 마음을 가다듬어 고요히 수행할 장소를 정하려 지팡이에 의지하여 발이 부르트도록 벼랑을 넘고 계곡을 건너 절의 북동쪽 산봉우리까지 올랐다. 골짝과 봉우리를 오르내리고 언덕과 산을 우러러보니 봉우리가 따라서 일어나는 것이 학이 나는 듯 용이 춤추는 듯하였으며, 서쪽으로부터 굽이져 이어져 와서 멈추어 대臺가 되었다. 대는 가파르게 솟았지만 평평한 터가 되었는데 올라가 살펴보니 해좌사향亥坐巳向²⁵의 자리였다. 방향에 따라 판별하면 반야봉은 할아버지 산이요, 백운봉은 손자 산이며, 동남쪽으로 잔강潺江²⁶과 오악鰲岳이 옷깃과 띠처럼 감싸 안고 있었다. 종석은 그 뒤를 어루만지고 비옥한 들이 그 앞에 있으며, 청련대는 위에 있고 극락대는 아래에 있으며, 백련대는 그 가운데에 있어 삼대三臺가 서로 도와 하나의 극락정토를 이루었다. 이에 장로가 머리를 끄덕이며 말하길 "북천이 나를 기다린 까닭이 이곳을 주기 위해서였구나."라고 하였다. 동지들을 이끌고 가파르고 높은 곳을 깎고 험하고 위태로운 곳을 끊고, 흙을 져다가 계단을 쌓고 벽돌을 쌓아 우물을 만들고 재목과 곡식을 모아 세 칸의 절을 지어 아름답게 이루고 장엄하게 꾸몄다. 금빛과 푸른빛이 나는 우물의 색은 찬란하게 빛나 구름 위에 솟은 푸른 절벽에 아득하게 비치어 바라보니 곤륜산의 신선 궁궐과 같았다.

  3년이 지나 경자년 여름에 나는 대의 오른쪽 선방에 머물었는데, 초암草菴 장로가 나를 찾아와 몇 줄의 글을 청했는데 감히 사양할 수 없었다. 장로가 내게 다가와 조용하고 간절하게 "내가 국일 선사의 깨우침을 받들어 과업을 마무리짓고자 하는데 이제 당신의 글과 말을 받아 내 뜻을 나타내고자 합니다."라고 말했다. 나는 이에 공손한 낯으로 말하길 "그런즉 장로의 신의는 숭상할 만하고 그 뜻은 아름답습니다. 그러니 이익이 되는 것이 세 가지가 있으며 도움이 되는 것 역시 세 가지가 있으니 말하지 않을 수가 없습니다. 먼저 깨달은 사람의 깨우침을 종신토록 가슴에 새겨 후세 사람들에게 그대의 구도를 따르게 하는 것이 이로움의 첫 번째요,

또한 조용한 곳에 나아가 편안하고 고요하게 거처하며 가고 머물고 앉고 누움의 뜻에 따라 도를 행하는 것이 이로움의 두 번째요, 듣는 이로 하여금 믿음을 일으키게 하고 보는 이로 하여금 같이 기뻐하게 하고 욕심 많은 이로 하여금 인색함을 후회하게 하고 겁이 많은 이로 하여금 의리를 불러일으키고 난폭한 이로 하여금 인을 좇게 하여, 고루 복되고 선한 곳으로 돌아가게 함으로써 중생을 구제하는 것이 이로움의 세 번째입니다." 라고 하였다.

이어 높은 산 위에 거처하며 풍진 세상의 사방 툭 터진 누대에서 즐기니 숱한 봉우리들 다 다르고 먼 골짝이 제각각이요, 녹수는 갈라져 흐르고 흰 구름은 가볍게 일어나고 아침의 놀은 난간을 감싸고 석양빛은 창문에 비친다. 꽃들은 서림에 비치고 비는 남악에 내리고 달은 선방 뜰에 가득하고 눈은 차 달이는 부뚜막을 에워쌌다. 아침저녁의 모습과 사철의 풍경은 번갈아 색깔을 지어 내 눈을 어지럽게 사로잡으니, 반조返照[27]하여 살피면 환몽과 같을 뿐이다. 선방에서 가부좌하고 앉아 밤낮으로 선정에 들면, 바람이 부딪치며 내는 갖가지 소리, 수많은 갈래로 흐르는 물소리 종소리는 달빛 어린 골짜기로 울리고, 경쇠 소리는 구름을 뚫고 울리고, 물시계 소리 오경을 알리고, 두견이 정오 독경까지 울고, 하늘에는 학들이 무리지어 내는 울음소리 시끄럽게 들리지만 반조하여 들으니 단지 정적일 뿐이다. 거기에 더해 향을 맡고 맛을 보고 만져 보고 분별하더라도 하나의 고요함뿐이다. 이렇게 한다면 지止에서 관觀이 생기고 관觀에서 환幻이 생기고 환幻에서 적寂이 생기고 적寂에서 정定이 생기니, 정定하게 된 연후에 혜慧가 발하니 정定과 혜慧가 성취되고 지관止觀이 갖추어져 이 한 암자가 원각圓覺[28]을 이루는 절이 된다. 얼마 지나지 않아 불도를 이룰 것인데 무엇을 걱정하는가. 이에 반하여 옛날에는 옥을 버리고 금을 녹이는 이야기가 있는데, 조과 선사鳥窠禪師의 고목 이야기와 무엇이 다르겠나. 반드시 밝히는 사람이 있을 것이다. 이에 써서 기문으로 삼는다.

智異山白蓮臺記

愚按地誌曰。東海有三神山。爲六鰲之所戴方丈卽其一也。山下有十三州鳳城。亦一數也。城之北十里之谷。有大伽藍曰華嚴。乃高麗國師道詵之所刱也。而寺爲丁壬之變。盡燒之。自八九紀來。無人復之。崇禎甲戌。有國一禪師。自康州之雙溪來。見遺址而慨然曰此非麗之詵公講華嚴道場耶。非徒惜詵功。豈不念華嚴敎哉。卽率徒拾其石字華嚴爍碎之餘。結閣以藏之。掃其廢址。繼詵功千載已滅之後。遂重刱其基於是遠近響應。如赴約束。居無何寺大成國一大師告門人曰。爾等咸勤道力僅復金田福諦。已足慧力。且勉之。有長老眉公。逡巡而進曰。弟子留心斯道者久矣。願垂指歸。大師曰。今玆季運五濁爭流。攝伏魔寇。超登佛地。莫若修淨土業。端居燕處。調攝身心。遠想樂邦。斯道可成也。長老欣然而退。深念無常。面壁杜門。用習止觀。坐閱多少蟾蜍。在戊戌春。擬卜頤養之所。乃策杖躧足。踰崖越澗。登寺之艮岑。徘徊嵌巇。睢盱岡巒。有峯從甲而起。如鶴之翔。如虬之舞。迤透西來。止以爲臺。陟聳而平正。就上銓之。得亥坐巳向之基。從其辦方。則般若爲祖。白雲爲孫。潺江鰲岳。回抱衿帶。於丙丁。錘石拊其背。沃野當其面。靑蓮在上。極樂居下。白蓮居中。三臺扶翊。完成一淨土之界也。於是長老頭點曰。北天之所以待我與之者也。帥同志輩。鏟崛嶁斷巇險。負土補砌。甃石開井。鳩材募粟。構三間蘭若。怳然成。儼然飾。以金碧井井之色。煉煉之光。縹緲照暎於翠壁白雲之上。望之若閬風仙闕也。越三年庚子夏。余栖禪于舍右。草菴長老扣余門。請數行文。以不敢辭。長老搭余從容而悬曰。吾受國一禪師之諭。而願果遂。今欲受子文而言吾志耳。余於是歛容而告曰。然則長老之信可尙。而志可嘉矣。然有所利者三。而所裨者亦三。則不可不言也。其守先覺之箴。終身銘膺。使後來者。有所爾之徇道之利一也。且詣閑處。燕結端居。行住坐臥有所適意行道之利二也。能令聞者發信。見者隨喜。貪夫悔恪。懦夫興義。暴夫從仁。均歸福善之域。其濟衆之利三也。而至居于嶬樂之上。游舍風塵之表軒窓四闢。則千峰異態。萬壑殊狀。綠水分流。白雲輕起。朝霞繞檻。夕照斜窓。花暎西林。雨歸南岳。月滿禪庭。雪擁茶竈。朝暮之狀。四時之景。遞來爲色。攢眩於目。返照以觀。惟幻焉。跏趺靜室。入定宵旰。風交萬籟。水激千途。鍾鳴月壑。磬透雲開。五夜仙漏。一聲啼鵑。至於午梵。宵鶴群音。咻聒於聽。反照以聞。則惟一寂焉。且夫於香於味於觸於知。惟一靜焉。夫如是。則止能生觀。觀能生幻。幻能生寂。寂能生靜靜然後定。定後慧。定慧成就。止觀具足。則以此一庵。爲圓覺伽藍矣。又何患乎未幾佛之道之成之哉。反是則古有捐玉消金之說。鳥窠枯木之談。何其不同耶。必有辨之者矣。遂書爲記。

재악산기

　재악載岳이란 이름이 지어진 뜻은 알려져 있지 않다. 무릇 만물은 대개 이름 지은 뜻을 지니고 있는 연후에야 그 이름의 연고가 드러난다. 촉나라의 동산銅山은 동철銅鐵[29]이 많이 생산되기 때문이다. 인도의 설산은 돌의 색깔이 대부분 하얗기 때문인데, 비단 산 이름만 이런 것이 아니다. 천하 만물들은 무릇 그 이름이 있으니 혹은 그 기능에서 유래하기도 하고 혹은 그 색에서 유래하기도 하고 혹은 그 모양에서 유래하기도 하고 혹은 그 생산물에서 유래하기도 하니, 황하黃河[30]·흑수黑水[31]·지석砥石[32]·반목蟠木[33] 같은 것은 가리켜 주는 바가 없지 않다. 이제 재악이란 이름은 기량·모양·색깔·생산물 중 무엇인가. 마침내 고을의 노인들에게 유래를 물으니 혹은 산의 모양이 수레에 짐을 실은 것 같기 때문이라고 했고, 혹은 신라 왕이 병이 났을 때 이 산의 물을 길어다 마시게 할 때 수레에 그것을 실었기 때문이라 했으니 이 모양새에서 생겨난 것이다. 혹은 산이 아니라 약초 때문이라 하는데 옛날 산중에 약초가 많았다고 한다.
　나는 말하길 "모두 맞지 않는다. 그렇게 이름 지었다고 하는 것은 소소한 것이고 참된 것이 아니다. 이제 내가 뜻을 모아 생각하여 보면 산의 뿌리가 멀리 백두산·풍악산·오대산·태백산으로부터 흘러 내려와 동해 바다로 흘러가다가 높이 솟아 푸른 산이 되어 청도·밀양·양산·언양의 수백 리를 휘감고 있다. 그 높이는 만 길을 넘어서는데 위로는 동쪽의 별자리를 범하였다. 그 골짝은 매우 깊고 바위산은 풍만하고 아름다워 다른 산과 비교할 수 없다. 계곡물의 장관, 폭포의 아름다움은 수많은 골짝과 바위에서 생겨났다. 은밀한 사이로 물줄기는 넓게 흐르고 물결은 가득 차 넘쳐 흘러 천만고부터 물이 마르지 않았다. 비록 7년의 가뭄이라도 고갈되지 않으며 콸콸거리고 골짝에서 고을 50리 남쪽을 지나 낙동강으로 흘러 들어간다. 물이 비옥한 논과 윤택한 밭 사이에 끼어들어 몇천만의 사람들이 이에 의지해 살아가는지 알 수 없다. 그러므로 밀양 사람들은 모두 이 산으로 목숨을 부지하는 것이 아닌가. 그러므로 이 산은 밀양 고을 사람들의 보배가 아니겠는가. 밀양 사람들은 또한 나라의 백성이니 이 산 역시 나라의 보배가 아닌가. 그러므로 밀양 사람과 나라 백성은 모두 이 산을 이름하여 재악이라 하는 것이 마땅하다. 재악載藥이 병자에게 약을 주는 것이 분명하니 보통 이름이 아니다. 혹은 약초를 캔 세 신선을 말하는데 어찌 한갓 병 치료를 위해서였겠는가. 도리어 장생불로하며 세상의 허물을 벗고 신선에 오르게 하는 약인 것이다."라고 하였다. 또 나는 말하길 "불사약은 비록 세상에서 좋은 약이라고 하지만 어찌 죽지 않고 오래 살 수 있게 하겠는가."라고 하였다.

　무릇 지자는 물을 좋아하고 인자는 산을 좋아한다고 하는데 나는 인자도 지자도 아니다. 다만 산수를 좋아하는 병이 있으니 산이 밝고 물이 고운 것을 보고는 은둔하는 군자가 지낼 만한 곳임을 알게 되었다. 우연하게 들어와 종 바위 아래 초가에 주석하여 수 년간을 거처했으니 산에는 머물 만한 곳이 네 군데이며, 완상할 만한 곳이 네 군데 있다는 것을 알고는 감상하고 즐겼다. 무릇 산은 높고도 풍부하며 골짝은 깊어졌다가 다시 평평해졌으며 샘과 돌은 아름답고 밝았으며 수목이 예쁘게 우거졌으니, 족히 양지자養智者가 머물 만한 장소인 것이 첫 번째이다. 물은 넓고 구름은 많아 세상의 티끌이 미칠 수 없고 수레나 말이 허용되거나 어지럽게 신음 소리가 들리는 일이 드물어 족히 양정자養定者가 머물 곳으로 삼을 수 있는 것이 두 번째이다. 푸른 소나무가 산에 가득하고 붉은 상수리나무가 숲을 이루고 봄에는 나물이 지천이며, 가을에는 요기할 열매들이 있으며 산속에는 오곡이 우거져 있고 숲 사이에는 온갖 시끄러움이 사라지니, 족히 양명자養命者가 머물 만한 것이 세 번째이다. 뒤로는 만 개의 언덕이 울타리 치고 앞으로는 띠 같은 길이 멀어 왕복하는 데 비록 열흘이 걸리기는 하나, 험한 벼랑이 없어 넘어설 만하고 험한 산이 없어 장애가 되지 않는다. 지팡이를 날려 나아가고 말을 타고 올 만큼 평탄하니 족히 양신자養身者가 머물 만한 것이 네 번째이다. 또한 굽이굽이 400리 밖으로 3주州 사이에 낀 바위산의 기세가 성하여 막힘이 없다. 용납하여 핍박함이 없으니 군자의 기상과 같다. 천 개의 바위들이 빼어남을 경쟁하고 만 개의 골짝은 흘러감을 다투고 물은 빼어나고 산은 밝아, 능히 보는 사람들로 하여금 티끌 마음과 속된 걱정을 홀연히 날려 스스로 가슴이 맑아지고 도기道氣와 선심禪心이 갑자기 마음에 흘러들어 선지식의 모습과 같으니, 이는 칭찬할 만하다. 산들이 네 모퉁이를 두루 감싸 안고 물줄기들은 앞으로 띠같이 둘러 있으며, 산 얼굴이 그 가운데에서 의젓하게 나오는 것이 왕의 형상과 같으니, 이는 완상할 만하다. 샘물은 협곡에서 나와 백성의 밭을 적시고 못 속의 용은 비를 내리고 산령은 구름을 토하니, 비록 가뭄 속이라 하더라도 오래도록 만물을 윤택하게 하는 못이 장자長者의 풍모와 자태 같다. 이것이 완상할 만한 여덟 가지로 모두 사람의 마음을 움직이고 도의 기운을 도와주는 것이다.

  내가 일찍이 꿈속에서 어떤 산속에 이르렀는데 서쪽으로 험한 계곡이 있었다. 옥 같은 봉우리, 비단 같은 골짝, 낙석, 위태로운 바위가 그 사이에 켜켜이 드러나 있었으니, 하나의 맑은 계곡물이었다. 그로부터 나와서는 날려서 폭포가 되고 떨어져서는 못을 이루고 평지에서는 시내를 이루고 치달아서 여울이 되었다. 대체로 웅장한 바위와 맑은 물은 스스로 높고 낮고 둥글고 평평하게 되었으며, 물은 위로 10리 정도를 흘러 아름다운 지경을 만들었다. 거슬러 올라가 그 위에는 때때로 시인들이 손잡고 함께하였으며 승려들이 짝을 이루어 혹은 맑은 물가, 바위 위에서 읊조리고 혹은 푸른 나무 그늘 아래에 앉았으니, 어른어른한 것이 신선 세계 사람들 같았다. 물의 근원이 다한 곳에 산이 있으니 부용 같은 만 길의 봉우리가 하늘로 들어가고 몸은 산꼭대기로 날아오르는 것 같았다. 위로는 북두칠성을 어루만지고 동해를 굽어보며 배회하다가 날이 저물어 내려와 골짝을 나왔다. 늘어선 옛 절은 동쪽 벼랑 푸른 물 위에서 가로막는데, 붉은 문에 조각한 난간이 우거진 숲과 긴 대 밖으로 화려하게 비쳤다. 그러나 그곳이 어디인지 모른 채 깨어났는데 지금 이 산을 보니 일찍이 꿈꾼 것과 방불한 것이 아닌가. 그러므로 이 산에 몸으로는 비록 처음 왔으나 생각 속에서는 이미 노닐었던 곳이다. 마침내 기를 지었으니 여러 산의 신령에게 의탁하여 같이 평생을 은거하기로 맹세한다.

載岳山記

載岳之爲名。未詳其所命之意也。凡物皆有所命之意然後。著其名故。蜀之銅山。以其多產銅鐵也。笁之雪山。以其石色多白。非獨山之如此。至於天下萬物也。凡有其名者。或因其能。而或因其色。或因其形。或因其產而名。黃河黑水砥石蟠木之流。非無所指焉。今載岳之名。其能耶。形耶。色耶。產耶。遂以徵諸鄕之耆老。或曰山之形。如車之載物也。或曰羅王病。運此山之水而服之。以興載之。然則此以其形與產耶。或曰非岳而是藥。以其山中古有多藥草也。余曰皆非也。其命名之意。瑣細而不實矣。今余以率意而思之。山之根遠自白頭楓岳五臺太白而下。東抵于海。窮隆積翠。盤絡於淸密梁彦數百里間。其高則萬丈餘。上侵于箕房之宿。其洞壑之深邃。岩巒之豊麗。不是與他山之比。溪澗之壯。泉瀑之美。根於萬壑千岩。窅窕之間。其源浩浩。其派洋洋。而自千萬古流而不歇。雖七年之旱不爲枯涸。溶溶然出於洞。抵府五十里南入於洛。其間膏沃之田。良潤之畦不知其幾千萬區人賴以活。則密府之人。非咸載命於此山者耶。然則此山非密城一府之人所可寶歟。密人亦國之民。則此山亦非爲國之寶歟。然則密人與國人。皆名此山。爲載岳宜矣。載藥則藥於病者惟宜。非通名也。或曰凡采藥三神者。豈徒療病之是求哉。乃長生不老蛻凡登仙之藥耳。余曰不死之藥。雖徒聽之爲美世。安有不死而長生者乎。夫智者樂水。仁者樂山。余非仁智者。有山水之癖。見此山明水麗。知其有隱君子所可栖也。偶入而駐錫於鍾岩下草堂。而留居者數年。知山之有所可居者四。而可賞者四也。感玩而樂之。夫山高而且豊富。洞邃而還平寬。泉石娟明。樹木佳茂。足以爲養智者所可居一也。水濶雲多。紅塵不到。罕見其車馬之容。紛咻之態。足以養定者所可居二也。靑松滿嶺。赤橡堆林。春多可茹之菜。秋有療飢之果。五穀蓄於山內。百擾息於林間。足以爲養命者所可居三也。背有萬嶺之藩。前脩一紳之路。其爲往復。雖有一臾旬之遠。而無險崖可越。無險峻可碍。飛節而進。鞍馬而來。坦然而平。足以爲養身者所可居四也。且有透迤四百里外。磅礴數三州間其勢豊而不阨。其容雍而不迫。似有君子之氣象。是可賞也。千岩競秀。萬壑爭流。水秀山明。能使見之者。塵心俗慮泯然。自澄于胷。而道氣禪心。頓激於心。似有善知識之形儀。是可賞也。衆山周擁於四隅。群水縈帶於一面。山之面。儼然出御于中。似有王者之狀是可賞也。泉流出峽。灌漑民田。潭龍施雨。山靈吐雲。雖於旱天之中。長含潤物之澤。似有長者之風資。是可賞也此八者。皆爲激人心助道氣者也。余嘗夢至一山中。西有岑嶔之谷。瑤峯綉峽落石危岩。間露層出。而一道淸溪。自中而出。或飛而爲瀑。洺而爲潭。平而成川。走而爲瀨。大抵磐岩娟潔。如礲如磨。自成高下圓平。而水以流其上約十里許。爲佳勝之境也。泝流而上往往有騷人連袂。梵侶成雙。或吟於淸泉石上。或坐於碧樹陰中。依依若壺中人物也。至窮源處有峰。如萬丈之芙蓉斗入於紫虛之內。騰身而上冢頂。上摩斗杓。俯瞰桑海。徘徊日夕。而下出其洞。有古寺。排壓於東崖碧澗之上。朱戶雕闌。燦暎於茂林脩竹之表。然而未知其某處而覺。今觀此山。殆非彷彿於曾所夢者耶。然則此山。身雖始到。神則旣遊之地也。遂作記。以寄諸山靈擬與約平生歸隱之盟爾。

비명
碑銘

청주 낙영산 공림사 사적 비명 병서

　대체로 도는 세속을 떠난 것으로써 성인은 중원이나 오랑캐의 구분이 없다. 그러므로 공자·노자 두 성인은 동쪽 땅에 내려오고 중생을 구하는 부처님은 저 서쪽 지역에서 떠올랐으니, 희씨의 주나라가 천하를 통일하게 되자 고금의 천하와 어깨를 나란히 하였다. 마치 일월성신이 동쪽 바다 위에서 합하고 강수·하수·회수·제수가 미려尾閭[34]의 못으로 모이는 것과 같다. 공자는 인의를 근본으로 삼고 노자는 도덕을 주된 뜻으로 삼아서 모두 세상 안에서 노닐지만, 불교는 진정 무위로서 마음의 도를 밝히고 인의와 도덕을 겸하고 육합六合의 안과 밖에서 노니나니 논하여 변론하는 것이 분명하다. 그 도의 넓음은 우주가 만물을 포용하는 것과 같으며, 그 가르침의 광대함은 바다가 온갖 냇물을 받아들이는 것에 비견된다. 여러 사물을 찾아 취하여 물상을 감싸 안으니 설법을 할 때면 하늘에서 네 가지 꽃이 내려 그 올바른 자리에 들어가서 땅에는 육서六瑞[35]가 샘솟았다. 하늘·사람·제석천·범천왕이 그 법륜을 움직이기를 청하였으며 용과 귀신과 마귀는 머리를 숙이고 부처님의 가르침에 귀순하였으니, 외로운 공자는 저 구구한 인의仁義로서 일곱 개의 포악한 나라 사이에서 늙었으며, 노자는 외로이 남은 『도덕경』을 5천 마디 안에서 세상을 걱정하는 것으로 그쳤을 따름이다.

　삼가 생각하건대 우리의 각황께서는 재앙이 닥치기 전에 부처의 도를 멀리 계승하여 밝히시고, 사바의 존자가 될 운수에 응하여 대천大千의 주인이 되셨으며 다시 사생四生의 아버지로 돌아가셨으니, 그 성대한 공렬은 어찌 사람의 마음으로 예측할 수 있겠는가. 삼가 그 대중을 교화하는 가르침이 동방에 전해진 것을 생각해 보니 주나라 목왕의 시대에 이미 화인化人이 서방에서 날아와 은밀히 점점 전해졌다. 동한의 명제가 꿈에 금인을 보고 스님인 섭마등을 맞아들여 마침내 중국에 불교가 크게 전해지고, 천하에 퍼져 나가기가 큰물이 평지를 달려가고 맹렬한 바람이 허공에 크게 부는 것과 같았으니, 누가 그 성대한 기세를 길들여 막아 내겠는가. 생각하건대 우리나라는 멀리 하늘의 동쪽에 있지만 다행히 지극한 교화가 미치게 되었으니 그 또한 다행한 일이다. 유불도 삼교가 널리 퍼진 뒤로 마침내 사해의 명산대천과 빼어난 경개를 가진 고을이 모두 아름다운 불교 세계의 동산이 되고 훌륭한 절터가 되어 중국과 오랑캐 원근遠近의 교외까지 포함하게 되었으니, 이것이 이른바 도가 있으면 가는 곳마다 불가한 것이 없다는 것이다.

 지금 낙영산의 공림사는 서원西原[36]의 동쪽 80리에 있는 옛 절인데, 그 절과 산의 기이한 자취가 여섯 가지가 있다. 옛날 신라 경문왕 때에 자정慈淨이라는 고승이 있었는데, 그 도와 덕이 사방에까지 전해져 왕이 흠모하고 우러러서 대사를 불러들여 국사로 삼아 벽상삼한삼중대광사壁上三韓三重大匡師로 봉하였으며 마치 원거鶢鶋[37]가 노나라의 음악을 듣는 것처럼 대우하니, 대사는 즉시 사양하고 숨어서 이곳에 초가집을 지었다. 왕이 이를 듣고 사찰을 세워 거처하게 하고 사액을 내려 공림空林이라고 하였다. 그 후 명나라 건문제建文帝 때에 이르러 함허당涵虛堂 득통得通 화상이란 분이 자정 선사의 행적을 사모하여 그 법당과 요사채 등을 다시 짓고 하나같이 새롭게 하였으니, 사람들이 함허 도량이라고 한다. 이것이 그 사찰의 전후에 걸친 기이한 자취 중의 첫 번째가 된다.

 천순天順 연간에 이르러 우리 세조 대왕께서 선문에 뜻을 두시어 친히 이곳에 행차하시고 특별히 성지를 내리시어 이곳을 보전하고 보호하라고 하셨으니, 그 당시 삼가 받은 문권이 지금까지도 보존되어 영원히 산문의 중요한 보물이 되고 있다. 사찰이 고금의 임금께서 모두 중요하게 여긴 바가 되었으니 기이한 자취 중의 두 번째가 된다.

  사찰의 북쪽에 미륵봉彌勒峰이 있는데, 부용이 만 장이나 되게 치솟아 은하수 속으로 들어갔다. 그 꼭대기에 큰 돌이 있고 돌 가운데에 황금빛의 보탑이 있었는데, 그 그림자가 중국의 도읍 낙양 성중에 드리워졌다. 무덕武德 연간에 당나라 고조가 점을 보는 사람에게 점을 치게 하고 곧 사신을 보내 남은 자취를 추적하게 하였다. 그 사신이 봉우리의 정상에 이르러 보니 단지 돌만 보이고 탑은 볼 수가 없었다. 그래서 그 돌의 윗부분을 뚫어 보니 과연 탑이 있었으므로 이에 그 탑을 꺼냈다. 드디어 6장丈이 되는 미륵불상 세 구를 돌 표면에 새겨 안정시키고는 그 산의 이름을 낙영落影이라고 하였다. 이것이 산의 기이한 자취 중의 세 번째가 된다.

  낙영봉의 북쪽은 깊은 계곡과 험하고 높은 봉우리가 있고 빼어난 물과 돌이 위아래로 10리에 펼쳐 있어 모두 선경이다. 세상에서는 파환波環이라 부른다. 이것이 산의 기이한 자취 중의 네 번째가 된다.

  산 남쪽의 법화원은 시원하게 허공으로 치솟았는데 신라의 신승 검단선사黔丹禪師와 최고운이 『법화경法華經』을 강론했던 자리이다. 그러므로 검단산이 그 서쪽에 있고 고운대는 그 아래에 있다. 또 청화산이 있어 동쪽에서 그 아름다움을 드러내고 속리산은 남쪽에서 그 위용을 자랑하고 있다. 낙영산은 두 명산의 사이에 있으면서 자정·함허·검단·고운 등 네 사람과 나란히 세상에서 고명을 얻었다. 이것이 산의 훌륭한 경치를 나타내는 것으로 기이한 자취의 다섯 번째이다.

  임진년과 정유년의 난리 때에는 왜구가 갑자기 들이닥쳤으나 사찰의 신령스럽고 기이한 기운을 두려워하여 감히 들어오지 못하고 밖에서 불을 놓았다. 그러나 동서의 회랑은 다 타서 재가 되었지만 불전과 스님의 거처는 바람이 바뀌어 불길이 꺼져 모두 재앙을 면하였다. 적들이 화를 내며 활을 어지러이 쏜 뒤에 돌아가니, 그 화살촉의 흔적이 절의 기둥에 완연히 남아 있는 것이 어제 일과 같았다. 이것이 또한 절의 신령스럽고 기이한 자취 중의 여섯 번째가 된다.

그러고 보면 지금 남아 있는 건물은 모두 자정과 함허가 일찍이 마련한 것이지 난리 후에 사람들이 새로이 지은 것은 아니다. 지금 큰스님 태행太行이 부처님을 모실 계획으로 여러 시주들에게 알리니, 즉각 서오남 등 24명과 성철·일훈·죽간 등의 비구가 같이 부처님께 큰 소원을 빌며 함께 논을 희사하고 부처님께 시주하여 영원히 부처님을 모시는 재원으로 삼았으니, 어찌 적은 보탬이겠는가. 팔도도총섭자헌대부八道都摠攝資憲大夫를 지낸 제하당霽霞堂 경특瓊特 대사가 노병으로 남한산성에서 사직하고 신유년에 이곳으로 돌아와 은거하였다. 어느 날 저녁 체심體心 도인이 말하길 "아, 이 절이 자정·함허 양 성사가 일군 도량인데 일찍이 기문을 지은 것이 없다. 옛날의 기이한 자취에 대해 비록 사람들이 입으로 외우고 있다고는 하지만, 어찌 문인의 손을 빌려 글을 지어서 쇠나 돌에 새김으로써 도모하는 것과 같겠는가. 비석을 세워 옛일을 빛나게 하는 것은 모두 지금 시주들의 공이다."라고 하였다. 이에 조계종 장로 조영祖瑛 대덕이 살펴보고 기뻐하여 정묘년에 간단한 편지를 써서 하인을 통해 영남으로 보내서 나에게 뇌문을 청하였다. 나와 조영은 함께 가르침을 받은 복이 있을 뿐 아니라 소년 시절의 교분도 깊었으므로 그의 바람을 거스르기 싫었으나, 졸렬한 글재주로서 감히 붓을 잡을 수가 없었다. 그러다 그 해 겨울 다시 통정대부通政大夫 응민應敏 스님을 보내 글을 재촉하니 마침내 부득이해서 청하는 말에 따라 하는 수 없어 시를 지었다. 다음과 같이 명銘한다.

불교가 동쪽으로 전래된 것은
주周나라와 진秦나라 때의 일이고

한漢나라 때에 이르자 더욱 빛나서
해인海印이 온전히 밝혀졌지
천축에서 기원하여
동방에 두루 전파되었네
이에 자정慈淨 선사 계셔서
불법을 친히 익히시니
고개 숙여 도를 묻는
저 신라 왕
어미 새가 그 새끼를 좇아 기르듯이
도량을 창건하였다네
함허涵虛가 옛 모습에 따라서
전각과 당을 짓고
세조 대왕이 친히 행차하시니
산은 더욱 빛이 났네
푸르른 낙영산落影山은
당唐나라 낙양에 그림자 드리우고
금탑은 찬란히 빛나고
태석胎石은 숨어 있네
산천은 수려하고
골짝은 맑고 시원하네
보물을 간직한 곳이요
천 년의 선방禪房일세
산과 절에
여섯 이적 전해 오니
여러 단월자들이
농장을 시주하니

공양하기를 게을리하지 않으며
복을 구함에 예절을 아네
그 행적 비석에 적혀 있어
오래도록 멀리 전해질 것이고
떠가는 구름도 돌을 보호하니
산 위에 우뚝하다네

淸州落影山空林寺事蹟碑銘并序

夫道出離微。聖匪夷夏。是故孔老二聖降于東土。金僊佛日。昇彼西乾。皆在於姬周之一世。並駕于古今之天下。其猶日月星辰。合於扶桑之上。江河淮濟匯于尾閭之淵。孔以仁義爲宗。老以道德爲旨。齊游於六合之內。佛以眞正無爲。昭著惟心之道。兼仁義道德。而優游於六合之內外。論以卞之明也。其道之博。如大象之包容萬物。其敎之廣比滄海之呑納百川。撈攊群品。籠羅衆彙。其說法也。天雨四花。入定也。地湧六瑞。人天釋梵。請轉其法輪。龍鬼邪魔。稽首而歸命。則盡彼以區區仁義卒老于七暴國之間。子子道德。憤世於五千言之內而止之而已也。恭惟我覺皇。遠繼燈明佛之道於塵墨劫之前。應運娑婆尊。爲大千之主。普作四生之父。其爲盛烈。豈人情之所能測哉。謹考其聲敎之東被也。則聿自周穆之世。已有化人。從西極而飛來。潛爲其漸邇乎。東漢明帝。夢金人。邀沙門葉騰以來。遂大被神州。汎濫天下。如洪瀾之走平陸。猛吹之揚[1])太虛。其沛然。孰能御以遏之哉。惟我邦。邈在天地之東郵。[2]) 得忝其至化之中。其亦幸矣。夫自鼎敎之風揚。遂使四海名山大川勝槩之鄕盡圍於佛界金銀之域。致其金田玉利基。布於華夷遠近之郊。此所謂道之所存。無所往而不可者也。今玆落影山空林寺者。在於西原府之東八十里。盖古伽藍也。其寺之異跡。山之奇蹤。有六焉。昔在新羅景文王朝。有高僧慈淨。道德餘馨。聞于四遠。王欽而仰之。邀致輦下。拜爲國師。加封壁上三韓三重大匡師。視之。如鷄鶋之聽魯樂。卽辭而遁結茆於此。王聞之。爲建寶坊。而俾居之。賜其額曰空林云。後至明建文之世有涵虛堂得通和尙。淑慕慈淨之跡。重創其法堂及諸寮舍之屬。一以新之。人或稱爲涵虛之道場也。其寺之前後神聖之異跡一也。至天順中。我世祖大王俯留睿意於禪門。親運玉趾。特加聖旨而宛護之。其拜軸。至今存焉。永爲山門之重寶。其寺之爲古今人主之所共重之者二也。寺之北。有彌勒峰。芙蓉萬丈。上入雲漢。其頂有大石。石中有黃金寶塔。其影落於中國洛陽都中。在武德中。唐高祖。使望氣者覘之。卽遣使跟之。使至登峰。則只見石。而不見塔。鑿其石頂。則果有之。乃拔其塔。遂鐫丈六彌勒佛像三軀於石面而鎭之。卽名其山曰落影焉。山之奇者三也。峯之北洞壑。岩巒秀麗。泉石娟明。上下十里。皆爲仙境。而世謂之波環。卽山之奇者四也。山之南。有法華院。爽塏凌虛。卽羅之神僧黔丹禪師。與崔孤雲講論蓮經之處也。故黔丹之山在其西。孤雲之臺在其下也。又有靑華。孕秀於東。離岳誇雄於南。而落影處于兩名山之間。得與慈淨涵虛黔丹孤雲四人。騁高名於宇宙之內。山之名勝者五也。至萬歷丁壬之亂。倭寇猝至。畏寺之神異。不敢突入。以火縱之。惟東西廊宇。爇爲煨爐。其佛殿僧廬。則風迴火熄。盡免其烖。賊怒之。以箭亂射而去。其鏃痕猶在沙門之柱。而如昨焉。此亦爲寺靈異之六也。然則今之所存堂宇。皆慈淨涵虛之曾所經營者。非在亂後之人新所建者也。今有大德太行。爲供佛之計以告諸檀越。則有徐五男等二十四人與比丘性喆曰熏竹簡等。同發鴻願。共捨畚而施於佛。爲萬世享佛之需。胡爲小補哉。前八道都摠攝資憲大夫釋霽霞堂瓊特大師。以老病辭南漢。歲辛酉歸隱於此。一夕誘體心道人曰。噫。此寺乃慈淨涵虛兩聖師之道場。而曾無所紀之文。古之奇跡。雖有人口之誦曷若借辭於文人之手。被之金石。以圖其固爾。其樹石以賁古事。兼備今諸檀越之功也。於是曺溪宗長老祖瑛大德審而喜之。於丁卯春。折簡而走。伻嶺南來。請誅於子。子於瑛。非獨有同風之慶。亦深其少年之契。欲不負其所望。以樗櫟散材拙魯於文不敢爲之掆管。其冬更遣通政大夫釋應敏。而珉其文。遂不獲已。就紓其來語。强賦其銘曰。

佛氏東邁　閱周秦邦

爰及漢顯　海印全彰

濫觴寶宇　流洽扶桑

粤有慈淨　法味親嘗

下風問道　彼新羅王

從其鳥養　爲創道場

涵虛緝古　乃殿乃堂

世廟親幸　山益增光

蒼蒼落影　影唐洛陽

晃曜金塔　胎石而藏

溪山明秀　洞壑淸涼

中藏寶所　千古禪房

而山而寺　六異流芳

有諸檀信　施以農莊

不怠供佛　求福知方

跡被豊石　遠示無疆

浮雲擁衛　卓爾凌岡

---

1) ㉑ '揚'은 '楊'과 통한다.　2) ㉑ '郵'는 '陲'인 듯하다.

감로사 사적 비명 병서

무릇 도는 지극히 크고 지극히 공평하여 천지 사이에 차 있으니, 그것은 탁약橐籥[38]이 비어도 구부러지지 않는 것 같아 움직일수록 더 드러나며 퍼내더라도 마르지 않으며 적당하여 부족하지 않다. 옛 성인들이 천하에 이를 전하여 배척하지 않고 만세에 미치도록 하여 멋대로 재단하지 않으면서 넉넉하게 여유가 있는 것이다. 오로지 부처님께서 광대무변한 세계의 성인 중의 성인이 되었으니 하늘 중의 하늘이라 부르는데, 정수리에서는 백 가지 보배의 빛을 비추고 얼굴에는 둥그런 보름달이 열렸으며 금모지후金毛之吼[39]를 떨치고 옥룡의 울음을 퍼뜨리고 성품의 바탕에 은혜로운 구름을 깔고 깨달음의 정원에 불법의 벼락을 치니, 일렁거리는 가르침의 물결이 사바에 가득 찼도다. 어찌 삼 척三尺의 부리[40]와 오색호五色毫[41]의 보잘것없는 글과 창록蒼鹿[42]의 오천 언五千言에 비유할 것인가. 아득한 유한劉漢[43] 시절에 금신金身[44]이 문득 왕의 꿈에 나타난 뒤 백마가 갑자기 신주神州[45]로 달렸고 옥축과 상자의 글이 절과 석실에 보관되었으니 하늘이 동쪽 땅의 생령을 꺾어 유절有截[46]의 지역에 채워 옮기고 대방가[47]에 노닐도록 한 것이 아니겠는가. 한나라로부터 위·진·제·양 나라 사이에 그 도는 세월이 갈수록 빛이 나 지금에 이르러서는 막을 수 없으니, 그 자비와 제도의 공은 끝이 없다. 최후에는 정법안장正法眼藏[48]으로서 대구씨大龜氏[49]에게 부촉하여 28세에 이르도록 전했으니, 달마 대사가 멀리서 이심전심으로 총령葱嶺[50]을 넘고 사막을 건너 양과 위나라 사이에 노닐며 앉은 채로 9년을 보내고 신광씨神光氏[51]를 제자로 삼아 의법衣法을 주었다. 그 가르침이 오종五宗[52]에 전해지고 사해를 떨쳐 우리 불가의 기풍이 비단 위에 꽃을 더하는 것에 못지않았으니, 이를 일컬어 격외의 선문이라 한다.

신라의 혜운惠雲 스님이 당나라에 들어가 안주 백조산 지원 선사志圓禪師의 법윤法胤[53]이 되었으니, 달마로부터 10세손에 해당된다. 때는 당나라

소종昭宗 천우 17년 정묘였다. 혜운은 곧 백조白兆[54]를 하직하고 신라로 돌아왔다. 신라 흥덕 대왕이 선사를 자우 국사慈雨國師로 삼으니, 갑자기 자우 국사가 조양鳥養[55]을 생각하고는 석장을 떨치며 남쪽을 향하여 배를 타고 물을 건너 이곳에서 노닐었다. 창주의 위쪽으로 산봉우리들이 푸르게 둘러 있고 골짜기는 평평하고 넓었으니 호중壺中[56]의 별세계였다. 선사는 마음이 흡족하여 큰 도량임을 알리고 백조 선사의 종풍을 널리 떨치게 되었으며 큰 법우가 내려 널리 인천의 뛰어난 기틀과 맞닿았으니, 마치 신룡이 큰 구름에 의지하고 바람과 천둥을 타고 용문에 감로를 뿌리며 고래·물고기·자라 등으로 하여금 그 머리가 모두 변하게 하여, 마침내 산을 신어神魚라 하고 절을 감로라 하였다. 선사가 이곳을 죽을 곳으로 여기고는 이곳에서 입적하였으므로 그 부도가 지금까지 남아 있는 것이다. 뒤에 송나라 이종理宗 가희 원년 정유년에 해안海眼 스님이 자우 선사의 높은 자취를 사모하여 그 절을 중창하여, 무너지고 기울어진 전각과 요사가 새롭게 옛 모양대로 되었다.

　황명 만력皇明萬曆 중 임진왜란壬辰倭亂과 정유재란丁酉再亂에 이르러 절이 왜적들에 의해 짓밟혀 온통 빈터가 되었으니 병란의 참상인 것이다. 만력 갑인년에 덕성德性·두인杜仁·각순覺淳·혜언惠彦 등 네 분의 대덕이 그 터가 수풀더미로 변한 것을 보고 마침내 탄식하여 말하길 "이곳은 자우가 남기신 터이다. 비록 도란 고금이 따로 없고 흥망이 운수에 달려 있기는 하지만 우리는 복구하는 데 힘을 모을 것인즉 반드시 날개를 쳐서 선을 따라야 한다."라고 하였다. 마침내 서로 맹세하고 이로써 다시 자신의 임무로 삼으니 과연 승 원준이 그 울림에 응답하여 이에 법당이 지어졌으며, 그 당·요·누각 등은 또한 동지들이 피땀 어린 노력으로 지은 것이다. 숭정 임진년에 이르러 위엄 있던 당우가 전란의 불길에 타 버렸으니, 숲과 산도 빛을 잃고 구름과 시내는 비통함을 머금었다. 천학·혜언 양 대덕이 비통함을 달래 주면서 무리에게 말하길 "앞선 이들의 공덕이 이미 헛된 것이 되어 가슴을 어루만지면 백마의 슬픈 울음소리가 들리는데 어찌 손바닥을 치며 적오赤烏[57]의 상서로운 무리를 볼 수 있겠는가."라고 하였다. 그리하여 처문處文·담식曇湜·초영楚英·신매信梅·처호處湖·일청一淸·처열處悅·담혜曇惠·탁균卓均·담성曇性·대언大彦·극신克信·대현大玄 등 열두 명의 개사開士[58]들이 상의하고 힘을 합쳤다. 마침내 불전의 장엄함과 절집의 성대함이 후인들을 놀라게 했으니 호연湖演 상인이 구름 뿌리를 자르고 갈아 안치鴈齒[59]의 층계를 쌓았다. 의론하는 자가 말하길 "그 전의 절 건물은 동쪽 봉우리에 치우쳐 있었고 서쪽이 비어 있었다. 그것은 사람의 한 팔을 자른 것과 같으며, 또한 스님이 많고 집이 좁은 것이니 마땅히 서쪽으로 요사를 넓혀 지령을 흡족하게 해야 한다."라고 하였다. 성준性俊·문학文學·천학天學·담식曇湜·탁징卓澄 등이 즉시 서쪽을 깎아 명월明月·청풍淸風·대월對月·미타彌陁 등 네 건물과 대장전을 더 넓혔으니, 이에 절은 바야흐로 모양을 갖추었다. 승려 대흡大洽이 사천왕상을 조성하여 문에 안치하였고 날듯이 높은 집이 삐죽삐죽하게 솟아 호수와 강 밖에서도 우뚝하게 빛났으니, 강 건너에서 이를 바라보는 자들이 다투어 가리키며 연화정토蓮花淨土라 하였다.

　내가 자우·해안의 행적을 얻어 살펴보니 덕성·혜언이 앞장서고 천학·담식 등 여러 스님들이 뒤를 이어 비록 지금 다시 복구하였으나 절이 오래되었음은 분명하다. 또한 무릇 당나라 때 혜운이 지었고 송나라 때 해안이 중건했으며 명나라 때 덕성 등이 복구하였다. 그 절의 폐함도 당·송·명 3대와 시종始終이 같으니 해안·혜언 등의 공력이 대체로 임진란을 맞아 사라지고 자우의 자취 또한 임진란으로 매몰된 것으로 여겨지며, 천학 등의 공력이 임진란으로 위협받아 또한 없어진 것을 본다. 그러한즉 대개 절은 분성盆城[60]의 동쪽에 있는데, 분성은 수로왕의 유허지이며 감로사는 자우 대사가 머물던 옛터이다. 수로는 신성한 자질로 나라를 세운 임금이며, 자우는 용상龍象[61] 가운데 표상으로 개산조가 되어 천

년의 훗날까지 높은 풍도와 성대한 공렬이 나란히 빛난다. 분성의 기적과 감로사의 신령스러운 향기는 사라지지 않고 이미 국사와 지리지에 씌어 있으니, 남쪽 지역에서 크고 이름난 절이 된 것이 당연하다. 또한 그 건물의 기세를 본즉 뒤로 어산을 의지하고 앞으로는 낙동강을 굽어보는데, 어산의 근원은 두류산에서부터 진주와 함양 등 대여섯 고을 사이를 구불구불 내려와 여기에 이르러 감돌아 후전이 되었다. 낙동강의 원류는 태백을 따라 상성商星 등의 마을 800리 밖으로 거침없이 흐르다 이곳에 흘러들어 웅덩이를 이뤘으니, 앞에서 전금前襟[62]을 잡아당기니 그 산하의 아름다움을 누가 더 보태리오. 그러므로 동서의 사대부와 선비들이 이 절을 지날 때는 반드시 손뼉 치면서 "비록 동정호의 금산사와 금릉의 감로사라 할지라도 이곳보다 아름답지 않다."라고 하였다.

전에 삼남의 총섭摠攝이었던 성준性俊 스님은 절이 오래되었으나 볼 만한 사적이 없음을 개탄하면서, 그 전후 사정을 기록하고 사람들의 이름과 시기를 복원하였다. 또한 행훈行熏 대덕에게 명하여 돌을 세워 기록하도록 하니 나에게 명을 청하였다. 나는 이를 사양하면서 "명문銘文과 뇌문誄文은 문장이 높은 거장들이 쓰는 것인데 어찌 별 볼일 없는 늙은 중에게 마땅한 일이겠소."라고 하였으나, 성준 스님의 청이 완강하여 부득이하게 잠깐 만에 서序를 지었다. 명銘은 다음과 같다.

> 위대한 부처님 대방大方[63] 사이를 홀로 걸으며
> 서쪽 땅에 나타나시니 주소왕周昭王 때라
> 높이 지혜의 해가 걸리고 멀리 동방에 촛불이 밝혀졌네
> 자비의 구름 넓게 덮이고 법의 비가 흡족히 내리니
> 그 도는 지극히 커서 넓은 바다와 같네
> 피안에 사람들 건네 줄 법의 돛대 크게 세우고
> 금빛 부처 황제 꿈에 보이고 백마가 용처럼 날아와

부처의 가르침 멀리서 한나라에 이르렀고
위魏와 진晉을 거쳐 수隋와 당唐에 들어가
도와 덕이 버들에 바람 불듯 천하에 처음 나타나니
무한히 깨우치고 일월日月 다투어 빛나네
달마라는 후손 있어 법을 얻고 진리를 통달하니
고상한 조사의 인장을 차고 외딴 배로 양梁나라에 가
작은 방에서 고요히 9년을 머물렀네
한 송이 꽃, 오엽五葉64이 오래되어 곱게 피니
저 백조산白兆山 지원志圓 선사의 오묘한 가르침 이어지고
제자인 혜운惠雲 선사 동방에서 와서
맘껏 선리를 깨닫고 굳건한 도에서 노닐었네
일하日下65로 돌아오니 신라 왕이 상 아래로 절했지
위인의 모습 널리 알려지니 경사롭고 상서로웠네
새와 같이 빠르게 내달려 이 도량을 세웠지
세월 가며 절의 기틀 다져졌는데 도만 남고 사람 없자
해안海安 스님 뒤를 이어 웅장하게 중창했지
빛나는 강산 속의 전각과 당우들
임진년·정유년에 이르러 이 땅에서 왜구들 날뛰어
절들은 해악을 입어 재 가루만 날렸네
산천은 슬피 흐느끼고 학과 원숭이도 원망하고 근심하는데
덕성德性과 혜언惠彦 스님 폐허를 바꿔 넓혔으니
향화 올리는 전통 빛나고 복을 비는 일 무궁하리
흑룡 해가 되니 타고 남는 재는 말끔히 걷히고
천학天學과 담식曇湜 스님 중창에 힘을 다했지
이곳에 인연 있어 뭇 새들이 날아드는데
동쪽의 산세를 살펴 서쪽에 곁집을 붙였네

옛집을 되살리고 새롭게 하여 산기슭을 아름답게 꾸몄네

맑고 깨끗한 절집, 크고도 긴 원랑들

해는 꽃 벽돌을 비추고 구름 그림자 흰 벽에 어려 있네

가운데 건물은 기세를 갖추었고 불상은 보배 집에 있네

동쪽으로 칠곡이 우뚝하고 서쪽으로 멀리 가야가 보이네

위대한 수로왕이 상제의 곁에서

백성의 중도에 임하여 손에는 하늘 문장을 쥐었네

신비하고 기이한 자취 오래도록 전해지니

신어산神魚山은 푸르고 낙동강은 양양하네

국사國師의 풍모 물과 산같이 영원하리니

돌에 사연을 새겼으니 우뚝하니 천년을 가리라

甘露寺事蹟碑銘幷序

夫道至大至公。而塞乎天地之間。其猶橐籥之虛而不屈。動而愈出。酌焉而不竭。澍焉而不匱。故聖人。得以施之於天下。而不爲伐。被之於萬世。而不爲宰。綽綽然有餘裕者也。惟我覺皇。啓運大千之上。爲聖中聖。號天中天。頂放百寶之光。面開滿月之輪。奮金毛之吼。宣玉龍之吟。布慈雲於性空。震法雷於覺苑。敎海之波瀾。於是乎瀰漫於沙界。庸詎以三尺喙五色毫一蒼鹿五千言而比之哉。逮乎劉漢金身輒入於御夢。白馬焌驦乎神州。玉軸良函之文已縢於蘭臺石室。非天之所以蚓其東土生靈。厭䢃於有截之域。畀之游於大方之家者俲。自漢曆于魏晉齊梁之間。其道愈久而愈光。以至于今。不能遏之。則其慈濟之功。靡有紀極也。在末後。以正法眼藏。付於大龜氏。其傳至二十八世。有達麽大師。遠佩祖印。蹂葱嶺渡流沙。而游於梁魏之間。坐態[1]耳九年。得神光氏。以衣法付之。其傳至於五宗。大振於四海。使吾佛之風。不啻如華添錦上。此所謂格外禪門者也。有新羅僧惠雲入唐。爲安州白兆山志圓禪師之法胤。於達麽爲十世孫。卽唐昭宗天祐

十七年丁卯也。雲卽辭白兆而東還。新羅興德大王。拜師爲慈雨國師也。俄
而慈雨。思其鳥養。拂錫而南。乘盃渡水。游歷于此。卽見山屛環翠於滄州
之上。洞壑平寬。爲壺中之別區。師忻其愜願。乃闢大道場。廣震白兆之宗
風。雨大法雨。普接人天之峻機者。若神龍之據大雲。而乘風雷。雨甘露於
龍門。使鯤鯨魚鼇之屬。總變其頭角故。遂以神魚名其山。甘露榜其寺。以
爲終焉之所仍入寂于此故。其浮圖至今尙存焉。後至宋理宗嘉熙元年丁
酉。有僧海眼。淑慕慈雨之高躅。重緝是寺。其隳橈陊圯之殿宇堂寮。一新
舊制焉。逮皇明萬曆丁壬之亂。寺爲島夷之踩蹸焉。蕩然爲焦墟。噫。其兵
燹之慘也。至萬曆甲寅。有德性杜仁覺淳惠彥等四大德。見其址完爾於草
莽之中。遂慨歎曰。此其慈雨之遺基也。雖道無古今。興廢有數。吾等倡以
復之。則必有皷翼以從善之者。遂相與矢心。以重復爲己任。果有僧元俊。
從後響應而至。乃成法堂也。至其堂寮樓閣之屬。亦有同志之輩所戮力也。
及乎崇禎之壬辰。嵬然堂宇盡爲劫火之焚燉。亦見林巒失色。雲澗含悲。有
天學惠彥兩大德。愈爲之痛。謂之衆曰。前人之功。已歸於虛。與其撫膺而
聽白馬之悲嘶。曷若拊掌而觀。赤烏之祥集。卽與處文曇湜楚英信梅處湖
一淸處悅曇惠卓均曇性大彥克信大玄等十二開士。協謀致力。遂使佛殿
之壯。僧廬之盛。有竦於後觀。而湖演上人。斷甞雲根。以築鴈齒之層砌也。
議者又曰。寺之舊制。迫於東岑。虛其西麓。若人之折一臂。而且僧多屋窄。
宜於西增開寮舍。以愜地靈。有性俊文學天學曇湜卓澄等。卽鏟西。加拓明
月淸風對月彌陁四舍及大藏殿。於是寺。方爲具體也。僧大洽造四天王像。
以安於門。使飛甍峻宇鉐差。嵬煥於湖山之外。有隔江而望之者。爭指爲蓮
花淨土也。予取慈雨海眼之蹟而觀之。則前之德性惠彥。後之天學曇湜等
諸公。雖在於今而復之。寺之爲古也審矣。且夫惠雲之創在於唐。海眼之緝
在於宋。德性等復在於明。其與廢者。與唐宋明三代相終始。而其海眼惠彥
等功。皆遇壬辰而敗。則慈雨之跡。亦想以壬辰而沒。天學等功。將恐以壬
辰。且見其亡也。然則物之理。天之數。惟且休也。盖寺在盆城之東麓。盆

城乃首露之遺墟。甘露卽慈雨之舊址也。首露以神聖之資。爲創國之君。慈雨以龍象之表。爲開山之主。於千載之下。其高風盛烈炳然相並。以不泯其盆城之奇跡。甘露之靈芬。已載於國史及興經。則爲南國巨鎭名刹者宜矣。且觀其宅勢。則背倚魚岑。面俯洛流。魚之根。自頭流逶迤。於晋咸等五六州之間。而抵於此。盤紆而爲後殿。洛之源。從大白而奔放於商星等府八百里之外。而注於是。匯瀄而爲前襟。其山河之美。孰有加於此哉。故東西搢紳之行。過是寺者。必抵掌曰。雖洞庭之金山。金陵之甘露。亦不足以爲多於此也。有前三南揔攝釋性俊。慨寺古而無蹟可眎來者。錄其前後。創復之人名字及歲月。且命行熏大德。而樹石以其錄。請銘於予。予讓之曰。銘誄必籍文章鉅公之手。豈縷褐老宿之所宜也。俊公之請彌堅。不護已。姑爲之序。乃爲銘曰。

於赫覺皇　獨步大方
顯于西土　世周昭王
高揭慧日　遠燭東鄉
慈雲廣布　法雨霈滂
其道甚大　如海汪洋
渡人彼岸　建大法橦
金身帝夢　白馬龍驤
聲敎遠達　屆于漢邦
曆魏曁晋　閱隋而唐
道德風楊　天下濫觴
洞徹塵劫　日月爭光
有孫達摩　得法玄綱
高佩祖印　一葦游梁
栖遲小室　九載倘佯
一花五葉　久而乃昌

有彼白兆　妙旨承張
曰子惠雲　毓于扶桑
就飽禪悅　游道康莊
還于日下　羅王拜床
鳳儀旣擧　爲瑞爲祥
鳥逝南邁　創此道場
年深院度　道存人亡
海安踵武　絹以重莊
照曜湖山　乃殿乃堂
逮于丁壬　斑寇陸梁
金田被毒　賊灰飄揚
山悲泉咽　鶴怨猱傷
德性惠彥　換彼卽唐
熒熒香火　祝釐無疆
歲周黑龍　劫燼流煌
有學有湜　業乃重匡
有緣斯會　衆翼翶翔
覘勢東岫　更添西廂
復舊拓新　馳彩雲岡
潭潭梵宇　大廡脩廊
日暎花磚　雲濃粉墻
原厥宅勢　象設寶坊
若木東秀　駕洛西望
皇皇首露　來自帝旁
臨乎民極　手握天章
神蹤異跡　永世流芳

魚岳蒼蒼　洛水湯湯

國師之風　水遠山長

鐫辭載石　巋然千霜

―――
1) ㉑ '態'는 '熊'인 듯하다.

보조국사普照國師가 심은 은행나무에 비를 세우다

적천사는 보조국사가 지은 것이다. 국사는 대송 영종 경원년에 이 절을 지었으나 기록이 없고, 사지에는 오직 손수 이 나무를 심었다는 것만 썼으니 이로써 천만세 자취를 밝히려 하였다. 이것은 세존과 견줄 수 있는 것이니 보리수를 가리켜 성도의 장소를 표시하는 것과 완연히 같은 일이 아닌가. 또한 달마 대사가 불립문자不立文字로 요지를 말하는 것과 합치되는 일이 아닌가. 이는 순서에 따른 국사의 자취와 창사의 사건에까지 부합된다. 비치된 사적에 이르기를 "도인인 혜철이 광주에서부터 유력하다가 이곳에 이르러 이 나무를 보고 '아, 이 나무는 보조국사가 손수 심은 것이다.'라고 하였다. 곧 이 말이 사중에게 전해지니 돌이 쌓여 축대가 만들어지고 흙이 모아져 봉토가 이루어졌다."라고 하였다. 마침내 한 자의 비석돌을 만들고 나에게 와서 고하니, 내 도인의 정성에 감동되어 명銘을 지었으니 다음과 같다.

당당하신 국사님은 성사聖師의 아들이시니
연수延壽 연간에 법을 잇고 중국까지 도를 떨쳐
제후도 굴복시키고 천자도 사양케 했네
거듭해서 부처의 가르침 일으키니 법해法海가 끝이 없고
이곳에 절을 짓고 나무를 심어
말없이 뜻을 드러내니 천년의 기이함일세
혜철惠哲 스님은 예부터 진실된 자애로 숭앙되었지
흙과 돌로 둥글게 이곳저곳 쌓고
전해 준 가르침 따랐으나 응하기엔 부족했네
무성하게 잘 뻗은 보리수나무
상서롭게 대천세계에 그늘을 드리웠는데

후인에게 알려 주고파 이 작은 비석 세우네

築普照國師手植銀杏樹碣

磧川寺。乃普照國師之所創也。國師於大宋寧宗慶元年。創是寺。而不用文字。以誌其事。惟以手植此樹。以表千萬世之遺蹤。此可與世尊。指菩提樹。表爲成道之場。宛同事蹟。亦非契於達麽不立文字之旨耶。及其國師時順間之跡。與寺創建之事。備在寺蹟中云。有道人惠哲。自廣州。遊歷而至。見此樹曰。噫。樹乃普照手自植者也。卽告諸寺衆。筥石以築之。輂土以封之。遂斷尺碣。來告于予。予感道人之誠。以爲銘云。

堂堂國師　聖師子兒
嗣法延壽　道震華夷
千乘屈節　天子卑辭
重興佛日　法海無涯
建寺于此　樹植于玆
表忘言旨　千載爲奇
有僧惠哲　遡仰眞慈
以土以石　環築其枝
踵予徵語　應以濫吹
蔥蔥嘉木　覺樹菩提
爲祥爲瑞　大千陰垂
以諍來目　樹此短碑

유명 조선국 냉산 도리사 아도 화상 비명 병서

　법계에는 크고 원만한 바다가 있는데 밑은 일곱 개의 금강으로 되어 있으며 언덕은 네 개의 열반으로 되어 있고 백천 개의 부당왕찰浮幢王刹[66] 이 섬을 이루고 하나의 태극이 그 기운을 이루고 끝이 없는 인간계와 천계가 어류가 된다. 일렁이는 겁파劫波와 가득한 항하사 모래가 허공계에 가득하다. 비람풍(嵐風)도 움직일 수 없고 겁화劫火도 태울 수 없으며 재앙의 물이 들이칠 수 없으니, 아득하여 그 끝을 볼 수 없도다. 삼라만상이 그 안에 비추어지니 신룡의 집이며, 숱한 보배를 간직한 곳이로다. 고금의 뭇 성인 가운데 누가 능히 그 근원을 보았겠는가.【위의 모든 것은 성해性海를 형용한 것이다.】
　옛날 주周 소왕昭王 때에 한 도사導師가 있었는데 '대각'이라 불렸다. 사바 세계에서 대운을 만나 서방의 땅에서 신의 모습으로 내려와 큰 원력을 가지고 바닥이 없는 배를 타고 자비를 상앗대로 삼고 방편을 돛으로 삼아 지혜의 바람을 따라서 마침내 이 바다에 들어왔다. 큰 가르침의 그물을 펼쳐 사람과 하늘의 물고기를 깨워 저 언덕으로 데려다 놓았고, 중천축국의 가운데로 그 물줄기가 거의 천 년간 흐른 것이 총령葱嶺 사막으로 넘쳐나 한漢나라로 흘러간 뒤, 진晉·위魏·제齊·양梁·수隋·진陳 나라를 거치며 천하를 흡족하게 적시고 물결이 동쪽에 미쳐 마침내 동이를 안고 표주박을 쓰는 무리와 뗏목을 타고서 길을 잃은 무리로 하여금 비로소 망양지탄望洋之歎[67]을 터뜨리게 하였다. 그 사이에 곤鯤과 고래가 진노하는 충만(沖融)한 가운데 붕鵬과 물수리가 높이 나는 아득한 바깥으로 유유자적하게 높이 날아 세 층의 풍도風濤를 매어 놓고 백 가지 골짝의 깊은 곳에 이른 이가 곧 아도阿度 화상이다.
　스님의 법명은 아도이며 속성은 아阿씨요 고구려 사람이다. 아버지 굴마屈摩는 위나라 사람으로 고구려에 사신으로 왔다. 고구려 왕이 집안 여

자인 고도령에게 장가가게 하여 아도 화상을 임신하게 되었다. 태어날 저녁이 되자 기이한 향기가 방에 가득 차고 상서로운 빛이 집을 관통했다. 태어나면서 신이하여 골격이 남달랐다. 여섯 살이 되자 학문을 구하였으며 겨우 열 살에 벌써 구류九流[68]가 좁다고 여겼다. 열여섯 살이 되자 갑자기 어머니를 떠나 바다를 건너 위나라로 들어가 아버지를 뵙고 출가하기를 청하였다. 아버지는 이를 기이하게 여겼다. 문제文帝가 이를 알고 그를 불러 영준한 자질과 탈속함을 보고는 아비로 하여금 출가시키게 하였으니, 아도라는 이름을 하사하고 현창玄暢 법사를 뵙도록 시켰다. 현창 법사가 그를 보더니 탄식하면서 "그대는 보살로서 불교를 동쪽으로 흘러가게 할 것이다."라고 하였다. 곧 승방에 들어가기를 허락하고 머리를 깎고 승복을 입힌 후 구족계를 주었다. 스님의 지혜로운 말솜씨는 타고났으며 선관禪觀이 쉽게 통하였으니 드넓은 대도에 나아가는 것이 천리마가 평탄한 길을 달리는 것 같았다. 현창 법사가 현기玄機로서 시험해 본즉 화살촉이 서로 부딪는 것 같아 서로 합치하지 않는 데가 없었으니 깊은 뜻을 꿰뚫었다. 현창 법사의 제자가 비록 수만 명이었으나 스님이 상족을 차지하였다. 스님은 이미 현창 법사의 법인을 차게 되었는데 동쪽으로 돌아가겠다고 말하였다. 이에 현창 법사가 "동방은 비록 작지만 준걸한 기틀을 가진 이가 점차 늘어나고 있으나 특별히 불교가 들어가지 않았다. 그대는 지금 물줄기를 돌려 해외의 메마른 백성을 무궁하게 적셔 주도록 한다면 그것이 널리 구제하는 공덕이니 어찌 사소한 일인가. 그대는 모름지기 노력하여 단절되지 않게 하라."라고 하였다.

스님은 머리를 숙여 인사하고 돌아와 어머니를 찾아뵈었다. 어머니 고씨 또한 기이한 사람으로 스님이 불도를 전해 올 것을 알고 있었는데, 기뻐하면서도 다짐하면서 말하길 "도가 행해지는 것은 때가 있으니 급하게 해서는 안 된다. 3천여 달【즉 110년】이후에 계림에 성왕이 나타나 불교가 크게 흥할 것이다."라고 하였다. 스님은 어머니의 말에 때가 이르지 않음을 알고는 곧 속진에 섞여 살다가 신라 일선군 모례毛禮 장자의 집에 가 머물렀다.

이에 앞서 승려인 묵호자가 고구려에서 모례의 집에 이르자 모례가 굴을 만들어 그를 머물러 있게 하여 스님을 돌보아 주었으니 때는 눌지왕 시절이었다. 법흥왕 15년에 왕이 스님의 도예道譽를 듣고 사신을 보내 궁 안으로 맞아들여 예로서 공경하며 불교를 흥성시키려 하였다. 근신近臣 이차돈異次頓은 그 계획을 찬성했으나, 나머지 신하들은 그를 미워하며 은밀히 일을 꾸며 그를 죽였다. 왕이 안타까워하면서 "이차돈이 과인을 찬성하여 죽음을 자초했으니 과인은 이를 통탄스럽게 여기며 이후 이같이 의론하는 자는 목을 벨 것이다."라고 하였다. 이윽고 왕은 스님을 무상사無上師로 삼아 수만 사람을 승려가 되게 하였으며, 뭇 대중의 스승으로 위촉하였다. 바야흐로 겨울철인데 푸른 칡이 여러 덩굴로 뻗어 화상의 굴로 들어갔다. 스님이 덩굴을 따라 이르니 냉산冷山 속에 오색 복숭아, 오얏 나무 두 그루가 눈 속에서 꽃을 활짝 피우고 있었다. 스님이 눈을 치우고 절집을 지었으니 법흥왕이 대단월이 되었으며 스님의 도덕의 감화를 생각하여 '도리桃李'로 편액을 삼았다. 절 동쪽에 있는 바위가 상탑床榻과 같아 스님이 그 위에서 크게 무외의 선정에 들어갔다. 혹 비바람이 불고 캄캄한 밤에도 두려운 마음을 가진 적이 없어 사람들이 '무외 화상無畏和尙'으로 칭하였다. 왕이 스님이 있는 곳이 멀다고 여겨 성 밖에 대흥륜사大興輪寺를 짓고 머무르기를 청하였다. 진흥왕 때에 이르러 왕이 바야흐로 스님의 교화에 갈증이 나고 더욱 공경함이 두터워져서 제자의 예를 갖추었으며, 또한 중생을 제도하는 것을 그치지 않았고 크게 탑묘塔廟를 높이 세웠다.

진흥왕 5년 갑자년에 이르러 나라 안에 조서를 내려서 불교를 크게 흥성시킬 방도를 밝히고 마침내 큰 절 일곱 개를 지었으니 영흥永興·분황芬皇·영묘靈妙·천왕天王·담엄曇嚴·법수法水·법주法住를 말하는 것이다. 이후 온 성내의 사녀士女와 공경대부 등이 각자 큰 원을 세우고 경쟁하듯 집안의 재물을 내놓고 다투어 절을 높이 세웠다. 마침내 3천 비보裨補(사찰)와 500개의 발원처가 교외 언덕과 성안 시장 사이에 바둑알처럼 흩어져 있고 백성들 사는 곳에도 절들이 연이어 있었으니, 동방의 불법은 스님으로부터 시작되어 크게 행해졌다. 어머니 고씨의 말은 이에 이르러 증험이 있었다. 왕은 말년에 머리를 깎고 스스로 법운자法雲子라 하고서 백성을 다스렸다. 스님이 처지가 어렵게 되자 크게 사자후師子吼의 일성을 터뜨리고는 몸을 숨기고 영원히 떠나갔다. 이때에 땅이 솟구치고 산이 흔들리면서 흰빛이 땅을 꿰뚫었으며 큰 별이 하늘에서 떨어졌다고 한다. 천지가 이와 같이 감동을 받았는데 하물며 왕·신하·선비·서민들은 어떠했겠는가. 아아, 해가 깊어지고 사적이 멀어지자 시대가 달라지고 사람들은 사라졌다.

  스님의 자취가 내려와 태어나던 날과 중생을 교화하고 적막으로 돌아가게 된 때는 분명하지 않아, 상세히 상고하기 어렵다. 대개 화상은 위魏나라 정시正始[69] 연간에 태어나 당나라 정관貞觀[70] 연간에 세상을 떴으니 그 시간을 따져 보면 스님의 연세는 280여 세가 된다. 대개 지인은 세상에 내려와 대도를 천만세 오래도록 만들어 전하는 것이니, 어찌 짧은 수명과 범인의 능력이겠는가. 지금 도리사의 여러 석덕들은 2천 년의 제사를 이어오면서 스님의 도덕비를 세우고자 하여 상인 1인을 뽑았는데 그가 발 부르트도록 달려와 나에게 뇌문誄文을 청하였다. 나는 여러 승려들의 스님을 향한 정성을 가상하게 여겨 삼가 동국의 사서와 스님의 행장을 살펴 시종을 엮었으니, 명銘은 이러하다.

    넓고 큰 찰토刹土 안에는 바다 같은 마음 넘실거리고
    언덕은 부당왕찰浮幢王刹이요 그 밑에는 금강金剛이라
    겹겹의 금빛 물결 넓고 넓은 지혜의 달

두루 허공의 세계에 채우고 시방 세계 담았네
넓고도 맑아서 흐릿하지 않고
펼쳐져 두루 보이고 온갖 형상 뚜렷하네
여러 신령들 머물고 보배들 간수했으니
육도의 사생四生들 누가 그 속을 보았나
옛적 스승 있어 각황이라 불렀으니
자비의 상앗대를 쥐고 방편의 돛대를 세웠지
지혜의 바람을 타고 바닥 없는 배에 올라
큰 바다에 들어가 큰 가르침의 그물 펼치네
사람·하늘의 물고기를 깨우쳐 깨달음 터에 있게 하고
서쪽에서 흐르던 도의 물길이 동으로 한漢·양梁에 들어갔네
천하에 흘러넘쳐 물결이 동쪽 나라에 이르니
동이를 안은 자는 탄식하고 길 잃은 자 넘어졌네
물줄기는 갈라져 동쪽으로 넘고 해는 서쪽에서 빛나고
마음 밭에는 덕이 자라고 해안에는 향기가 드리웠네
범게梵偈[71]는 먼 데 전해지고 법의 은혜 멀리 빛나는데
숨었다 드러나는 현자들 오가는 성인들
헤엄치는 고래·자라, 하늘 나는 붕새·물수리
아, 대사가 동방에 강림하여
배 타고 위魏에 가는 길 홀로 높은 물결에 몸 맡기고
부친에게 절하고 황제를 뵙고는 대가들을 찾았지
먼저 현창玄暢 대사를 찾아 곧 종지를 전해 받고
갑자기 동국으로 돌아와 자취를 감추었네
처음 불교를 일으켜 왕에 의지했으니
천승千乘 지존을 굴복시키고 대사는 도의 창성을 도왔지
공경은 나아가 기다리고 사서士庶는 급히 달려오니

널리 법약法藥을 내려 의연히 병자를 구했네

자비의 구름으로 가득 덮고 법우法雨를 억수로 내려

화택火宅72의 불을 끄고 마음의 근심을 식혔지

법희法喜73의 밥을 먹고 감로의 장을 마시며

무외無畏74의 선정에 들고 돌 책상에 앉았네

깊은 병 홀연히 낫게 하는 것은 정성 들인 제사인데

끝내 삭발하는 왕의 도는 우탕禹湯75에 앞서네

절을 지으니 전각과 당우가 늘어서고

웅장하게 시내와 언덕을 배치하고 성황당을 나열했네

건물은 날개처럼 빛나며 아름답게 마주보는데

선승들은 방 안에 가득하고 법보는 상자에 넘치네

참으로 소도蘇塗76를 이어받아 진주들 사이에 장중하고

불상은 옥으로 새기고 경전은 겸상縑緗77으로 꾸몄네

복으로 사직을 편안케 하고 도로써 묘당을 지었으니

위대하다 공덕은 가히 헤아릴 수 없도다

세월이 오래 되니 도는 남고 사람은 없어졌는데

아름답도다, 여러 스님들이여 천년 세월 오래도록 공경하네

밝은 자취 쓰려 해도 혼매하여 상세치 못하니

간략히 대략만을 기록하여 영원토록 전해질지어다

귀부 위에 우뚝 선 비석 천지와 함께 장구하기를 바라노라

有明朝鮮國冷山桃李寺故阿度和尙碑銘并序

夫法界有大圓滿海。以七金剛爲其底。四涅槃爲其岸。以百千浮幢王爲島嶼。一太極爲其氣。以無盡人天爲魚蝦。汪洋劫波。彌滿恒沙。滔滔乎盡虛空界。嵐風不能動。劫火不能焦。災水不能浸。森森乎不見其涯溔。萬像森羅。影印其內。而神龍之爲宅。衆寶之所藏焉。古今凡聖之流。其孰能窺淵源哉。【上皆形容性海也。】昔在周昭之世。有一導師。號曰大覺。屆大運於娑婆。降神姿於西土。承大願力。駕無底船。以慈悲爲篙。以方便爲帆。隨智慧風。遂入此海。張大敎網。攎人天魚。置於彼岸。而畎其流於中天竺之中者。幾乎千齡。而濫于葱沙。溢於漢域。流歷於晉魏齊梁隋陳之間。沛然天下。波及東隅。遂使抱瓮酌瓢之徒。取筏迷津之輩。殆與望洋之歎也。而間有鯤鯨奮振乎沖融之間。鵬鶚翱翔乎浩渺之表。優游遐擧。繫三級之風濤。窮百谷之奧域者。卽我和尙其人也。師法諱阿度。俗姓阿氏。句高麗人也。父崛摩。曹魏人。奉使于句高麗。句麗王以族女高氏道寧尙之。娠師焉。將誕之夕。異香滿室。祥光貫屋。生而神異。品骨非常。而年甫六歲。乃求學。甫十歲。已有隘九流之志。至十六歲。遽辭母。航海入魏。謁其父。求出家。父異之。聞于文帝。帝召見其英姿脫俗。以其父度之。卽賜阿度之名。使謁玄暢法師。暢見而歎曰。此菩薩人也。佛敎東行之漸也。卽容入室。仍削染。輒授具戒。師慧辯天縱。禪觀易啓。至於大道之康莊。其造之。如驥騄之走坦途也。暢以玄機試之。則箭鋒相柱。無不契投。針之密旨。暢之徒雖數萬。而師居其上足焉。師旣佩玄暢法印。辭欲東還。暢曰。東方雖小。俊機稍多。而特佛敎尙未流入。爾今畎流而去。使海外橋氓。永得蒙潤於萬世之無窮。則其爲普濟之功。豈曰淺淺哉。爾須努力。無令斷絶。師稽首而還。省其母。母高氏。亦異人也。知師佩道以來。喜而誌之曰。道之行時乎。不可急。爾後三千餘月。【卽一百十年也。】雞林有聖王出。大興佛敎也。師禀母誌。知時未至。卽混跡同塵。至新羅一善郡毛禮長者家止之。先是有沙門墨胡子者。自句高麗。至毛禮家。禮爲作窟室以留之。至是禮。又以此室留。師而奉之。卽訥祗王時也。至法興王十五年。王聞師之道譽。遣使迎入掖內。勤加禮敬。欲興佛敎。近臣異次頓。贊其計。群臣嫉之。陰以別事構殺之。王悔之曰。頓以贊寡人計死矣。寡人痛之。以後如有敢議者斬之。乃拜師爲無上師。度數萬人爲僧尼。囑爲師之徒衆也。方冬月有蒼葛數蔓。入師之窟。師扳蔓而至。冷山中有五色桃李兩株。盛開花於雪中。師掃雪擬創梵宇。法興王爲大檀越。以爲師道德之感。以桃李扁之。寺之東有石。如床榻。師於其上。入大無畏定。或當風雨晦冥之夜。未嘗有怖畏之心。人稱爲無畏和尙也。王以師居之遠。爲創大興輪寺於城外。請留住焉。至眞興王朝。王鼎渴師之道化。而尤加敬重。執摳衣之禮。又度人不止。大崇塔廟。至五年甲子。下詔國中。諭其大興佛敎之旨。遂創大伽藍七。曰永興。曰芬皇。曰靈妙。曰天王。曰曇嚴。曰法水。曰法住。而後傾城士女及卿大等。各發大願。競捐家貲。爭崇佛利。遂使三千裨補五百祝釐之所。某布霧列於郊原城市之間。而梵宇之簷連於閭閻之桷。東方佛法之始。自師而大行焉。高氏之誌。至此乃驗也。王晚歲剃髮。自號法雲子。以治政焉。師化緣將卑。作大師子吼一聲。而遂隱身永逝。于時地湧山搖。白光貫地。大星殞天云。天地之感如斯。而況君臣士庶乎。嗚呼。年深事遠。代異人亡及乎。師降跡出胎之時日。化衆歸寂之歲紀。崦婀而不可細考也。盖師生於魏正始之間。滅於唐貞觀之中。取其間曆數而計之。則師之春秋。有二百八十餘歲矣。盖至人降世。以大道創傳於千萬世之悠遠。則豈小壽凡骨之所能哉。今桃李寺諸德。緬嚮師於二千年之下。欲樹師道德之碑。乃選上人一人。繭足而請誄於余。余嘉其諸德嚮師之悃。謹按東史及師之行狀。捃編始終。因獻銘曰。

廣大利內　性海汪洋
其岸浮幢　其底金剛
金波㴠㴠　智月汪汪
遍滿空界　容含十方
滔滔湛湛　不見其傍
森羅普現　萬像齊彰
群靈所宅　衆寶所藏
六道四生　孰窺其央
昔有導師　其號覺皇
把慈悲篙　建方便檣

乘智惠風　駕無底航
入此大海　大敎網張
攬人天魚　置于覺場
畎道西流　東入漢梁
濫觴天下　波及海邦
抱甕者歎　失津者悵
流支東陟　日照西光
心田樹德　海岸垂芳
梵偈遝傳　法燭遼煌
群賢隱顯　衆聖低昻
鯨鼇游泳　鵬鶚翱翔
粤有大士　降跡日鄕
乘盃渡魏　獨駕高浪
拜父謁帝　遂蹈大方
首詣玄暢　便佩宗綱
奄還東土　歛跡以藏
肇興佛敎　爰憑聖王
屈千乘尊　師資道昌
公卿趨佇　士庶趨蹌
廣施法藥　宜救膏肓
慈雲廕庇　法雨霑霶
淸凉火宅　滴沃焦腸
飡法喜食　飮甘露漿
入無畏定　晏坐石床
沈痾忽瘳　其有精禳
王終剃髮　道邁禹湯

締構伽藍　乃殿乃堂
雄排川陸　羅列城隍
煥然如翼　蔚以相望
禪流滿室　法寶盈箱
寔效蘇塗　珠貝間莊
像鑴琰琓　經餙縑緗
福安社稷　道構廟廊
偉哉功德　不可思商
時移代久　道存人亡
美矣諸德　緬欽千霜
恭序睿跡　昧而未詳
畧紀大槩　永貽無彊
龜珉卓立　地久天長

주

1 총사蔥沙 : 파미르(Pamir) 고원 지역을 일컫는다. 총령蔥嶺이라고도 한다.
2 양화楊花 : 조선 시대 삼진三鎭의 하나이다. 서울에서 양천陽川을 지나 강화로 가는 주요 간선 도로상에 위치하였던 교통의 요지였다.
3 사오로四五路 : 염라대왕이 망자의 집에 파견하는 저승사자인 사직사자四直使者와 오제五帝를 그린 탱화.
4 동해東海 : 일종의 다라니판으로, 한 장으로 만들어진 큰 경판을 말한다.
5 주소周召 : 주周는 주실周室의 기초를 다지고 예악과 제도를 마련한 주공周公을 말하며, 소召는 주공과 함께 주실을 세운 소공召公을 가리킨다.
6 초월楚越 : 초월지간楚越之間. 전국시대 초楚나라와 월越나라 사이처럼 서로 원수같이 지낸다는 뜻. 여기서는 불교를 억압한 역사적 사실을 말한다.
7 삼백三白 : 동지 이후 세 번째 돌아오는 술일戌日을 납일臘日이라고 하며, 이날 전에 세 번 눈이 내리는 것을 삼백이라고 한다. 여기서는 전해 납일 때부터 다음 해 납일 때까지 머물렀다는 뜻으로 쓰고 있다.
8 육시六時 : 불가佛家에서 1주야를 여섯으로 나눈 시각을 말하는데, 신조晨朝·일중日中·일몰日沒·초야初夜·중야中夜·후야後夜가 그것이다. 이때는 종을 울려서 각 시각을 알렸다.
9 마등摩騰 : 가섭마등迦葉摩騰을 말하며 축섭마등竺葉摩騰·섭마등攝摩騰이라고도 한다. 서인도에서 『金光明經』을 강설하여 이름을 떨쳤는데, 중국 후한의 명제明帝가 불법을 구하기 위하여 승려 법란法蘭과 함께 채음蔡愔 등을 인도에 보냈을 때, 중앙아시아 대월지국大月氏國에서 가섭마등을 만났다. 그는 67년 불상과 경전을 백마에 싣고 낙양洛陽에 이르러 백마사白馬寺를 짓고 중국에 불법을 최초로 전파한 인도승으로 전해지고 있다.
10 법란法蘭 : 축법란竺法蘭을 말한다. 중인도 스님으로 67년(후한 영평 10) 가섭마등과 함께 중국의 낙양에 와서 『四十二章經』을 번역하였는데, 이는 중국 역경의 첫 사업이었다. 가섭마등이 죽은 뒤에는 특히 역경에 주력하였으며 『所佛本行經』 등 5부 13권을 번역하였다.
11 채음蔡愔 : 중국 후한의 명제明帝가 불법을 구하기 위하여 승려 법란法蘭과 함께 인도에 보낸 인물이다.
12 백장 대지百丈大智(749~814) : 법명은 회해懷海. 마조 도일馬祖道一(709~788)의 수제자로 선종禪宗 교단을 독립시키고, 자신의 문하에 훗날 위앙종潙仰宗의 시조가 된 위산 영우潙山靈祐와 황벽 희운黃檗希運을 배출시켰다. 마조 도일 → 백장 회해 → 황벽 희운(780?~850) → 임제 의현臨濟義玄(?~866)으로 이어지는 선맥에서 중요한 위치를 점한다.
13 지지地誌 : 『新增東國輿地勝覽』 권27 「慶尙道」 〈玄風縣〉.
14 사겁四劫 : 이 세계가 성립하여 파멸에 이르기까지의 네 기간. 지극히 긴 시간을 의미한다.
15 손공孫公 : 진晉나라의 손작孫綽을 말한다. 천태산天台山의 절승絶勝을 보고 지은 시

가 있다.
16 백부白傅 : 만년에 태자소부太子少傅를 지냈던 당唐나라 시인 백거이白居易의 별칭이다. 그는 말년에 향산에 별장을 짓고 시회를 베풀며 지냈는데, 용문은 향산 근처에 있는 산을 말한다. 『新唐書』 권119 「白居易傳」.
17 금성金聲 : 진晉나라 때 문인 손작孫綽이 〈天台山賦〉를 지어 놓고 자기 친구인 범영기范榮期에게 말하기를 "그대는 시험 삼아 이 부를 땅에 던져 보게나. 의당 금석 소리가 날 것일세.(卿試擲地。當作金石聲。)"라고 한 데서 온 말로, 시문 등이 뛰어남을 비유한다. 여기서 금성은 손작의 시문을 가리킨다.
18 월운月韻 : 백거이白居易가 〈中秋〉, 〈十五夜〉 등 달을 노래한 시를 많이 지은 것을 비유하고 있다. 여기서는 백거이의 시 작품을 일컫는다.
19 개사開士 : 원래는 보살을 가리키는데, 여기서는 스님의 뜻으로 쓰였다.
20 봉성鳳城 : 구례의 옛 지명.
21 국일國一 선사 : 벽암 각성碧巖覺性을 말한다.
22 강주康州 : 진주의 옛 이름.
23 오탁五濁 : 세상의 다섯 가지 더러운 것을 말한다. 오재五滓 또는 오혼五溷이라고도 하며, 겁탁劫濁·견탁見濁·번뇌탁煩惱濁·중생탁衆生濁·명탁命濁이 이에 속한다.
24 정토업淨土業 : 극락 세계에 태어날 수 있는 청정한 행업.
25 해좌사향亥坐巳向 : 해방亥方을 등지고 사방巳方을 바라보고 앉은 자리를 말하는데, 11시 방향을 등지고 앉아 5시 방향을 바라보는 자리라는 뜻이다.
26 잔강潺江 : 섬진강의 옛 이름.
27 반조返照 : 도가道家의 수련법修鍊法의 하나인 회광반조回光返照를 줄인 말이다
28 원각圓覺 : 석가여래의 원만한 깨달음. 조금도 결함이 없는 우주의 신령스러운 깨침을 이르는 말이다.
29 동철銅鐵 : 동산銅山에서 생산되는 동銅과 철鐵을 말한다. 한漢 문제文帝가 일찍이 촉蜀의 엄도동산嚴道銅山을 영신佞臣인 등통鄧通에게 주어서 돈을 주조하게 한 데서, 동산은 재물이나 재화를 의미하게 되었다.
30 황하黃河 : 중국 서부에서 동북부로 흐르는 강.
31 흑수黑水 : 중국 동북 지역의 흑룡강黑龍江을 말한다.
32 지석砥石 : 전설상의 산 이름으로 이곳 요수遼水에서 지석이 생산된다고 한다.
33 반목蟠木 : 동해 속에 있다고 전하는 전설 속의 산. 부상扶桑과 같은 의미로 쓰인다.
34 미려尾閭 : 『莊子』 「秋水」에 나오는 말로, 해저의 큰 구멍을 일컫는다. 바닷물이 이 구멍을 통해 쉴 새 없이 빠져 나간다고 한다.
35 육서六瑞 : 법화육서法華六瑞의 준말로, 부처님이 『法華經』의 설법을 시작하기 전에 일어났던 상서로운 일을 말한다. 즉 설법서說法瑞·입정서入定瑞·우화서雨華瑞·지동서地動瑞·중희서衆喜瑞·방광서放光瑞의 여섯 가지가 그것이다. 설법서는 부처님께서 『無量義經』을 설해 마쳤어도 대중이 일어나지 아니함이요, 입정서는 부처님이 무량의 삼매에 드심이며, 우화서는 하늘에서 흰 연꽃, 붉은 연꽃의 꽃비가 내린 일이요, 지동서는 대지가 여섯 가지로 진동한 일이며, 중희서는 대중이 여러 가지 상서를 보고 큰 설법이 있을 것을 짐작하고 기뻐함이요, 방광서는 부처님의 미간 백호眉間白毫에서 광명을 놓아 동방 1만 8천 불국토佛國土를 비춘 것을 일컫는 것이다.

36 서원西原 : 통일신라 시대 오소경五小京의 하나. 685년(신문왕 5) 지금의 청주 지방에 서원 소경이라는 이름으로 설치한 행정 구역으로, 경덕왕 때 이름을 고쳤다.
37 원거鶢鶋 : 처지에 맞지 않게 과분하게 대접받는 것을 비유하는 말이다. 원거鶢鶋 새가 바람을 피해서 노魯나라 교외에 날아와 앉자, 임금이 그 새에게 순舜임금의 소악韶樂을 연주하고 고기 요리로 대접했으나 오히려 근심과 슬픔으로 3일 만에 죽고 말았다고 한다.『莊子』「至樂」.
38 탁약橐籥 : 탁橐은 풀무의 바깥쪽이고, 약籥은 안쪽의 관管으로 움직이면서 바람을 일으킨다.『道德經』5장에 "천지의 사이는 풀무와 같아서 비어 있으나 다하지 않고 움직일수록 더욱 쏟아져 나온다.(天地之間。其猶橐籥乎。虛而不屈。動而愈出。多言數窮。不如守中。)"라는 말이 있는데, 여기에서는 천지와 같은 말로 쓰였다.
39 금모지후金毛之吼 : 사자후獅子吼와 같은 말이다. 불가에서는 부처의 설법하는 소리를 사자獅子가 토하는 울음소리에 비유한다.
40 삼 척의 부리(三尺喙) : 육여경陸餘慶이 모든 일에 있어 말로는 잘하나 판결력이 부족하므로 사람들이 "말할 적에는 부리가 석 자나 길어지고 판결할 적에는 손이 닷 근이나 무겁다.(說事則喙長三尺。判事則手重五斤。)"라고 조소하였다.『唐書』「陸餘慶傳」. 여기서는 말만 잘할 뿐 뛰어난 문장을 지을 수 없음을 말하고 있다.
41 오색호五色毫 : 오색필五色筆과 같은 말로, 문재文才를 말한다.
42 창록蒼鹿 :『列仙傳』에 의하면, 함곡관령函谷關令 윤희尹喜가 함곡관 위에 자줏빛 서기가 서려 있는 것을 관측했는데, 이윽고 노자老子가 푸른 소를 타고 그곳을 지나가므로 그에게 부탁하여『道德經』5천 언글을 받았다는 고사가 있다. 여기서는 푸른 소가 아니라 푸른 사슴을 탄 사람으로 설정하여『道德經』을 얻을 수 없음을 말하고 있다.
43 유한劉漢 : 유방劉邦이 세운 한漢나라를 말한다.
44 금신金身 : 금으로 만든 불상으로, 금불이라 하기도 한다. 순금純金·금동金銅·도금鍍金으로 제작하므로 금신이라 칭한다.
45 신주神州 : 중국을 가리킨다. 전국시대 학자 추연鄒衍이 중국을 신주라고 한 이후 중국의 별칭으로 쓰이게 되었다.
46 유절有截 :『詩經』"상토께서 열렬하시자 해외의 사방 제후들이 일제히 귀의하였다.(相土烈烈。海外有截。)"에 보이는 말로, 구주九州·천하天下·해외海外 등을 지칭한다.
47 대방가大方家 : 식견識見이 넓고 사리事理에 밝은 사람. 대가大家를 가리킨다. 하백河伯이 자신이 관장하는 하수河水의 물이 불어나 자신만만했으나 북해北海의 물이 끝없이 펼쳐진 것을 보고는 "대방지가大方之家의 비웃음을 사겠다."고 한데서 나온 말이다.
48 정법안장正法眼藏 : 선문禪門에서 바른 세계를 보는 방법. 즉 깨달음의 진실을 의미하는 말로 쓰이는데, 석존이 깨달은 무상의 정법正法을 가리킨다. 청정법안清淨法眼이라고도 하며 석가모니불이 삼처전심三處傳心으로 마하가섭摩訶迦葉에게 정법안장을 전하였다. 정법을 알아보는 안목을 가진 이에게 함장되어 있는 진리의 내용이라는 뜻도 지닌다.
49 대구씨大龜氏 : 가섭迦葉을 가리키는데, 마하가섭摩訶迦葉·대음광大飮光으로도 번역한다. 부처님의 십대제자十大弟子 가운데 한 분으로 본래는 바라문으로 석존이 성도한 지 3년쯤 뒤에 부처님께 귀의하였다. 그는 제자 가운데서도 의식주를 극도로 검박하게 하고, 용맹정진勇猛精進하는 두타행頭陀行이 제일이었으며, 부처님의 의발衣鉢

을 받은 상수제자上首弟子로서 부처님이 입멸한 뒤 500 아라한을 데리고 제1 결집第
一結集을 하면서 그 우두머리가 되었다. 부처님 이후의 법통法統을 말할 때에는 그가
초조初祖가 된다.
50 총령葱嶺 : 중국 신강성의 산맥으로 파미르 고원을 말한다.
51 신광씨神光氏 : 선종의 제2대 조사인 혜가慧可를 가리킨다. 달마達摩 대사가 중국에
최초로 선종을 창시한 이래 그 가르침은 혜가에게 전해진다. 신광은 혜가 대사의 법명
으로, 그는 낙양 사람인데 어려서 노장학에 능통하였고 현리 찾기에 정진하다가 달마
를 찾아 가르침을 청한 뒤 훗날 제2조사로서 인가를 얻는다.
52 오종五宗 : 선종禪宗이 분파된 것을 말한다. 초조初祖 달마達摩로부터 5조 홍인弘仁
에 이르러 홍인의 밑에서 북종北宗 신수神秀와 남종南宗 혜능慧能의 두 파로 나뉘어
졌다. 북종은 북지北地에 행하여 후세에 분파가 없고, 남종은 남지에서 행하여 오가五
家·칠가七家의 구별이 있는데, 오가는 위앙종潙仰宗·임제종臨濟宗·조동종曹洞宗·
운문종雲門宗·법안종法眼宗이요, 칠가는 이에 황룡黃龍과 양기楊岐를 더한 것이다.
53 법윤法胤 : 불가에서 법통을 계승하는 사람을 말한다.
54 백조白兆 : 지원志圓 선사를 가리킨다. 백조는 안주安州에 있는 산 이름이다.
55 조양鳥養 : 『莊子』에 바닷새(海鳥) 앞에서 종과 북으로 음악을 아뢰니 새가 걱정하였다
는 말이 있다. 새를 새로 대접해야지 사람이 좋아하는 음악은 새에게는 맞지 않는다는
뜻이다. 주 37 참조.
56 호중壺中 : 인간 세상과 구별되는 아름다운 세계를 말한다. 후한後漢의 술사術士 비장
방費長房이 선인인 호공壺公의 총애를 얻어 그의 호리병 속으로 들어갔다가 그 안에
별천지別天地가 펼쳐져 있는 것을 보았다는 설화에서 나온 말이다. 『後漢書』 권82하
「方術列傳」〈費長房〉.
57 적오赤烏 : 길조吉鳥를 가리킨다. 주周나라 무왕武王이 주紂를 치기 위해 맹진孟津을
건너간 뒤에 불기운이 왕의 막사에 흘러들어 와 붉은 까마귀로 변했는데, 다리가 셋으
로 변했으며 또 붉은 까마귀가 단서丹書를 물고 토지신을 제사 지내는 주나라의 사社
에 모인 일이 있었다고 한다. 『尙書大傳』「周書」〈泰誓 上〉, 『呂氏春秋』「有始覽」〈應
同〉, 『史記』 권4「周本紀」.
58 개사開士 : 주 19 참조.
59 안치鴈齒 : 기러기의 행렬이나 이(齒)의 모양과 같이 나란히 이어진 것을 말한다.
60 분성盆城 : 현재의 김해를 가리킨다.
61 용상龍象 : 고승高僧을 뜻하는 불가의 용어이다.
62 전금前襟 : 전금후거前襟後裾에서 나왔다. 형제들이 부모님 슬하에서 함께 자랄 때,
하나가 부모의 앞가슴에 매달려 옷깃을 끌어당기고 다른 하나가 뒤에서 옷자락을 잡
아당긴다고 해서 생긴 말이다.
63 대방大方 : 주 47 참조.
64 오엽五葉 : 다섯 갈래 선종禪宗의 교파를 가리킨다.
65 일하日下 : 여기서 해는 임금을 가리킨다. 따라서 일하는 임금이 있는 신라를 말한다.
66 부당왕찰浮幢王刹 :『楞嚴經要解』에 따르면 세계 바깥의 향수해香水海를 통칭하는 말
이다. 여기서는 찰토刹土의 뜻으로 쓰였다.
67 망양지탄望洋之歎 : 작은 일에 만족해하다가 자기보다 한층 뛰어난 상대를 만나, 자신

의 힘이 미치지 못함을 탄식한다는 말이다.
68 구류九流 : 선진先秦 시대의 아홉 개 학술 유파를 가리킨다. 유가儒家·도가道家·음양가陰陽家·법가法家·명가名家·묵가墨家·종횡가縱橫家·잡가雜家·농가農家가 이에 해당된다.
69 정시正始 : 중국 삼국 시대 위魏나라 제왕방齊王芳의 연호.
70 정관貞觀 : 당唐나라 태종의 연호.
71 범게梵偈 : 불가에서 지어지는 시와 송 따위를 가리킨다.
72 화택火宅 : 걱정·근심으로 덮여 있는 이 세상을 비유하는 말이다.
73 법희法喜 : 법을 듣고 환희歡喜한 마음을 가리킨다.
74 무외無畏 : 무외시無畏施를 가리킨다. 사람들에게 무서움이 없음을 전하는 것으로 부처가 무외의 덕으로 대중들에게 설법을 베푼 데서 나온 말이다.
75 우탕禹湯 : 상고 시대의 성군으로 알려진 우禹임금과 탕湯임금을 가리킨다.
76 소도蘇塗 : 삼한三韓 시대에 천신에게 제사를 지내던 특정 장소를 일컫는다. 그곳에는 큰 나무를 세워 영고鈴鼓를 달았다. 죄인이 달아나 그곳으로 들어가면 잡아가지 못하는 등 불가침의 성스러운 장소였다. 『三國志』권30 「魏書」〈烏丸鮮卑東夷傳〉.
77 겸상縑緗 : 담황색 비단으로, 책을 포장하는 데 쓰이는데, 전하여 책이란 뜻으로도 쓰인다.

동계집 제4권

| 東溪集 卷之四 |

잡저
雜著

가야진 용왕당 기우록

　가야진 위쪽에 있는 용왕당은 큰 두 물줄기가 바닷물과 서로 섞이는 곳에 있었으니, 물 위에 섬 하나가 길게 우뚝 솟아 있어 마치 헤엄치는 용의 형상으로 소나무는 수염처럼, 돌은 뿔처럼 보였다. 물결이 드나드는 사이로 굴이 있었는데 그 바닥을 알 수 없을 만큼 깊었으며, 물이 합해져 아득하고 흉흉하게 일렁거려서 사람들이 가까이 가 보면 흡사 신물이 그 안에 문을 닫고 있는 것 같았으며, 황홀하고 겁이 나고 머리털이 곤추서서 감히 쳐다볼 수가 없었다. 세간에서는 용굴이라 부르며 옛날에는 사람들이 그 위에 사당을 짓고 신에게 제사를 지냈는데, 어느 날 이 신이 갑자기 마을 사람의 꿈에 나타나 "사당이 내 등 뒤에 있어 제사를 받는데 방해가 된다."라고 말해, 즉시 서로 마주하는 곳으로 사당을 옮겼다. 무성한 풀을 베어 내자 눈앞이 한없이 펼쳐지니 안개·물결·구름이 막막하여 끝이 없었다. 무릇 나라의 세공선稅貢船과 영남의 어선이나 소금 배를 타고 이 당 아래를 지나는 사람들은 반드시 향화香火를 바쳤다. 그 주군州郡의 관리들과 고을에 사는 사람들은 세시가 되면 역시 제물과 폐백으로 치성을 바쳤으니 혹 기청·기우제를 지내면 메아리처럼 응답이 있어 그 영이함이 일찍감치 알려졌다.

　명나라 흑우년黑牛年(1673) 가을 7월 16일에 강호의 선비인 만랑자漫浪子가 작은 배를 작강鵲江 아래에 띄워 배가 떠가는 대로 맡기고 만경창파를 건너가면서 〈어부사漁父詞〉를 부르거나, 간혹 소동파蘇東坡의 '청풍서래수

파불흥淸風徐來水波不興*1 시구를 읊었다. 잠깐 사이에 배가 사당 아래 이르러 닻줄을 매 놓고 사당에 올라 서성이며 주변을 바라보았다. 때는 여름에서 가을로 접어드는데 가뭄이 심해 천 리 강줄기는 먼지가 가득 차 있었다. 만랑자는 깊은 시름에 잠겨 고시 한 절을 지어 처마 아래에 붙였으니 이러하였다.

  용왕당龍王堂은 강 머리를 베고 있고
  사당 아래로 천고의 강물 흐르네
  그 옛날 누가 짓고 누가 제사 올렸나
  이제 사람들 역시 비와 볕을 청한다네
  용왕의 영험 전부터 파다하여
  기도로 효험 보니 헛된 법 없네
  사람 인심 얇아지고 세상 도리 혼탁하니
  하늘이 싫어하고 신 또한 싫어하네
  10년 동안 벌써 3년의 가뭄이니
  백저白猪[2]의 재앙이 백우白牛[3]로 이어지네
  여름 중간부터 가뭄 혹심한데
  올해도 재앙이 반복되면 어찌하나
  사람이 할 수 있는 게 반이나 될까
  산 자 얼마 없고 죽은 자 헤아릴 수 없네
  사람들 잘못하고도 감히 옳다고 한다면
  금수禽獸와 초개草芥를 어찌 꾸짖을까
  영험한 수신이 비 내려 주기 바라는데
  어찌 인색하게 구름도 없고 비도 없나
  하늘과 땅이 비록 만물을 키운다 하지만
  그중에서 사람의 영험함이 가장 뛰어나지

이제 마른 나무를 쓸어 강을 메운 것 같으니
우주는 빛을 잃고 병색이 완연하네
탕임금 때 7년 가뭄이요 요임금의 태양 10개[4] 같네
걸왕과 주왕 때는 가뭄으로 천하가 불탔지
우리는 어느 때 태평성대를 만날까
기箕나라 백성이 은殷나라 백성 근심 안고 있네
백성들은 비록 잘못한 것 없건만
천지는 어찌하여 백성을 원수로 아나
신룡神龍이 만약 백성의 고통 구휼해 줄진대
천상에 상소하여 좋은 방책 일러 주오
장차 대지에 감로수를 내려
큰비 온다면 그 은덕 어찌 갚으리

시 짓기를 마치고 뱃머리를 돌리니 저녁 연기가 강마을에 비껴 있고 강에는 희미한 저녁노을뿐이었다. 별 그림자는 맑고 달빛은 대낮 같은데 만랑자는 선창에 앉아 두보의 '별은 드넓은 들판에 드리워 내리고, 달이 솟구쳐 오르니 큰 강은 흘러간다.(星垂平野濶, 月湧大江流。)'[5]는 구절을 읊조렸다. 그때 홀연 어떤 사람이 물결을 가라앉히는 홀을 쥐고 뱃전에서 절하며 말하길 "낙신왕洛神王이 초청하십니다."라고 하였다. 만랑자가 놀라서 "낙신왕이 누굽니까?"라고 대답하였다. 그가 말하길 "옛날 가락국의 수로왕이 한 자식에게 가야진의 직책을 내렸는데 이미 천백 년의 세월이 지났습니다. 가야진은 곧 지금의 이 강을 가리키는 까닭에 이제 낙신왕이라 칭하며, 그의 성은 김金이고 이름은 갑甲입니다."라고 하였다. 만랑자가 "그런즉 낙왕은 강의 우두머리이며 저는 속세의 선비로 서로 길이 다른데 어떻게 만나겠습니까?"라고 하였다. 그 사람이 홀을 보여 주면서 말하길 "이 물건은 능히 물길을 열 수 있으므로 그대는 단지 가기만 하면 되

니 주저하지 마십시오."라고 하였다. 만랑자는 마침내 같이 갔다.

 그 사람이 홀을 물에 비추자 물이 좌우로 갈라지고 길이 생겨서 순식간에 도착하니 갑자기 아름다운 궁궐이 보였다. 차가운 빛이 쏘여 눈을 뜰 수 없었는데 실로 수정궁水晶宮이라 이르는 곳이었다. 문밖에 멈추자 그 사람이 들어가서 보고하였다. 왕이 만랑자가 도착했음을 듣고 관복 차림에 홀을 쥐고 나와서 그를 맞이하고 계단에 올라 근신에게 특별히 오른쪽에 상을 차리라 명하고 말하길 "일전에 훌륭한 시를 얻는 은혜를 입었으니 시구는 아름답고 글씨의 기운이 오묘하여 완미하는 사람들의 가슴과 간담이 서늘해졌습니다. 이에 더불어 가까이하고 문사의 높은 표상을 이어받고 보답을 하고자 여기까지 오시게 했으니 의아하게 여기지 마십시오."라고 하였다. 만랑자가 말하길 "저는 강호의 하찮은 선비로 부박한 세상의 한미한 신세입니다. 비록 글을 했다고는 하나 그다지 볼 것이 없는데, 지금 엄명으로 왕이 계신 곳에 와서 신비스런 경치를 실컷 보게 되었으니 천한 저에게 실로 분에 넘치는 것입니다."라고 하였다.

 왕은 시녀에게 명하여 좋은 안주와 술을 가져오게 한 뒤 유리잔에다 호박주를 따라 권하며 말하길 "그대는 마땅히 잔을 비우시오."라고 하였다. 이에 만랑자는 몇 잔의 술을 마셨다. 왕이 말하길 "그대의 시를 살피니 백성을 위해 비를 청하는 것이더군요. 백성을 구하는 뜻이 깊다고 할 수 있으나, 비를 내려 주지 않아 유감스러운 심정이 있습니다. 지금 이 나라 사람들은 신하는 군왕을 모르고 자식은 아비를 모르고 아우는 형을 모르고 지어미는 지아비를 모릅니다. 인의仁義를 귀하게 여기지 않으며 도덕을 중히 여기지 않으며 하늘과 귀신을 업신여기며 성인과 현자를 속이고 있습니다. 하는 일이란 자신을 자랑하고 공적인 일을 외면하며 자신을 챙기고 남을 해치는 것입니다. 헛된 것을 탐하는 것을 지혜로 삼고 교묘하게 속이는 것을 큰 일로 삼고 있습니다. 윗사람, 아랫사람이 서로 속이고 큰 사람이나 작은 사람이나 서로 해쳐 그 마음과 행동이 금수에 가까우니,

상제가 이를 싫어하여 굶주림의 바람으로 떨쳐서 쓸어버리고자 한 것인즉, 해악海嶽의 신과 산하의 영에게 시켜 크든 작든 모든 강과 우물의 물을 봉하여 마음대로 베풀 수 없게 한 것입니다. 하늘의 조칙이 이와 같이 엄하므로 구제하고자 하는 생각이 있다 해도 어찌하겠습니까."라고 하였다.

왕이 또한 말하길 "그대는 수국水國에 또한 문사가 있다는 것을 들어서 알고 있습니까? 이들은 대개 상국上國의 이전 사람들로 현재는 시내와 호수의 우두머리, 하천과 못의 우두머리로 있으므로 과인이 한번 그대를 위해 청하여 서로 만나 보도록 하겠습니다."라고 하였다. 이때에 네 곳의 신하에게 명하여 네 대부의 처소에 글을 올리도록 하였다.

1장은 이렇다.

해표海表의 낙신왕 모某는 상국 멱라수 굴원군에게 글을 올립니다. 천년 봉래의 바다, 만 리의 푸른 파도 세월은 흐르고 안부가 막혔는데 오래도록 고풍을 생각하며 잊지를 못했습니다. 저는 직책 수행에 별 탈이 없습니다. 아뢸 말씀은 만랑자라는 나그네가 있으니 동해의 사람입니다. 일찍이 능운凌雲[6]의 기개를 갖추었으며 어려서부터 제천濟川[7]의 재목이었으며, 문장이 강해江海에서 이름났으며 붓으로는 비바람을 몰아 세상에서 독보적인 인물로 이름이 높았습니다. 이제 다행히 부름을 받아 이곳에 이르게 되었으니 바라건대 족하께서는 물결이 험하다 사양하지 마시고 한번 왕림하셔서 이 나그네와 함께 글의 깊은 맛을 헤아리고 해초를 따서 꽃을 토해 내 과인으로 하여금 뛰어난 풍채를 볼 수 있게 하여 평생 숭앙하는 마음을 깊게 해 주십시오. 삼가 살펴 주기를 바랍니다.

2장은 이렇다.

황하의 우두머리인 장공張公께 글을 올립니다. 북두칠성은 아득하고 동해는 가장 깊고 물고기의 연락 막히고 서신은 끊어졌으나 황하는 끊기지 않았습니다. 흰머리가 되도록 오랫동안 생각하면서 항상 사모하는 마음을 지녔으니 그윽하게 바라보는 마음이 간절했습니다. 이제 나그네가 비록 동해의 후예이지만 분명 천인으로서 문장은 양웅과 사마천의 성채를 기울게 하고 심사는 복희伏羲와 황제黃帝 지역을 포괄하니, 당신과 더불어 높은 자취를 받들고 물의 근원을 조사하기를 원합니다. 이제 한나라의 의례에 따라서 다행히 더불어 글을 논하고 고금을 비평한다면 이것은 호수와 바다 사이의 한 가지 좋은 일이 아니겠습니까. 혜량해 주시기를 바랍니다.

3장은 이렇다.

　야랑 계후夜郎溪侯인 이공李公께 글을 올립니다. 저는 동쪽 나라에 머물고 당신은 유계楡溪의 안에 계시므로 물길로서 하늘과 땅같이 차이가 있습니다. 공께서는 야랑으로 돌아가신 후 강남에서 풍월을 읊고 일 없이 세월을 보내신다니 역시 무료하시지 않습니까. 노닐면서 100편의 시를 짓는 재주를 보인즉 과인은 300잔의 술로 맞이할 것입니다. 혜량해 주시기를 바랍니다.

4장은 이렇다.

　감호鑑湖의 주인인 하공賀公께 글을 올립니다. 한 구역의 풍월이 맑은데 만 리 밖을 바라보는 마음 정녕 힘듭니다. 하늘의 끝, 땅의 모서리, 상성商星이 떠 있는 저녁, 참성參星이 떠 있는 새벽, 산과 물은 다르고 서식栖息도 같지 않으며 지척 간인데도 끌어 주고 받드는 일이 드문데, 하물며 호해湖海로 떨어져 있는 격차이니 어떻겠습니까. 다행히 강서의 빼어난 문채를 회복하고 돌아와 너른 동해에서 노닐고 있어 대방가의 관용을 여쭙는 것이니 허락해 주시길 바랍니다.

이때에 네 사신이 서신을 갖고 네 대부의 거처에 가서 전하고 돌아왔다. 며칠이 지나 문지기가 들어와 "전번에 초청한 네 분이 찾아오셨습니다."라고 하였다. 왕이 듣고 얼굴에 기쁜 기색을 짓더니 즉시 담황포淡黃袍를 입고 머리에는 봉시관鳳翅冠을 쓰고 여의홀如意笏을 쥐고 계단을 내려가 맞이하고는 어전에 올라 좌우에 명하여 왼쪽에 다섯 개의 의자를 놓게 하였다. 왕이 오른쪽 의자에 앉자 서로 읍을 하고 앉았다. 만랑자가 그 뒤를 따라가 머리를 굽히고 섰다. 왕이 웃으면서 말하길 "그대 또한 다섯 번째 자리에 앉으시오."라고 하였다.

왕이 나아가 네 명의 객을 위로하면서 말하길 "네 분의 객이 높은 명성을 지녔음은 오래전에 알았습니다. 남북이 막혀 있고 길이 아득하여 비록 간절히 생각했으나 만날 수가 없어 한스러웠습니다. 이제 여러 군자들이 천한 사람의 청을 욕된다고 생각지 않으시고 행차하셨으니 어찌 평생에 과분한 행운이 아닐 수 있으며 족히 수부에서 천 년에 한 번 누릴 수 있는 일이 아니리오."라고 하였다. 네 명의 객이 모두 감사하면서 말하길 "우리는 한결같이 왕의 부름을 받들어 함께 수부에 이르러 대왕의 높은 풍격과 큰 위의를 보았거니와 이는 우리에게 큰 행운이 아니겠습니까."라고 하였다. 만랑자가 일어나 네 명의 객에게 읍하면서 "저는 인간 세상의 한미한 유생으로 우연히 이곳에 이르렀다가 신왕神王의 명을 따르게 되었으며, 큰 선비들의 고상한 모임을 보게 되었으니 미미한 서생으로 얼마나 행운입니까."라고 말하였다. 낙왕이 만랑자를 돌아보면서 "그대는 네 분을 아시오?"라고 하였다. 이에 "비록 지금 뵈었으나 명성은 오래전에 들었습니다."라고 하였다. 네 명의 객이 각각 자신에 대해 밝히고 만랑자에게 말하였다.

굴원이 말하길 "나는 옛 초나라의 신하로 세상을 덮을 재주를 갖고 변치 않는 충성심을 지니고 일찍이 벼슬길에 올라 깊은 궁궐에서 지내며 이려伊呂[8]와 같이 왕을 보좌하는 데 뜻을 두었으나, 어리석은 왕을 만나 간신에게 배척당하였습니다. 위에서는 충직한 간언을 모르고 아래에서는 날조하고 비방하는 적이 많아 하루아침에 참소를 당하는 몸이 되었으니, 왕의 마음을 돌릴 수가 없었습니다. 뜻을 펼치지도 못하고 원통함을 설욕하지도 못하고 이에 〈이소離騷〉한 편을 지어 스스로 위로하고는 끝내 멱라수汨羅水에 몸을 던져서 그곳에 머물게 되었습니다. 아, 이 역시 운명일 따름입니다. 이제 그대 또한 소위 근심을 만난 것입니까?"라고 말하였다. 만랑자가 말하기를 "〈이소경〉은 옛사람들이 만고에 전해지는 시부의 근원으로 여기니 무릇 세상에서 문사라는 사람들이라면 누가 좋아하며 읽지 않겠습니까. 나는 일찍이 그 글의 뛰어남을 보고 높은 풍격을 보기를 원하였는데 오늘 선생을 만나리라 생각이나 했겠습니까. 선생의 맑은 풍격과 온후한 의리는 천지간에 차 있으며 우주 속에 가득 찼으니 사람들로 하여금 그 글을 읽게 하면 이미 선생의 충성심과 절의를 알게 될 것입니다. 늠름하기가 살아 있는 이 같고 몸은 비록 사라졌으나 이름은 더욱 높으며 세상이 비록 변하더라도 그 일은 더욱 분명해질 것입니다. 그러한즉 선생의 풍모는 태산·북두칠성과 만고에 고하를 다투며 무궁할 것입니다."라고 하였다. 굴원공은 이를 듣더니 얼굴이 상기되었다.

  장공이 말하길 "나는 한나라의 신하로 다행히 무제의 현명함을 만나 조아爪牙[9]의 직책에 올라 유세의 직을 받아 주변을 개척하고 먼 지역을 복종시키라는 임무를 띠고 8월에 강의 뗏목을 타고 만 리 밖의 사막을 지나고 서호西胡·북적北狄·남강南羌·동이東夷 지역에 두루 자취를 남겼습니다. 무릇 천하와 해외의 인물과 의관의 다름, 지형과 산하의 아름다움, 진귀한 새와 괴이한 동물, 상서로운 풀과 기이한 화초 등 모든 것을 알게 된 것이 모두 나의 힘입니다. 이에 해외의 기이함을 기록하고 천하 여러 나라의 지도에 이르기까지 갖추어 왕에게 올려 이로써 후세에 전해졌으니 그대 또한 알 것입니다."라고 하였다. 만랑자가 말하길 "무릇 세상에서 말하는 박물군자博物君子는 대체로 선생께서 사명을 받들어 먼 곳에 다녀온 덕택입니다. 넓고 밝은 생각을 가진 선생과 한 구역의 거처에서 태어나 산 사람을 비교한다면 기러기와 흙 벌레 같은 것 아니겠습니까. 이런 까닭에 세상 사람들은 우리 공후께서 멀리 나가 보고 두루 물건을 접한 풍도를 생각하면서 책상 위의 이국 지리지를 봅니다. 그리고 여러 나라의 지도를 벽 사이에 붙여서 이로써 누워서 천하를 유람하는 도구로 삼는 것입니다."라고 하였다. 이 말을 듣자마자 장공이 웃었다.

 야랑후가 말하길 "나는 당나라의 선비로서 제후들로부터 명성 듣기를 구하지 않았으며 오직 술 마시는 데 마음을 두고 농우隴右[10]에 자취를 숨기고 세상을 잊고 살았으며 필생화筆生花[11]하는 꿈을 꾸고는 홀연 사자의 부름을 입어 왕을 뵙게 되었습니다. 한림의 직위에 있을 때는 고 역사高力士의 무고를 받아 마침내 야랑夜郞으로 쫓겨났습니다. 이는 성주聖主의 잘못이 있어서가 아니라 보잘것없는 저의 분수 때문입니다."라고 하였다. 만랑자가 말하길 "선생의 재주는 비록 천고 전에 구했다 하더라도 얻지 못했을 것이며 천 년 후에 구한다 하더라도 얻지 못할 것입니다. 당 황제는 지혜로웠으나 중심을 잡지 못하고 고 역사 한 놈의 말을 신임하여 고명하기가 세상에 없는 선생의 자태가 꺾여 야랑으로 유배되어 만 리 밖으로 쫓겨났으니 천하의 누가 눈물을 흘리며 탄식하지 않겠습니까."라고 하였다. 이에 이백이 한숨을 내쉬었다.

 감호鑑湖의 주인인 하공이 말하길 "나 또한 당나라의 선비로 오랫동안 사명산四明山의 나그네로서 하루아침에 천자의 부르심에 벼슬을 했으며, 재주가 없어 사양했으나 특별히 경호鏡湖 한 굽이를 내려 주셔서 이에 의지해 살아가고 있는데, 어찌 미천한 선비로서 큰 영광이 아니겠습니까."라고 하였다. 만랑자가 말하길 "경호를 하사하심은 천하에 광채가 날 일입니다. 만약 선생의 재주가 아니라면 누가 감당하겠습니까."라고 하였다. 이에 하지장이 빙그레 웃었다.

　주인과 나그네의 말이 끝나자 왕이 좌우에 명하여 중당에 잔치를 벌였는데, 배열한 물건이나 음식의 차림이 모두 세상에서 볼 수 없는 것이었다. 술이 나오고 음악이 연주되니 영귀靈龜의 북을 치고 옥룡의 피리로 채연가採蓮歌를 부르고 능파凌波 춤을 추고 그 사이에 악기가 연주되었다. 흥겨운 자리에서 왕이 잔을 잡고 다섯 객에게 다가가 술을 권하며 말하였다. "일생에서 모여 즐길 일이 얼마나 되겠습니까. 어울려 사귀며 즐기는 일은 무엇과도 바꿀 수 없는 것인데, 하물며 천만 리 밖에 떨어져 있다 만나는 자리이니 어떻겠습니까. 아, 이 술은 항상 있으나 이 모임은 다시 갖기 어렵고 이 광경은 늘 보지만 이 시간은 빨리 흘러갑니다. 지금은 아름다운 철로서 좋은 사람들, 좋은 철을 겸하기는 어려운 것이니 이 자리는 주객이 서로 어울려 실컷 즐길 수 있는 가을밤이 아니겠습니까. 다섯 객에게 각기 시와 노래를 청하여 즐기고자 합니다."라고 하였다. 이때에 굴원이 칼자루를 어루만지다가 술잔을 잡고 노래하였다.

　　　옛날 내가 섬긴 회왕懷王과 양왕襄王이여
　　　초나라의 언영鄢郢[12] 길을 수레로 달렸지【직언으로 왕을 모셨음을 말한다.】
　　　큰 재목이 받아들여지지 못했음이여
　　　이로써 나는 험한 길을 밟았네
　　　누차 구슬을 안고서도 발이 베어졌음이여[13]
　　　구름이 햇볕을 가렸도다
　　　비통하도다, 초자楚子의 유유자적함이여
　　　어찌 어진 이를 등용하고도 의심이 많나
　　　명월明月 구슬을 무작정 던짐이여[14]
　　　눈 어둡고 발 저는 자가 서로 속이도다

온 세상이 흐리고 다 취해 있는데
나 홀로 깨어 있단 말인가
문득 〈이소離騷〉를 지어 스스로를 위로하네
사이비 옥돌이 좋은 옥을 가리니
끝내 멱라수汨羅水로 돌아가 깊이 가라앉아
풀을 캐어 먹고 강리江離[15]로 옷을 해 입고
강물에 사네
어부가 애사哀詞를 지어 조상하니
가을바람 소슬하게 옷깃을 날리네
멀리 강 끝의 미인을 바라보니
마음이 흔들려 가라앉지 않네
돌아가 혼몽한 세계에서 노닐며
푸른 용을 타고 천풍天風을 낀다네
창오蒼梧[16]의 위쪽 적수赤水의 물가에 가서
삼려三閭[17]를 뵙고 멀리 몸을 일으키네
부상扶桑의 삼백 척 높은 가지 돌아보는데
물속 궁전 웅장하고 높기도 하네
중당中堂을 열어 놓고 잔치를 베풀어
만고에 쌓였던 울적함 녹인다네
천 가지 위험 상락桑落[18] 술에 의지하니
이 저녁이 어떤 저녁인지 아는가
천만 가지 수심과 원한을 털어놓고
이에 즐겨보세나

황하백黃河伯이 자리에 앉아서 배율排律 한 수를 읊었다.

한나라가 처음 세워진 날
조정에서 노루가 진辰에 숨었지
수레들 모두 공물 싣고 들어왔으니
훼복卉服 입은 사람들 손님으로 왔네
오랑캐 왕이 어찌 위엄 떨칠까
흉노 왕은 뜻을 못 폈지
옥문관은 오래도록 닫지 않고도
변방의 요새는 본디 먼지가 없었지
궁궐이 천하를 가득 채우고
성사星槎[19]가 해변에서 출발하여
산하를 두루 돌아다녔지
이하夷夏[20]에서 널리 노닐었던 몸
대완大宛[21]에서는 천마를 보내오고
누란樓蘭[22]은 뛰어난 미인을 바쳤지
동쪽으로 길을 가서 발해에 이르고
서쪽으로 나아가 곤륜산을 다스렸지
약수弱水[23]의 바람이 수염을 어지럽히고
총산蔥山의 눈은 얼어서 띠처럼 늘어졌네
백 년 세월 한가한 때 없이
숱한 나라 몇 번이나 돌았나
세상을 바꾼 이 어디 갔는지
돌아보니 그 자취 베푼 것 많네
이제 와서 수부水府에서 즐기니
성대한 전별에 아름다운 자리일세
자리마다 가객들 즐비한데
고관高冠 쓴 이가 주인이라네

깊고 넓은 수궁은 장엄도 하고
빼어난 선비들 예의가 새롭네
진수성찬은 모두 신선의 물건인데
술상엔 산해진미가 가득하네
병풍 속 매화 가지에 달이 걸렸고
푸른 잔의 댓가지에는 봄이 서렸네
바다 북소리는 인어를 놀라게 하고
신선의 퉁소 소리는 수륜水輪까지 닿았네
유리등은 밤을 비추고
운모雲母의 촛불은 새벽까지 밝히네
난간에는 산호를 심어 두고
집은 푸른 회랑 에워쌌네
동정호에서 온 푸른 귤나무요
초나라 못에서 바친 향초일세
은 항아리에는 신선 술이요
금 주발에는 눈 같은 어육일세
술잔 수 헤아리기 어렵고
노래와 춤이 어지럽네
주고받는 술잔 속에 시편도 늘어나고
은근하게 서로들 의기가 맞네
시를 지어 좋은 일 전하는데
종이에는 신묘한 글씨 가득 찼네

야랑 계후夜郎溪侯가 붓을 휘둘러 장시 한 편을 짓고는 읊조렸다.

그대는 보지 못했나

황하의 물은 동쪽 바다로 흐르고
흐르는 물은 밤낮 쉬지 않고 가는 것을
그대는 보지 못했나
청천의 해는 서해로 지는 것을
세월은 북처럼 날렵하게 달아나네
누가 시간을 삼켜 세월을 멎게 하리
어찌 잔을 들어 고래처럼 마시지 않나
공후公侯의 부귀야 어찌 말할 것이 있나
당·한·주·진 나라에서 크게 울렸지
나는 본디 농서隴西[24]의 일개 선비
홀연 붓 끝에서 국화꽃 피어나는 꿈을 꾸었네
하루아침에 한림원으로 불려가서는
혁혁한 명성이 왕성을 덮었지
남아의 기상인데 어찌 굴복하겠나
탈모脫帽[25]한 채 공경公卿 무리를 압도하였지
이유 없이 시기를 받는 신세가 되었으니
가소롭도다 하고 많은 세상의 다툼이여
문득 야랑으로 귀양간 뒤에
강호와 풍월 속에서 한정을 누렸지
긴 세월 세상을 주유하고는
붉은 규룡을 거꾸로 타고 옥경玉京[26]에 조회 가네
좋은 모임 자리에서 실컷 취했는데
술병과 소반을 치는 이는 취생吹笙[27]이로다
건네는 옥잔의 술 거침없이 마시고
긴 밤 촛불 밝혀 추위 녹이지
내일 아침 동쪽 바다에 해가 뜨면

우리는 비낀 길로 하늘가에 돌아가리라

하공賀公이 술통을 들고 율시 한 수를 읊었다.

　　사명산四明山 아래 경호鏡湖의 물가
　　강가 살림 누추하나 물빛은 새롭고
　　때로는 임금이 조서 내려 불렀지만
　　얼마나 흰 새가 돌아가길 싫게 만들었는지
　　파도 일던 봉래산이 오늘 아침에는 잔잔하고
　　신선화 약목若木[28]이 섣달그믐에 봄빛이네
　　제공과 더불어 해부海府에서 노닐며
　　병 두드리며 갓 비껴쓰고 좋은 날 마냥 취하세

만랑자漫浪子도 연이어 소매를 떨치며 장단구 한 편을 지었다.

　　황강黃江[29]의 위쪽
　　푸른 바다의 한 귀퉁이
　　깊은 바닷속 치솟은 것들
　　울창한 구슬 왕궁 기이하네
　　촘촘히 비늘 엮어 지붕을 얹고
　　용골을 비껴들어 돌쩌귀를 만들었네
　　신기루의 빛 영험하고 일어日御[30]는 눈부신데
　　맑은 허공에 무지개가 하늘에 오르네
　　난간은 양후陽侯[31]의 집과 같고
　　처마는 해약海若[32]의 성과 이웃했네
　　갖가지 상서롭고 기이한 것들 빽빽하게 빛나고

육기六氣와 삼광三光은 다투어 끌어안네
올라오니 십주十洲가 아득하게 보이고
굽어보니 삼신산이 쓸쓸함을 불러오네
잔치 자리 열어 놓고 손님·주인 모였는데
관원들 분분하고 영준英俊들 무리 지었네
황금 잔에 좋은 술이요
푸른 향초 장막에 붉은 융단일세
술잔 오갈 때 신선 음악 바닷속을 울리는데
자라는 북을 치고 도롱뇽은 피리를 부네
비파 타는 강비江妃[33]가 소상에서 이르렀고
거문고를 타는 산녀山女[34]가 무산에서 왔네
선소仙韶[35] 곡 연주하니 팔음八音[36]이 진동하고
궁상각치우 오음이 한 모퉁이 감아 도네
수중의 우두머리들 구름같이 모여들고
문밖에는 백비白鼻[37]의 말들 줄지어 우네
취기翠旗는 어지럽게 금지金支에 섞여 있고[38]
자봉紫鳳[39]과 천오天吳[40]도 뒤로 자빠졌네
의관을 정제한 굴원屈原은 옛 군자로
늠름하고 맑은 풍모가 생전의 모습이네
뗏목 타고 간 한나라 사신 박망후博望侯[41]
온 세상과 중국을 일찍이 내달렸지
적선謫仙[42]은 술 속의 신선을 칭하는데
장안의 술집에서 대낮에 졸았지
경호 물가에 머물던 하지장賀知章
삼걸三傑[43]의 손잡고 같이 왔네
내가 사모하던 술자리의 신선들

천년을 이름 떨친 보배들 아니던가
　　평생을 우두커니 보지 못하다
　　누가 오늘 함께 서성일 줄 알았나
　　주인은 연못 속의 물건이 아니니
　　풍뢰의 경책을 몰아왔네
　　다행히 나 같은 진세의 나그네가
　　무슨 인연으로 봉호蓬壺[44]를 노닐게 되었나
　　단사, 벽옥, 천년 된 금도金桃[45]를 선물하고
　　경장瓊漿[46] 주액珠液, 구온九醖[47]의 제호醍醐[48]를 마신다네
　　풍운을 토하고 삼켜서 아름다움 지어 내고
　　무르익은 술자리에서 한데 즐긴다네
　　장생할 약초를 캔 것이 아니던가
　　천금의 구슬을 찾은 것이 아니던가
　　바닷속 대궐에 머물길 원한다면
　　풍류 있는 이야기를 들을 수 있을 텐데
　　누가 장차 이 일을 전하여 줄까

　다섯 사람이 시를 짓자 왕이 만랑자가 앞서 지은 시를 갖고 네 객들에게 보여 주면서 감탄하기를 그치지 않았다. 여러 객들이 말하길 "이 시의 취지를 살펴보니 세상을 위해 비를 청하는 것인데, 특별히 이 일은 대왕이 관장하는 것입니다. 어찌 한 말의 물에 인색하여 시 속의 간절함을 저버리시겠습니까."라고 하였다. 왕이 말하길 "옥황상제의 명은 지엄한 것입니다. 비록 해국의 왕이라도 어찌할 수 없는 일입니다. 하물며 저 같은 부용附庸[49]의 왕에 있어서야 말해 무엇하겠습니까."라고 하였다. 앉은 객들이 말하길 "아, 만약 왕이 비를 내리지 못하신다면 이 나라 백성은 죽고 말 것입니다."라고 하였다. 왕이 "애통하기 그지 없은즉 한 가지 방법이

있기는 합니다. 지금 자리에 있는 분들이 모두 하늘을 감동시키는 재주로써 신명에게 충신함을 드러내고 고금에 도의가 덮히도록 과인을 위해 함께 문장을 지어 해왕에게 표사表使[50]해 주기를 청하여 옥황상제의 향안香案 아래에 상주하면 윤허를 얻을 수 있을 것입니다."라고 말하였다. 이에 근신에게 명하여 백옥의 연적, 무소뿔의 붓, 한 장의 교초鮫綃[51]를 자리에 비치하고 여러 공후들을 모두 한자리에 모이도록 하였다. 그리고 만랑자에게 붓을 잡도록 하고 함께 표表를 지어 동해 용왕에게 올렸으니 이러하였다.

사해와 오호는 모두 왕의 감화가 미치는 곳이며, 구천九天[52]과 팔연八埏[53]은 황제의 명에 든 곳으로 생령을 위하여 각 곳에 신작神爵을 내렸습니다. 생각하건대 대왕의 이름은 팔해에 드높고 지위는 신령 중에서 최고로서 봉도蓬島[54]에 3천 년을 머물며 길이 보석 궁전이 치솟아 있음을 보았으며 수만 리 강토를 다스리며, 오래도록 아득한 은빛 바다를 진압하고 온갖 물줄기를 조종朝宗[55]하고 많은 계곡물이 모여듦을 받아들였습니다. 영묘한 기미는 헤아리기 어려웠고 변화는 한량이 없으니, 비와 구름을 마음대로 다스리고 번개 뒤에 우레 오게 하고 바람과 천둥의 내달림을 꾸짖었으며 구름과 비를 깊이 불러오고 구중의 조정을 마치 평지처럼 출입하며, 팔극八極의 신묘한 지역을 두루 주선하기를 이웃집처럼 하였습니다. 지금 이 동쪽 작은 나라에 가뭄의 재앙이 닥쳐 구름과 무지개를 기다리며 탄식하고 있으며, 초목이 다 타고 있어 부질없이 하늘의 은혜로 비 내기를 바라고 있습니다. 비록 백성이 어질지 못하다 해도 또한 저희 신하들의 책임이 큽니다. 신령에게 알리지 않고 어찌 백성을 죽도록 하겠습니까. 엎드려 바라건대 큰 자비를 베풀고 두루 묘화妙化를 내려 검은 구름을 만들어 천왕의 은혜를 내려 주십시오. 신묘한 글을 봉하여 영소보전靈宵寶殿에 상주하니 삼청의 우로를 돌려서 인간 세상에 내려 준다면 신이 감히 우러러 신하의 충성을 다하지 않겠습니까.

　낙왕은 즉시 중신인 궐독우鱖督郵에게 명하여 그 표문을 광연왕廣淵王의 처소에 보냈다. 광연왕이 표문을 보고는 또한 상소문과 낙신왕의 진표進表를 갖추어 그날 밤 옥황상제에게 올렸다. 옥황상제가 백옥루에 거둥하여 여러 신하에게 말하길 "동방의 작은 나라 백성이 우매하고 배반됨이 심한 까닭에 비를 금했는데, 지금 용왕의 상소가 이에 이르렀으니 비를 내리는 것이 어떻겠는가."라고 하였다. 곁에서 시중을 들던 만청曼倩이 아뢰기를 "세상의 어리석은 백성이 비록 잘못을 저질렀으나 만약 상제께서 널리 용서하지 않는다면 어떻게 우러러 의지할 데가 있겠습니까."라고 하였다. 옥황상제가 즉시 우사부雨師府와 해왕욕신海王浴神에게 조서를 내려서 큰비를 수일 동안 내린 다음 그치게 하였다. 이에 네 명의 객과 만랑자는 같이 낙신왕洛神王에게 감사를 올리고 고별하였다. 만랑자가 말하기를 "이제 네 분이 동쪽으로 출발해 버리면 도중에 되돌아올 수 있겠습니까. 차라리 가는 것을 그만두고 동해를 노닐면서 삼신산을 누비고 돌아가는 것이 낫겠습니다."라고 하였다. 네 명의 객이 곧 만랑자와 같이 봉래산을 향하여 떠났다.

伽倻津龍王堂奇遇錄

伽倻津上。有龍王堂。有兩大水。與海潮所匯之處也。而一島陡橫於水上。如游龍之狀。松鬐石角。浸露波間。下有穴。其深無底。積水沖融洶湧。人臨之。似有神物閟宅于其內。怳惚而神驚毛竪。不敢睼[1)]焉。世謂之龍窟。昔人建祠于上。以祭神。有日神忽夢於鄕人曰。堂背於吾後。妨於享祭。卽移堂於相對之地。荒芋平楚。一望極目。烟波雲浪。浩渺無際。凡國朝稅貢之船。及嶺海魚鹽之舟楫。皆經由於堂下過者。必以香火奉之。其州郡之吏。及鄕居之人。歲旱亦以牲幣致敬。或以雨晴祈。其應如響。靈異夙著也。

皇明黑牛之秋。七月旣望。有漫浪子。江湖散人也。扁舟短棹。泛於鵲江之下。縱一葦[2)]之所如。凌萬頃之滄波。倚艫而歌漁父之詞。間吟蘇子淸風徐來水波不興之句。須臾舟至堂下。遂佇纜而登堂。徘徊周覽。于時自夏徂秋。旱氣甚酷。汯淮千里。烟塵蓬宇。漫浪爲之傷感。卽賦古風一章。題于廡下曰。

龍王之堂枕江頭　堂下長江千古流
昔人誰構而誰祀　今人亦以陰晴求
龍王靈異夙頗著　有禱必驗無虛需
人心澆薄世道混　天厭之人神亦尤
十年已見三年旱　白猪餘殃連白牛
自今夏牟亦旱酷　誰料今年災又周
人之售類豈强半　存者無幾亡不犨
人雖獲戾敢爲宜　禽獸草芥何咎休
縱希靈澤來修敬　何吝雲䑏幷雨油
乾坤涵養雖萬流　人乃其中靈最優
今如掃枯塡溝瀆　宇宙失色含瘡疣
湯之七旱堯十日　桀燵紂炎焚九州
吾遭聖世何所致　箕民坐抱殷民憂
下㞢雖有不悉省　天地赤子終何仇
神龍如恤蒼生苦　上訴天庭輸盛謀
如將甘露注大地　沛澤洪恩何以酬

題畢回舟。夕烟橫淡於江村。落照熹微於水國而已。星河影澈。月色如晝。漫浪坐於蓬底。吟杜草堂星垂平野濶月湧大江流之句。忽見有人。手執辟波犀笏。拜於船首曰。洛神王奉邀。漫浪驚曰。洛神王。何如人耶。人曰昔駕洛國首露王。命一子。授職於伽倻津。已有千百年之久。而伽倻津。卽今此江故。今以洛神王稱之爾。卽姓金。名甲也。漫浪曰。然則洛王。江漢之長。僕乃塵世之士。幽顯路殊。烏得相及。人以犀筯示之曰。此物能開水路。君但請行。毋用辭阻。漫浪遂與偕行。其人果以犀照水。水乃分開左右。行處生塵。須臾卽到。忽見珠宮貝闕。寒光射人。不可睇眩。眞所謂水晶宮也。止於門外。其人入告。王聞漫浪至。冠服珮筯。出而延之。上階命近侍。特設一榻於右以待之曰。日間蒙惠高作。詞旨旣佳。筆勢又妙。令人玩味。心膽俱寒。欲與之親。承文士之高標。以得奉酬故。敢屈至此。幸勿見訝。漫浪對曰。僕江湖賤士。浮世寒蹤。雖有文學。未有奇觀。今因嚴命。身涉貴境。目醉神景。賤生分上。實所濫也。王命侍女。取佳餚旨酒而來。以瑠璃鍾。斟琥珀酒侑之曰。君宜盡之。漫浪卽倒數觥焉。王曰。審君之詩。乃爲民請雨也。濟世之志。可謂勤矣。然雨賜之不調。乃人心之所感。今此國人。臣不知君。子不知父。弟不知兄。婦不知夫。不貴仁義。不重道德。慢天褻神。罔聖欺賢。其所施爲。徇私滅公。利己害人。以貪虛爲智慮。以巧詐爲大行。上下相欺。大小相賊。其爲心行。幾於禽獸故。上帝厭之。欲以荒飢之風。振而掃之。卽宣勅於執持海嶽之神。山河之靈。盡封巨細江河泉井之水。禁爲私施。天條若是其嚴。雖有普濟之思。其亦奈何。王又曰。君聞知水國亦有文士乎。此皆上國前代之人。現爲溪湖之長。川澤之令。寡人一爲君請之。使得相見也。於是命四箇波臣。以書上四大夫所。其一章曰。

海表洛神王某。上書于上國汨羅淵屈君足下。蓬海千年。滄波萬里。風霜累徙。聞問濶隔。永想高風。能不依依。某莅職無弊爾。就有過客漫浪子者。東海人也。早蘊凌雲之氣。幼負濟川之材。文駈江海。筆驚風雨。獨步一世。名重海內者也。今幸致而留之。維冀足下。勿辭波濤之險。一賜臨況之便。得與此客。嚼腴咀雋。摘藻吐華。而兼使寡人扳瞻俊彩。以償平生景仰之懷也。伏惟下察。其二章曰。

上書于黃河伯張公足下。北辰偏遠。東溟最深。鱗音逈阻。鴈札殊絶。黃河不斷。白首長思。恒勤戀戀之懷。方切悠悠之望。今有客。雖爲海裔。必是天人。文傾楊馬之壘。思括義[3)]黃之域。思欲與足下。一奉高躅。一放河源之査。乍屈漢朝之儀。幸與之討論文藻。雌黃今古。此非湖海之間一好事耶。姑希洞亮。其三章曰。
上書于夜郞溪候[4]李公足下。予居桑海之表。君處楡溪之內。水路波程。有若宵壤之隔哉。聞足下自歸夜郞之後。江南風月。空老千秋。公亦不爲之無聊耶。倘以百篇之才見臨。則寡人以三百深盃候之。伏惟委諒。其四章曰。
上書于鑑湖主人賀公足下。一區之風月應淸。萬里之瞻懷正劇。天之涯。地之角。商之夕。斾之晨。山河旣異。栖息不同。咫尺之扳奉猶希。而況湖海之有隔者乎。幸回西江之逸彩。來遊東海之廣邈。則當以告大方之寬也。姑希垂諾。
於是四使含書。詣四大夫之居。傳致而回。越數日。閽者入告曰。向所請四客在門。王聞之。喜色盈顏。卽着淡黃袍。頂鳳翅冠。執如意笏。下階而延之。上殿命左右。設五榻於左。王卽榻於右。相揖而坐。漫浪逡巡。鞠遜而立。王笑曰。君且坐於第五席也。王就慰四客而言曰。聞四位之聲華久矣。南北迥阻。道路寘杳。雖深奉戀。會晤無由。常以此爲恨。今者諸君。勿卑弊召。辱屈冠盖。豈特幸溢平生。足使弊府。偶得千載一勝事也。四客俱謝曰。吾等同承寵召。借涉勝境。得接大王之高風盛儀。此非吾輩之所大幸耶。漫浪起揖於四客曰。僕以人世之寒儒。偶到於此。仍神王之光命。獲睹盛士之高會。草芥微生。何幸如之。洛王顧漫浪曰。君識四位耶。曰目雖今而耳卽舊也。於是四客。各述已事。告漫浪而語之。屈君曰。吾古楚之臣。抱盖世之才。蘊貫日之忠。早路靑雲。深伏紫闥。志期伊呂之佐輔。然而遭逢暗主。被斥奸臣。上昧忠諫之姿。下多捏訐之賊。一朝身罹黃口之譏。無以回悟君心。志未得伸。寃未得雪。乃賦[5]騷一篇以自慰。終投汨羅而居。吁。此亦命也耳。今子亦得見其所謂離騷者乎。漫浪曰。離騷一經。古人以爲萬古詞賦之宗源。凡世之稱文士者。孰敢不愛而讀之哉。予嘗見其文長。爲之想見其高風。豈料今日拜接神儀者乎。先生之淸風厚義。塞乎天地之間。充乎宇宙之內。使人讀其文。已知先生之丹忠素節。凜凜如生。身雖徂而名則益高。世雖變而事則益明。然則先生之風。可與太山北斗相高下於萬世而無窮矣。屈公聞之動容也。

張公曰。吾漢朝之臣。幸遇武帝之賢明。位忝爪牙之近職。受游說之任。以斥邊開土。誘遠服荒爲寄。乘河源八月之查。歷流沙萬里之國。西胡北狄南羌東夷之域。跡將徧焉。凡天下海外人物衣冠之異。地形山河之勝。珍禽怪獸瑞草奇花之屬。諸詳畢致者。皆我之力也。仍以記海外異誌。及天下列國之圖。具以進之。以傳於後世。君亦知之乎。漫浪曰。凡世之稱博物君子者。皆吾侯[6]奉使遐遊之致也。以吾侯洞明之胷襟。比夫生處一區之室者。何啻若壤虫之於冥鴻哉。是故世人。想吾侯遠遊博物之風度。以異誌對諸案上。而以列國之圖。施於壁間。以爲臥游天下之資具耳。張公卽爲之一笑也。

夜郎侯曰。吾唐朝布衣之士。不求聞達於諸侯。惟寓精神於醉郷。遁跡隴右。與世相忘。自夢筆生於花。忽被白衣之徵。拜覲龍顏。職居翰林。一汚力士之譜。遽見夜郎之逐。此非聖主之有失。是亦微臣之素分爾。漫浪曰。以侯之才。雖求之於千古之上。而不可得也。求之於千古之下。而不可得也。盖唐皇智。不得爲中。信高力士一介竪之言。遽屈吾侯高明不世之姿。出流於夜郎數萬里之外者。天下孰不爲之流涕而太息也哉。謫仙爲之唏歔也。

鑑湖主賀公曰。吾亦唐之布衣。久爲四明山客。一朝天子。以詔徵起。辭以不才。特賜鏡湖一曲。以寄餘生。豈非布衣光榮之極耶。漫浪曰。鏡湖之賜。光浮天下。若非主人之才。誰敢當之。賀公爲之微哂也。

主客語畢。王命左右。設晏於中堂。凡鋪陳之物。飮饌之具。皆非人世所有而已。酒進樂作。其靈龜之鼓。玉龍之笛。採蓮之歌。凌波之舞。間發而迭奏。於華筵之上。王把一觥。進五客之前而勸之曰。人生一世。會娛幾多。連屋之交。相與娛樂。特未可易也。況在千萬里而逢迎者乎。噫。此酒常在。此會難再。此景常留。此辰易邁。今可謂四美具也。而二難幷矣。此非主客相宜盡歡之秋耶。請五客須宜各賦歌詩。以爲其樂也。於是屈君。撫釖持盃而歌曰。

昔余事之懷襄兮。車鄢郢之中逵【言以直道事其君也。】材旣大而不容兮。困余轍於窮歧。累抱璞而刖足兮。彼蔽日之浮雲。悲噫。楚子之優遊兮。何用賢之多疑。携明月而暗投兮。有盲跛者相欺。擧世混濁而皆醉兮。我獨醒而奚爲。輒述離騷以自慰兮。砥硪掩其良琪。終歸汨羅而深居。采蔘莪而編江蘺。旣栖息於江潭兮。漁父吊之以哀詞。秋風淅淅而吹衣兮。望美人兮江之涯。心搖搖而不可止兮。去作遊於鴻蒙之基。駕翠虬而挾天風兮。蒼梧之上赤水之湄。眄三周而遐擧兮。指顧扶桑三百尺之高枝。水殿鬱乎嵯峨兮。開中堂而設晏儀。銷萬古之鬱鬱兮。賴桑落之千卮。不知今夕之何夕兮。寫千愁萬恨。而爲樂於斯。

黃河伯倚席而詠排律一章曰。

漢室龍興日　王庭麞伏辰
橿車皆入貢　卉服盡來賓
可汗威何振　單于志不伸
玉關長不閉　榆塞自無塵
帝宅彌天下　星査發海濱
山河將徧跡　夷夏遠遊身
大宛輸天馬　樓蘭進國嬪
東經窮渤海　西歷略崐崙
弱水風驚鬢　葱山雪凍紳
百年無暇日　萬國幾經巡
翻局人何去　回頭跡已陳
今來遊水府　勝餞動華茵
滿座排佳客　高冠有主人
潭潭宮樹壯　濟濟禮儀新
樽俎皆仙品　盃盤備海珍

屛娟梅杪月　觸碧竹枝春
海鼓驚鮫室　仙簫徹水輪
瑠璃燈照夜　雲母燭傳晨
檻植珊瑚樹　堂廻翡翠楯
洞庭來翠橘　楚澤貢香蘋
銀瓮開仙醞　金盆膾雪鱗
觥籌仍間錯　歌舞亂紛繽
酬酢篇章數　殷勤意氣親
題詩傳勝事　滿紙筆如神
夜郞溪侯揮筆而吟長韵一篇曰。
君不見
黃河之水走東溟　逝川日夜無停行
又不見
靑天白日落西海　流光冉冉如梭輕
人誰吸景駐光彩　胡不含盃如飮鯨
公侯富貴何足道　唐漢周秦雷一鳴
我本隴西一布衣　忽夢筆頭寒花生
一朝徵遊翰院去　聲名赫突傾王城
男兒氣宇豈見屈　脫帽壓倒群公卿
居然造化仍致猜　可笑世路多崢嶸
却向夜郞歸去後　江潭風月饒閑情
周遊八極已千秋　倒騎赤虯朝玉京
今板高會如泥醉　扣壺擊盤而吹笙
瓊盃到來莫停手　永夜秉燭銷寒更
明朝海日出東來　我輩天涯歸路橫
賀公繫壺而吟一律曰。

四明山下鏡湖濱　一畝江居水色新
時見紫泥徵以起　幾敎白鳥怨還嗔
蓬溟積浪今朝淺　若木仙花舊歲春
偶與諸公遊海府　扣瓶欹帽醉良辰
漫浪子亦聯席拂袂。而賦長短韵一篇曰。

黃江之上　滄海之隅
叅差海宇深　盤鬱珠宮殊
細緝魚鱗作屋瓦　橫拈龍骨爲門樞
脣樓靈光耀日御　虹梁霽色搖雲衢
檻逼陽侯宅　簷隣海若鄏
千祥百恠相簇耀　六氣三光爭擁扶
登臨十洲望縹緲　俯瞰三島根虛無
開堂設宴羅賓主　冠珮紛紜英俊徒
黃金罍兮紫流霞　碧蕙帳兮紅氍毹
酒行仙樂殷巨壑　鼉打鼓兮龜吹竽
撫瑟江妃至自湘　携琴山女來從巫
仙韶雜奏八音動　角徵宮商聲繞嵎
川君澤長如雲屯　門外白鼻鳴驪䮭
紛綸翠旗間金支　顚倒紫鳳幷天吳
屈公衣冠古君子　淸風凛凛生寶區
乘查漢使博望侯　八垓九州曾馳駈
謫仙人稱酒中仙　長安白日眠酒壚
鏡湖之濱有賀公　同携三傑遊來俱
座上群仙余所慕　盛名千載何磊磷
平生空佇不可見　誰料此日同踟躕
主人不是池中物　風雷頃刻隨吹歟

幸矣如吾塵土客　何緣得接游蓬壺
饋之以丹砂碧玉　千歲之金桃
飮之以瓊漿珠液　九醞之醍醐
吐納風雲駐彩景　醉裡一席同歡娛
不是爲采長生藥　不是爲覔千金珠
欲向龍宮水殿留　得風流作話柄
誰將此事傳爲圖

五客詩畢。王以漫浪先所題詩。言於四客座間傳示。而歎賞不已。諸客曰。審此詩趣。乃爲世而請雨也。此特大王掌中事也。何吝一斗之水。以負詩中之悉也。王曰。帝命極嚴矣。雖海國之王。不可得也。況我附庸之主乎。座客曰。噫。王若不施。則此邦之蒼生盡之矣。王曰。無已則有一焉。今座上。皆以感天之才。忠信著於神明。道義橫于今古。可爲寡人。共述一章。請表使海王。上奏於玉皇香案之下。則庶幾得允矣。乃命近侍取白玉之硯。文犀之管。幷鮫綃丈餘置於座間。諸公並聚一席。使漫浪把筆而共製上東海龍王表曰。

四海五湖。盡是王化之裡。九天八埏咸圍帝命之中。爲濟生靈。各布神爵。伏惟大王。名高八海。位極群靈。蓬島三千年。長見瑤宮之岌嶪。封疆幾萬里。久鎭銀海之滄茫。通萬派之朝宗。受百谷之獻納。靈機匪測。變化無方。雲車雨軸專城。電卒雷厮奉駕。叱吒風霆震擊。吹噓雲雨沈冥。出入九重之天庭。如臨平地。周旋八極之神局。若枉隣居。今玆海表小邦。旱魃爲災。幾望雲霓而歎息。草木皆焦。空希天澤之沾濡。雖爲下民之不仁。亦有獎臣之多責。若不告於靈駕。安所訴於蒼生。伏願廣施洪休。旁張妙化。卽著烏雲之神舃。能垂赤宵之袞衣。一封神章。上奏靈宵寶殿。三淸雨露。回洒下界塵寰。則臣敢不仰盡股肱之勤。奉述附庸之職。

洛王卽命重臣鱻督郵者。齎其表。使廣淵王所。廣淵見表。亦具奏章幷洛王所進表。其夜上奏於玉皇。玉皇御白玉樓。語群卿曰。東方小國之氓。愚逆甚故禁其雨澤。今龍王所奏至此。施雨可乎。有曼倩者侍側。奏曰。下界愚氓。雖有犯咎。若非上帝之洪宥。安所仰賴。玉皇卽宣勅於雨師府下與海王浴神。行大雨數日而止。於是四客與漫浪。同致謝於洛神王而告別。漫浪曰。今四位已發東行。其中途而返可乎。孰若以已發之行。東游於海。領略三山而去也。四客卽與漫浪。同向蓬萊而去。

1) ㉭ '瞧'는 '睡'의 오기인 듯하다.　2) ㉱ '竃'는 '葦'의 오기인 듯하다.　3) ㉲ '義'는 '義'의 오기인 듯하다.　4) ㉳ '候'는 '侯'의 오기인 듯하다.　5) ㉴ '罹'는 '離'인 듯하다.　6) ㉵ '候'는 '侯'의 오기인 듯하다.

신유록

　내가 몽중에 금란가사를 입은 채 육환장을 짚고 바다로부터 신선산의 최고봉에서 어떤 시내 어구에 이르렀다. 시내 위에는 푸른 단풍 한 그루가 있고 비단 같은 채색의 구름이 시내 위에서 일어나더니, 순식간에 오색 빛으로 변하면서 골짝을 가득 채웠다. 푸른 용이 시내 가운데에서 나오는데 머리 뿔이 뾰족뾰족하였다. 이윽고 내 앞에 와서 머리를 숙이더니 자신에게 올라타라 하였다. 이에 내가 그 목에 올라서 뿔을 잡았다. 이때 용은 즉시 푸른 단풍나무에 올라 허공에다가 그 수염을 흔들더니 승천하였다. 하늘의 중간 지점에 이르러 나는 용의 등에서 아래 세계를 내려다보았는데 푸르고 깜깜하여 아무 것도 볼 수 없었다. 이윽고 용에게 "다시 밑으로 내려갈 수 없는가."라고 말하였다. 용이 꿈틀거리며 내려가더니 푸른 바다 가운데 곧게 섰다. 꼬리를 바다 밑에 박고 그 목만 약간 물 위로 드러냈다. 출렁거리는 파도가 거세게 용의 등뼈를 때렸다. 이때 나는 다시 용에게 "다시 위로 올라갈 수 없는가."라고 물었다. 용이 이윽고 몸을 떨더니 허공으로 올랐다. 곧바로 구천으로 올라 한 건물에 이르렀는데, 집채는 허물어지고 계단 돌만 남아 있었다. 다시 한 건물에 이르니 건물이 몹시 당당하였다. 나는 그 대청 위에서 잠시 쉬면서 나무판 조각에 새겨진 시 한 수를 보았는데, 세 구는 복잡해서 기억할 수가 없고 첫 구만은 또렷하게 기억할 수 있었다. 시는 "푸르고 노란 감귤 옥반玉盤에 가득하도다."라고 되어 있었다. 나는 용에게 "이 시는 누가 지은 것인가?"라고 물었다. 용이 "정동명鄭東溟이 지은 것이다."라고 하였다. 나는 송연해져서 "선생은 세상에서 숭상하는 바이오. 이 시가 은하 세계에 전해졌으니 얼마나 신이한 일인가."라고 감탄하고는 다시 용을 타고는 천문天門에 이르렀다. 용이 뿔로 문을 두드리니 갑작스럽게 두 개의 문이 활짝 열렸다. 안으로 들어가 신령 세계를 바라보니 집마다 12층의 백옥 계단으로 이루어져 있었다. 나는 몸을 떨쳐 마침내 제9층 꼭대기에 올라 심신이 매우 상쾌한 것을 느꼈는데, 오히려 상제를 뵙지 못해 한스러웠다. 이후 마침내 동명의 시를 이어서 전편을 지을 수 있었으니, 그 꿈에서 본 시는 이렇다.

푸르고 노란 감귤 옥반에 가득하니
이것으로 선생이 옛 선관仙官임을 알겠네
천금같이 좋은 시구 은하수에 전해지니
천제께서는 응당 향안에 두고 보시겠지

神遊錄

余昔夢中。披金欄杖六環。自海上仙山最高峯頂而下。至一澗口。澗上有一靑楓林。有一縷祥雲。自澗頭而起。須臾成五色。彌滿洞中。有一蒼龍。自澗心而出。頭角崢嶸。遂俛首於余前。而請騎之。余乃騎其頸。攀其角。於是龍卽緣靑楓之樹。振鬣凌空扶搖而升天。至半天之中。余在龍背。俯視下界。則蒼蒼冥冥。杳莫可視。遂語龍曰。不可復下耶。龍蜿然而下。直立於碧海之中。其尾植於海底。其頸董出水上。風濤湧涌。激囓龍脊。余復語龍曰。不可復上耶。龍乃奮身而升虛。直上九宵。至一舘。舘宇頹廢。階砌猶存。復至一舘。舘舍亭亭。余遂暫憩于廳上。有一片板子刻一首詩。而三句漫然不可記。惟首句昭然可記。曰綠橘黃柑滿玉盤。余語龍曰。此詩其誰之作耶。曰鄭先生東溟之作也。余悚然曰。先生尙於世已。使此詩傳於雲漢之間。何其神耶。語畢復騎龍。到天門。龍以角扣其扉門聲。啞然雙扉洞開。遂入門。望靈宵。殿殿有十二層白玉之階。余騰身。遂登第九層上。而覺之神心洒然。然猶恨未得見上帝天顔耳。後遂繼東溟詩。吟成全篇。以記其夢也。詩曰。
綠橘黃柑滿玉盤　先生知是舊仙官
千金佳句傳雲漢　天帝應留案上看

주인옹 퇴오객설

　노인은 어떤 사람인지 모른다. 스스로 주인옹主人翁이라 하는데 정신과 기력이 강개하였다. 대장부의 뜻을 지니고 있고 맑은 모습에다 깨끗한 절개를 지니고 있으며 공명에는 생각이 없었다. 고금을 살피고 산수에 몸을 숨기고 호연지기浩然之氣와 무생無生[56]의 맛을 즐겼다. 청산을 집으로 삼고 백운을 이웃으로 여겼으며, 일찍이 세속의 잡된 일로 마음을 해치는 일이 없었으니 대체로 도를 지닌 사람이었다. 경전자사經傳子史[57]를 배우고 섭렵하지 않은 것이 없었으며 문득 그 뜻을 알고 나면 책읽기를 좋아하지 않았으며, 가벼운 지팡이를 짚고 망건을 쓰고 산수 사이를 오갔다. 바람 부는 아침과 달 뜨는 저녁을 즐기면서 시름을 잊었는데 맑은 바람이 불고 달이 밝으면 두 동자가 좌우에서 시중하였다.
　하루는 다섯 객이 찾아와 주인옹을 뵙고자 하자 얼굴을 찌푸리면서 일어나 의관도 갖추지 않고 낯빛이 굳어진 채로 잠깐 들어오게 하였다. 객들이 부끄러움을 무릅쓰고 따라 들어가니 노인이 자리를 내놓으면서 묻기를 "객 등은 어디에 오셨소?"라고 하였다. 객들이 나란히 일어나 여쭙기를 "저희는 모두 오랫동안 이 근처에 있었으며 주인옹의 연세가 많다는 것을 알고 있습니다. 그러나 모두 어리석고 미련하여 주인옹에게 다가가 모시지 못하고 간혹 뒤를 쫓았으니 대체로 숨어서 그렇게 한 지 혹 30년, 20년, 혹 10여 년이 되었습니다."라고 하였다. 주인옹이 놀라서 말하기를 "그대들과 내가 노닌 지가 그렇게 오래되었다 하는데 어찌 내가 몰랐단 말이오. 그대들은 모두 어느 곳 사람들이오?"라고 하였다. 한 객이 대답하기를 "태어나자 떠나 왔는데 무슨 고향이 있겠습니까. 마음의 땅에서 컸으며 불굴의 마을에서 노닐었으며 깊고 조용한 집에서 머물렀는데, 날래기는 저와 대적할 만한 이가 없으며 난폭함은 누구도 저와 비교할 수 없습니다. 시비의 단서를 관장하며 비난의 경계를 감추니 만약 승부와 이해의 상황을 만나면 문득 불평한 기운을 터뜨리는즉, 더불어 그것을 나누며 위풍당당하게 날을 보내니 사람들이 꺾을 수 없으며 우뚝하게 한 해를 보내니 만물로도 유순하게 할 수 없습니다. 비록 위로는 상제로부터 아래로 서민에 이른다 해도 저는 모두 벗으로 사귈 수 있으며 농민, 상인, 우매한 자, 지혜로운 자, 아름다운 자, 추한 자, 노인, 약자를 가리지 않고 모두 더불어 사귈 수 있으니, 요순堯舜 같은 성인, 증자曾子·안자顔子 같은 현인에 이르기까지 모두 일찍이 마음을 나누는 벗이 되었습니다. 오직 옛날 남곽자南郭子[58] 한 사람만은 자못 사귀기가 어려운데 부득이한 바가 있어서 그렇습니다. 내가 아는 바로는 사람에게는 삼현三賢의 부류와 십성十聖의 무리가 있는데, 모두 우리를 괴롭히고 우리 족속을 멸망시켜 놓은 까닭에 나는 보거나 듣기를 원치 않습니다."라고 하였다. 주인옹이 웃으면서 "그런즉 그대는 나를 어떤 사람으로 생각했으며 지금은 어떻게 보는가?"라고 하였다. 이에 소매를 걷고 아무 말이 없었는데 그 이름을 물어보니 교만부자喬曼夫子였다. 나아가 그 형상을 살펴본즉 붉은 머리털에 화난 눈에다 불길 같은 수염과 강 같은 입을 지니고 있어 사납고 흉악하였다.

그 다음 사람이 말하길 "저는 화주華州 출신이며 본관은 여향麗鄕으로 저라산苧蘿山 아래에 몸을 의탁했으며, 무협대에서는 신령과 소통하였으니 고소姑蘇[59]는 나라가 망하는 빌미가 되었으며 금곡金谷[60]은 몸을 상하는 칼끝이 되었습니다. 은殷과 주周가 멸망한 것도 실은 저와 관계되며, 진陳과 당唐이 쇠퇴한 것도 역시 저로부터 시작되었으니, 비록 현명하고 어리석고 귀하고 천한 무리와 군자와 절개 있는 선비 무리라 하더라도 저와 즐기며 놀지 않는 일이 없으니, 장차 위험한 일이 닥쳐 그것을 그쳐야 된다는 것도 알지 못합니다. 간혹 주인옹과 더불어 사귀고 싶어 주인옹이 원하는 것이 무엇인지를 살피지만 주인옹이 차갑게 보였기 때문에 마음속으로 생각할 뿐 부끄러워서 나아가지 못했습니다."라고 하였다. 주인옹은 우물尤物의 정체를 알기는 했으나 이름을 묻지는 않았다.

그 다음 사람이 말하였다. "저는 우임금의 혈통으로 알려졌으니 옛날 의적儀狄[61]은 곧 저의 조상입니다. 순우淳于[62]와 정절靖節[63]은 저의 형제이며 태백太白[64]과 유령劉伶[65]은 저의 벗으로 저와 더불어 노닐며 천하에 이른 곳이 거재두량車載斗量[66]으로 많아서 헤아릴 수가 없습니다. 위의 사람들은 모두 고금에 이름이 알려지고 서책에 자취가 실려 있습니다. 저의 벗으로는 또한 음중팔선飮中八仙[67]이 있는데 모두 변변찮은 인재들이 아니니 하늘의 별, 땅의 샘, 사람들의 걱정·즐거움·성공·패배와 예향禮享의 일에 이르기까지 제가 모두 참여하여 현악기와 관악기로 팔음을 떨치고 술잔으로 갖가지 시름을 쫓아냅니다. 주왕과 걸왕이 망하는 데 빌미가 되었으나 제가 한 것은 아닙니다. 비록 탕왕과 무왕이라 해도 그 공을 이룰 수는 없는데, 사람들은 제가 큰 공을 세운 것으로 알고 중히 여겨서 주인과 객의 만남, 군신의 즐거움, 장군과 재상의 화평함, 선비와 서민의 즐거운 자리에까지 모두 저를 잊지 않고 청합니다. 풍류객들, 호걸의 무리, 빈부의 집안에서도 모두 저를 좋아하여 불러들입니다. 혹 산중의 선비와 강가의 나그네들이 왕왕 저를 부르면 저는 사양하지 않고 가서 맹렬한 하늘의 기운과 맞서는데 사람들은 그 추위를 이기지 못합니다. 비록 백 마리 양의 털옷이나 천 마리의 여우 가죽이 있다 해도 살이 어는 것을 막을 수 없지만, 저는 추운 철에 맞설 수 있으며 경사스런 자리를 펼칠 수 있습니다. 그러나 사람들로 하여금 미친 기운을 불러일으키기 때문에 사람들은 혹 도리를 흐트러뜨린다고 말하기도 합니다. 이제 주인옹이 무료하게 앉아 계신다는 말을 듣고 달려와 더불어 희롱하고자 할 따름입니다."라고 하였다. 주인옹이 머리를 절래절래 흔들며 묻기를 "벽국蘖麴은 성이고 불성不醒은 자인가?"라고 하였다.

그 다음 사람은 답답해하면서 더러운 숨을 내뿜으며 몽롱한 얼굴로 대답하기를 "주인옹은 저를 알지 못하시지만 저는 주인옹과 더불어 아침에서 저녁까지 가장 친한 사이입니다. 주인옹이 배부르고 피곤하면 저도 역시 그랬으며 주인옹이 서사書史를 보면 저 역시 곁에서 모셨습니다. 밤이 깊어지고 만물이 고요해지면 주인옹은 홀로 자신의 방에 머무는데, 제가 주인옹의 생각을 엿보며 무리지어 다가가면 눈을 감고도 내가 오는 것을 알았으며 눈을 뜨고는 제가 가는 것을 알았습니다. 비록 겨울밤이 길고 여름밤이 짧고 봄날이 길지만, 저는 주인옹으로 하여금 길고 짧은 괴로움을 모르게 해 주었을 뿐입니다."라고 하였다. 주인옹이 눈을 부릅뜨고 한참 노려보다가 이름을 부르길 "뇌안惱眼이며 자는 혼부昏夫이다."라고 하였다.

또 다른 자가 말하길 "저는 남쪽 오랑캐 땅으로부터 왔는데 근래 저는 불의 성질로 냉병을 치료한다는 것을 알게 되었습니다. 비와 이슬을 기다려 자라며 불을 얻어 빛을 밝혀 별자리를 관장하고 있으니, 음식을 탐하고 집을 불태우는 것은 모두 제가 꺼리는 것이며 재화를 좋아하고 재물을 탐하는 것은 모두 제가 기뻐하는 것이니, 저는 능히 사람들을 기쁘게 해주고 또한 사람들에게 원한을 갖게도 합니다. 제가 어찌 소진蘇秦[68]·장의張儀[69]·서자西子[70]·여희麗姬[71]의 무리가 아니겠습니까. 다만 냄새가 매우 더러워서 코를 막고 외면하는 사람이 있는데 저는 사람들의 애증에 크게 연연해하지 않으며 그들 사이의 싫어함과 좋아함을 이용합니다."라고 하였다. 주인옹이 초조하게 앉아 있는 것을 알고는 가까이 다가갔다. 주인옹이 코를 막고 찌푸리면서 묻기를 "아두생鵝頭生은 이름이고 담마이曇麽耳가 호인가?"라고 하였다.

주인옹이 즉시 붓을 잡아 시구를 써서 다섯 객에게 주면서 "모두가 쓸모없는 무리들로 나는 그대들같이 나쁜 손님들과는 대면하고 싶지 않다."라고 하였다. 그리고 급히 청풍과 명월 두 동자를 부르더니 밖으로 쓸어내라 이르고 문을 닫고 누워 버렸다. 다섯 객이 함께 있다가 쫓기듯 가 버렸다. 주인옹은 불법을 배우는 사람으로 사람과 만나기를 좋아하지 않았는데, 그 이름은 곧 인무지人無知이다.

主人翁退五客說

翁不知何許人也。自號主人翁。神氣慷慨。有大丈夫之志。淸標素節。無意功名。俛仰今古。隱遁林泉。養浩然之氣樂無生之旨。靑山爲屋。白雲爲隣。未嘗以塵冗犯於懷。盖有道者也。其學則經傳子史。無不涉獵。而輒知其意則已以不好讀。輕藜短幘。往來於石泉之間。風朝月夕。樂以忘憂。有淸風明月。兩童子侍左右焉。一日有五客。扣門而求謁翁乃嚬蹙而起。不冠不帶。正色而權召之。客等俱强顏以趨之。翁賜座而使之坐。問曰。客等從何而來。客齊起而致辭曰。僕等皆久在近處。聞翁已有歲月矣。然皆以庸才魯識。不足與翁進侍。間或隨之。皆潛然與之者。或三十年二十年。或十餘年所矣。翁愕然曰。君等與吾遊者。若斯之久。則吾何其不知也。爾等皆何處人也。一客對曰。生出自無何有之鄕。長於方寸之地。遊於不屈之邑。卜居潛幽之宅。慓悍莫與余敵。暴躁孰與吾比。管是非之端。藏唇舌之際。如遭勝負利害之場。輒發不平之氣則相與之。撼撼終日。而人不得折焉。卓卓終年。而物不能柔之。雖上自帝王下至民庶。吾皆得以友之。不擇農商愚智姸媸老弱。皆慣與之交。而至於堯舜之聖。曾顏之賢。皆曾與爲心友也。而惟與古之南郭子一人。稍不得友。無乃吾有所不盡已而然耶。吾又聞之。人有三賢之流。十聖之徒。皆得以勗吾徒滅吾屬故。吾不願見耳。翁笑曰。然則子以翁爲何如人而今見之耶。乃歛衽而無言。問其名。則喬曼夫字¹⁾也。就察其形。則赤髮怒目。火觜河口。可謂猛而獰者也。其次者曰。僕係出華州。貫籍麗鄕。寄形苧蘿山下。通靈巫峽臺中。姑蘇釀亡國之崇。金谷致喪身之鋒。殷顚周喪。實係於吾。陳失唐衰。亦出於吾。而雖賢愚貴賤之儔。君子節士之徒。皆莫不與余樂。而歡娛。而不知危之將至也而止之。間或與翁有交遘之地。伺其翁之所欲。而翁冷然而視故。窃爲翁慙而不取也。翁知其爲尤物而不問名也。次者曰。鄒之係禹知之。古之儀狄卽吾祖也。淳于靖節。吾之弟兄。太白劉伶。吾之故人也。與吾遊者。遍天下而車載斗量。不可勝計。如上之人。皆知名今古。載迹於簡編。吾友亦有飮中八仙者。皆非碌碌之才也。而況天有吾星。地有吾泉。人有憂樂成敗。及禮享之事。吾皆得以造籴焉。振八音於絲竹。駈百慮於壺觴。紂桀之亡。吾亦有謀焉非吾。雖有湯武。不可得以成其功。人知吾之有大功而重之。至於主客之接。君臣之樂。將相之晏。士庶之歡。皆不忘吾而請之。風流之輩。豪傑之流。貧富之家。皆愛吾而呼之。或有山林之士江海之客。往往徵之。吾亦不讓而往當乎天氣酷冽。人不勝其寒。雖百羊之裘。千狐之皮。未能禦其皸瘃。而吾能拒玄冥之令。進祝融之威。²⁾ 然能使人助發狂妄之氣故。人或謂之經生也。今聞翁之無賴而坐。特來與之相狎耳。翁疾首而問。葉麴姓。不醒字也。次者厭厭其狀。汶汶其氣。昏昏而對曰。翁不知吾乎。吾與翁。夙夜有最親之分。翁飽而困。則吾亦隨之。翁看書史。則吾亦侍之。至於更深夜久。餘物皆寂。翁乃獨處私室。吾伺翁意。林林而至。合眼則知吾之來。開睫則知吾之去。雖於冬宵之永。夏夜之促。春晝之長。吾能使翁不知其長促之苦耳。翁瞵瞪而熟眎之徵其名曰。惱眼。字昏夫也。次者曰。拙迹自南土族蕃。近世吾能知火性能治冷疾。待雨露而長養。得姻火而光華動。卽司星屋。則嗜食燒衣蓺屋者。皆寃於吾。好貨貪財者。皆喜於吾。則吾能使人喜也。亦能使人怨也。吾豈非蘇秦張儀西子麗姬之儔耶。但氣臭甚惡。人有掩鼻惡之者。吾亦不以人之怨喜。用嫌欣於其間也。聞翁之悄悄然坐。幸近之耳。翁亦掩鼻不喜而問。鵝頭生名。曇麽耳號也。翁卽援一筆而句下吾客曰。都是不用之屬。吾不欲對爾等惡客。急呼其淸風明月兩童。而使之掃出。杜門而臥。五客相與之。皇皇然去。翁學佛者。不喜迎接。其名卽人無知者。

---

1) ㉮ '字'는 '子'인 듯하다. 2) ㉯ '進'부터 이 문장의 끝까지 저본에는 한 장이 결락되어 있어 편찬자가 통도사 본에 의거하여 보입하였다.

적천사 시왕 조성 유선문

　나를 비난하는 자가 말하기를 "부처가 인과因果를 말하였는데 과果가 기필한 것인가, 그렇지 않은가?"라고 하였다. 내가 이에 응대하여 "그대가 기필하지 않다는 것은 이理에 따른 것인가, 이理에 따르지 않은 것인가. 무릇 천하 사물은 이理에서 나오지 않았어도 이理는 사물의 근원이니 인因은 이理인 것이다. 뿌리가 있어야 싹이 나고 꽃이 피며 꽃이 피어야 열매가 있다. 열매가 과果이다. 과果는 뿌리로 인하여 마지막으로 얻게 된 것이다. 그러므로 천하의 만물로 뿌리와 싹에 연유하지 않고 꽃과 열매를 가질 수 있는 것은 없다. 그러한즉 인과因果가 기필한 것이냐, 기필하지 않은 것이냐는 사람들에게 어려울 것 없는 것이다. 성현聖賢의 도는 모두 이理에 뿌리를 두고 있어 단지 필요 없다는 것이지 무릇 부처에게 이理가 필요 없다는 것이겠는가. 나는 인과의 요지를 그대에게 말하는데 그대가 보는 초목·화훼 등속은 봄의 따뜻함을 맞아 생겨나는 것이다. 무릇 하늘의 밝음과 원덕의 기운이 천지 사이에 깔려 있고 비와 이슬로 밑천을 삼으니, 천하에 성품을 지닌 사물들은 그 근성의 크고 작음, 네모와 원, 길고 짧음에 따라 혹은 청색, 혹은 황색, 혹은 분홍색, 혹은 녹색, 혹은 악취, 혹은 향기를 따르는데, 향기로는 악취를 만들 수 없으며 악취로는 향기를 만들 수 없으며, 녹색으로는 홍색을 만들 수 없으며 황색으로는 청색을 만들 수 없으며, 짧은 것은 짧은 것이고 긴 것은 긴 것이다. 각진 것과 동그란 것, 큰 것과 작은 것이 서로 자리를 바꿀 수 없는 것은 모두 근성이 다른 데에서 생겨난다. 그러나 모든 것은 스스로 열매를 맺으며 끝내 그 근성을 잃지 않는데, 이같이 인과가 분명하고 애매하지 않은 것은 사람에게도 해당된다. 인묘仁妙의 마음을 받았으나 그 성性이 같지 않아서 혹은 귀하고 혹은 천하고 혹은 선하고 혹은 악하고 혹은 탐욕스럽고 혹은 겸손하고 혹은 공교롭고 혹은 졸렬하고 혹은 곱고 혹은 추하고 혹은 현명하고 혹은 우매하고 혹은 날카롭고 혹은 둔하니, 각각 같지 않은 것은 그 습성이 그렇게 만든 것이다. 습성은 인因이며 현명함과 우둔함, 날카로움과 둔한 것이 같지 않은 것은 과果이다. 행사로 보자면, 먹으면 배부르고 먹지 않으면 배고프다. 아침이 있으면 반드시 저녁이 있으며 봄에 씨를 뿌리면 가을에 수확한다. 더위가 있으면 추위가 있으니 이것이 하늘과 사람 사이에 분명한 것이어서 가릴 수가 없는 것이다. 대개 사람의 선하고 악한 마음이 싹트면 재앙과 복이 따르는 것이 마치 좌계左契[72]를 지니고 있다가 맞대서 서로 부합되는 것과 같으니, 어찌 부처의 말을 빌려서 알겠는가. 그러므로 충효인의忠孝仁義는 어진 것으로 세상에 전해졌으며 완고함, 소란함, 패역함은 악한 것으로 후세에 비난받았다. 도척盜跖[73]과 걸주桀紂[74]는 만고의 으뜸가는 악인으로 여겨졌으며 우탕문무禹湯文武[75]는 천하의 큰 성인으로 여겨졌으니, 어찌 선으로써 악을 대신하며 악으로써 선을 대체할 수 있겠는가. 보응에 이르면, 표모漂母[76]가 밥을 주고 한신韓信이 보답하며[77] 진공의 말을 야인이 보상했으며 조조鼂錯[78]의 원한에 원앙이 귀신이 되어 그를 책했으며 지백智伯의 덕을 갚기 위해 예양預讓[79]이 옻칠을 하면서까지 보답하려고 했으니, 죄와 복의 보응은 그림자가 형체를 따르는 것과 같다. 부처는 사람들이 본 것으로 이야기를 했으니 어찌 다른 곳에서 허탄하고 기이한 과보의 일을 끌어들여 사람들을 속였겠는가.『서경書經』에서는 '착한 일을 하면 복을 주며' '너에게서 나와 너에게 돌아간다.'고 하였다.『주역周易』에서는 '착한 일을 쌓는 집안에는 반드시 뒤에 경사가 있다.'고 했으니,『주역』의 뜻을 옮기면 대체로 '길吉·흉凶·회悔·인吝은 동動에서 생겨난다.'는 것이다. 자사子思가 말하길 '군자는 보이지 않는 것일지라도 두려워하고 듣지 않은 것일지라도 삼가야 한다.'고 하였다. 이런 글은 모두 유가의 학설이지만 사람을 놀라 깨우치게 하는 것이니, 악을 징계하는 말이 부처에게만 특별한 것이겠는가. 지금 사람들은 죄와 복이 마음에서 온다는 것을 믿지 않으며, 한갓 하늘에 복과 이익을 요구하며 얻지 못하면 성을 내면서 '하늘의 뜻이 공정하다고 기필할 수 없다.'고 한다. 그리고 부처에게 구하고자 하다 얻지 못하면 그것을 배척하면서 '부처 또한 사람을 속인다.'고 한다. 화복앙경禍福殃慶은 모두 사람들이 스스로 만들고 받은 것이니, 어찌 하늘과 부처가 사람들에게 주고 빼앗는단 말인가."라고 하였다.

"지부地府의 설은 믿을 만한가?" "하나의 기운이 나누어져 삼재가 이미 심어졌다고 하는데, 밝은 곳은 제왕으로서 드러냄을 주관하고 어두운 곳은 신군神君으로서 아득함을 주관하기 때문이다. 온 천하의 비록 한 나라 한 고을일지라도 군주가 육합지중六合之中을 다스리지 않는 일이 없으니, 비록 한 나라나 한 구석일지라도 또한 귀신이 관장하지 않는 곳은 없으며 부엌이나 우물에 이르기까지 귀신이 있으니, 하물며 명산과 큰 못, 홍몽鴻蒙[80]의 땅, 멀고 아득한 장소들이라도 신국神局을 설치하고 음부陰府를 배치하여 사람들의 화복을 관장하지 않겠는가. 그러므로 우임금은 구정九鼎[81]을 주조하여 황제에게 제사를 지내고 왕교王喬[82]는 무소뿔을 태워 수신水神을 비춰 널리 지하의 신에게 힘써 보답한 것이니, 이치에 닿는 말을 믿지 않겠는가. 또한 경經에서 말한 바 담마라계琰魔羅界를 살펴보면, 그것은 섬부贍部 남쪽의 옥초沃焦[83] 아래에 있으며 명왕冥王의 십부가 있다. 그곳의 왕은 모두 정직하고 총명하며 천지天地·생령生靈·사생死生·복수福壽·선악善惡·연촉延促[84]의 권한을 주관한다. 사람들이 한 바에 따라 그 허실을 판단하여 상과 벌을 내리며 세상의 관리와 같이 사람들의 시비와 곡직을 결정한다. 지부地府가 어찌 사람을 위해서 특별한 곳을 세우고 위복威福[85]하여 세상을 협박하는 것이겠는가. 이제 불가에서 반드시 이것을 만들어 봉안하여 세상에 보이는 것은 세상의 지혜롭고 우둔하고 귀하고 천한 무리와 범속한 사내와 여인에 이르기까지 그들로 하여금 듣고 보게 하여 순식간에 마음을 깨우치고 본성을 헤아려 오직 선을 쓰도록 하는 것이니, 부처의 자비로운 제도에 일조할 수 있으며 또한 왕의 교화를 도울

수 있는 것이다. 어찌 이를 작은 일이라 하겠는가."

　문답을 마치기 전에 적천사 시왕상을 조성하는 산인 옥심玉心이 마침 와서 유선문을 청하므로 이 글을 써서 돌아가는 편에 부친다.
　무릇 세상 사람들이 모두 한결같이 선한 일은 하지 않을 수 없다고 말하면서도 오히려 그 선함이 어떻게 긴요한지 그렇지 않은지는 모른다. 사람들은 한갓 듣고 보는 선함을 옳다고 여기며 혹은 짐승의 목숨을 살리거나 굶주린 사람을 구하면 내가 선을 다했다고 여기고 세상에 없는 복을 바란다. 아, 복은 비록 적더라도 반드시 아껴야 하며 선함은 비록 적더라도 반드시 심어야 한다. 비록 작고 미미한 선함과 복에 대해서도 반드시 힘써 살펴야 하는 것이니 하물며 크고 긴요한 것이랴. 무릇 명부의 시왕이 있는 곳은 곧 염라琰羅의 경계로 열 개의 관청이 치솟아 있으며 윤회와 보응의 과정을 보여 주는데, 꺾고 사르고 찧고 가는 감옥이 서 있다. 명부에서는 위복으로 세상 사람들을 다스리는데, 그 왕은 혹 부처로 자취를 숨기며 보살로 지위를 의지한다. 임금으로서 과보를 갚으며 재상으로서 인연을 갚는 것이니, 과업의 판단은 행한 자취에 따른다고 말하는 것이다. 실제로 보답은 생전에 올바르게 산 것에 달려 있으며 죽으면 명왕에게 가게 되는데도 세상 사람들은 이를 생각하지 않고 문득 '저승은 보이지 않고 귀신은 볼 수 없다.'며 의심한다. 이승에서 왕법을 따르는 것처럼 저승에서는 신령을 숭상하는 것이니 그 차이를 의심하겠는가. 무릇 세상에서 소중한 것은 생사이다. 생사를 두고 비록 하늘에 달려 있다고 하지만 지부地府와 관계가 긴요하다. 그러므로 지부라는 것은 사람들이 의지해서 돌아갈 고향이며, 시왕은 사람들의 사명司命[86]이 아니겠는가. 이와 같으므로 선한 일을 하는 사람이 이를 버리고 다른 길로 간다면, 반드시 '긴요하지 않다'고 하겠다.
　무릇 적천사는 천년 보찰寶利로서 모양이 두루 새로워졌으나 명부 왕의 상은 만들어지지 않았다. 산인인 모某가 그 상을 만들고자 수희隨喜[87]

한 사람을 시켜 근본으로 돌아가는 복을 닦게 하였다. 견문한 사람들은 반드시 옛날의 허물을 씻었으며 손으로 유문諭文을 쥐고 선을 좋아하는 군자의 문에 고하고 각자 분수껏 돕게 하였다. 샛별 같은 눈동자에 달 같은 얼굴, 고운 자태, 수연한 모습이 세상 사람들로 하여금 그 만복의 장엄한 자취를 보게 한다. 비록 지혜롭지 못한 자라 해도 선행의 길을 반드시 생각해야 하는데, 더구나 지혜로운 이라면 반드시 무궁한 여유를 갖고 또한 장차 명부의 길에서 무뢰한 자들을 다스리고 각각에게 선한 행실을 알리는 것이 마땅하다.

磧川寺十王造成諭善文

人有難於予者曰。佛氏之說因果。果可必其不可必。予將應之曰。子不必。以理不以理乎。凡天下事物。不出於理。理者。事物之根。因者。理也。根而後有苗苗而後有花。花而後有實。實者。果也。果者。因根而最後効者。然則天下萬物未有不因根苗而有花果者也。然則因果之必不必。庶幾亡難於人而知也。聖賢之道。皆根於理也。而獨不必。夫佛之不必於理乎。予以因果之旨告於子。子見夫草木花卉之屬。當於春陽而發生乎。夫乾之融融熙熙。元德之氣。布於天地之間。以雨露而資之。則天下有性之物。隨其根性大小方圓長短。或靑或黃。或紅或綠。或臭或香。而香者不能爲臭。臭者不能爲香。綠者不能爲紅。黃者不能爲靑。短者短。長者長。方圓大小。不相移易者。皆因根性之不同也。然皆自結實。終不失其根性。此其因果之昭然不昧者也。至於人也。仁妙之心均。而受之。而其性則不同。或貴或賤或善或惡。或貪或廉。或巧或拙。或姸或嬈。或賢或愚。或利或鈍。而各不同焉。其習性使之然也。其習性。因也。賢愚利鈍之不同。果也。至於行事也。食則飽。不食則飢。有朝則必有暮。春耕則秋穫。有暑則有寒。此其天人之際昭昭不掩者也。盖人心善惡之萌。禍福隨之。如持左契。交手相付。豈假佛說而知之。故忠孝仁義者。以賢傳於世。頑嚚悖逆者。以惡呎於後。盜跖桀紂人以爲萬古之首惡。而禹湯文武。人以爲天下之大聖。豈以善代惡而以惡替善乎。至於報應也。如漂母之食。韓信報之。晋公之馬。野人酬之。龜錯之怨袁盎爲鬼以責之。智伯之德。預讓吞炭以答之。罪福之應。如影隨形。佛以人之目擊而學說之。豈於他處。引取虛怪果報之事而欺人言哉。書曰。作善降祥。又曰。出乎爾。反乎爾。易曰。積善之家必有餘慶。又易之旨屢遷。盖吉凶悔吝生乎動也。子思曰。君子恐懼乎其所不覩。戒愼乎其所不聞。此等文。皆儒說。而使人警以瞥之。懲惡之言。豈特佛氏也哉。今有人。不信罪福由心。徒以福利責於天。而不得則詬之。曰天不可必。求於佛而不得則斥之。曰佛亦欺人。禍福殃慶。皆由人之自作自受。豈天與佛與奪於人哉。曰地府之說可信乎。曰一氣肇判。三才旣植。則明以帝王。主於顯。暗以神君。主於幽故。四海之內。雖一邦一邑。未有無君長以御之六合之中。雖一方一隅。亦未有無神祇以管之者。至於竈有神井有鬼。而況名山大澤。鴻蒙之域。玄邈之鄕。未有設神局。而排陰府以管人之淫福也哉。故禹鑄九鼎。以享上帝。王喬然犀。以照水神。宣孟報於地下神。理之言不信哉。且按經所說琰魔羅界者。在於瞻部之南。沃焦之下。有冥王十府。其王皆正直聰明。掌天地生靈死生福壽善惡延促之權。猶以人之所作。證辨其虛實以行賞罰。如世之官司。決人之是非曲直爾。地府豈爲人設特地威福以憎於世耶。今佛氏之家。必塑此而安之。示於世者。欲使世之賢愚貴賤之輩。至於匹夫匹婦。見而聞之。瞥然之間。醒其懷。策其情。惟善是務。則於佛氏慈濟之門。足爲一助。而亦於王化之補。豈曰有小哉。難未畢。磧川寺十王像造成。山人玉心適至。要諗善之詞。書此說而付歸也。

夫天下之人。俱必曰。善不可不爲也而猶不知其善有繁不繁之何如爾。人徒以耳目之善爲是。或以活一禽之命救一人之飢則已。以爲吾於善盡之矣。隨之以希不世之福。噫。福者雖微而必惜。善者雖小而必植。雖於小善微福必力以瞥之。而況大而繁之者乎。夫冥府十王者。其地則琰羅之界。列十府之巍巍。示輪廻報應之科。立到燒舂磨之獄。冥以威福禦世人。其王則或以佛身而秘跡。菩薩而寄位。人君以應報。宰輔以酬因。故曰權衡應迹。實報酬因生前柄直。死作冥王。卽世之人不及思而輒曰。冥者不可見。神者不可覿。以爲疑。若以明有王法之可遵。觀則暗有神理之可尙。致疑於其間哉。夫世之所重者。死生也。生之與死。雖曰係於天。而其關於地府者繁矣。然則所謂地府者。非人之寄歸之鄕關。而十王者。非人之司命者哉。若是則凡有種善者。捨此而就他塗。則必曰不繁也。夫磧川寺者。千年寶利。百色俱新。而未及塑冥王之像。山人某欲造其相。將使隨喜之者。皆修返本之福。見聞之人。必銷往世之咎。手把諭文。告於樂善君子之門。各以隨力而助成。星眸月面。麗質粹容俾一世之人。得瞻其萬福粧嚴之縱。則雖聾盲乎智者。必思其種善之路。而況成之者。必得無疆之裕。亦將於冥路且作攘臂之人矣。宜各施之。

대신해서 영남 방백 조 상공께 올리는 글

몇 월 며칠에 삼가 재배하고 영남 방백께 글을 올립니다. 지금 기남杞柟[88]과 예장預章[89]의 나무가 깊은 산중에 있어 서까래와 들보로 쓰일 수 없는데 깊은 곳에 있어서 장인의 눈에 띄지 못한 것이며, 천리마의 새끼와 준마의 새끼는 거친 말구유에 엎드려 있어 바람과 구름같이 내달릴 수 없으니 좁은 곳에 엎드려 있어 백락伯樂의 눈에 들지 못한 것입니다. 만약 장인이 돌아보고 백락이 살펴본다면 곧 백 길의 나무가 어찌 헛되이 빈 산에서 눈서리를 맞으며 늙어 가며, 천리마가 어찌 거친 구유에서 괴로움을 겪고 흙먼지 속을 걷겠습니까. 우리 상공은 높고 밝은 자질과 세상에 없는 재능을 지녔으니, 장인을 위한 재목이요 백락을 위한 말인 것입니다. 한번 황옥黃屋[90]의 명을 받아 금월金鉞[91]과 옥절玉節[92]로서 곤외閫外[93]의 분우分憂[94]로 영남에 머물라 문서를 내렸으니, 문화를 펼치고 덕교를 베풀고 충성심을 받들어 사람들이 간직하도록 한 지가 이제 3년이 되었습니다. 영해嶺海의 영재들과 산림의 준재들이 모두 목을 빼고 날개를 모은 것처럼 용기를 내서 상공이 베푼 인자하고 은혜로운 가르침이 평가되기를 원하였습니다. 옛날 연왕이 오백 금으로 사마골死馬骨[95]을 사 왔다 했으니 훌륭한 장인은 몇 척의 썩은 나무를 버리지 않은즉, 어떤 이는 죽은 말의 뼈이며 수척의 썩은 나무일 뿐이 아닌가 하고 말합니다. 만약 연인涓人의 지혜와 솜씨 있는 장인의 공교로움이 없다면 어떻게 사고 어떻게 얻을 수 있었겠습니까. 그러하므로 재목이면서도 큰 집에 쓰이지 못하며 달리면서도 벼슬아치의 수레를 끌지 못하게 됩니다. 가령 백락伯樂과 장석匠石을 만나는 것은 재목의 기회이며 말의 운수이니, 또한 시운이 있고 없음을 두고 싫어하거나 좋아한들 무슨 소용이겠습니까. 삼가 시문 몇 권을 읽을거리로 드리니 고명한 안목으로 백성 얼굴을 살피는 겨를에 살펴주시기 바랍니다.

代人上嶺伯趙相公書

月日謹再拜。上書于嶺南方伯閣下。今有杞梓之材。預章之木。處於深山之中而不能見爲棟梁之用者。以其所處也深。而不遇匠石之顧也。驥騏之駒。驃裹之雛。伏於疎櫪之下。而不得展風雲之步者。其所伏也淺。而不遇伯樂之顧也。如使匠石顧之。而伯樂視之。則百仞之木。豈得空老於空山霜霰之間。而千里之駿。豈得徒困於疎櫪步埃之裡也哉。維我相公。以高明之質。不世之才。於材爲匠石。而於馬爲伯樂也。一受黃屋之命。以金鉞玉節。分憂閫外駐札嶺下。宣文化而布德敎。推赤心以置人腹者。至于今三年矣。嶺海之英。山林之雋。皆爲延頸翕翼。思欲賈勇定價於相公仁惠之下風矣。昔燕王。以五百金。買死馬骨。而良工不棄材數尺之朽。則如某者。非馬之已死骨而材之數尺朽者耶。若不有㓰人之智。巧匠之工。誰可買而可取也哉。然則材不得以處大廈之間。而步不得以綦御輿之下矣。如遇伯樂與匠石也。則材之時也。馬之命也。亦何用嫌喜於遇不遇之間哉。謹取所製詩若文。幾卷進讀。高明之鑒。察眉之暇。以垂斤覽焉。

삼충설

 무릇 벌레 또한 기가 변화된 것이다. 혼원混元[96]의 기운이 천지 사이에 차 있으며 온갖 변화 가운데 벌려 있는데, 그 근본을 관장하는 것은 조화의 진군眞君[97]이다. 기가 순환하여 만물을 만들고 사물이 그것을 받은 것인데, 정情·기器·거巨·세細가 같지 않다. 정밀함을 받으면 정情이 되고 거침을 받으면 도구가 되며 드러남을 받은 것은 크고 숨김을 받은 것은 미세하다. 사람과 새·짐승·곤충은 혈기 있는 등속이고 모두 정情을 가지고 있으며 산천초목, 쇠와 돌은 감정이 없는 등속들로 도구가 된다. 도구의 크고 작음, 인물의 많고 적음은 각자 차이가 있으니, 음과 양을 벼리로 삼는데 벼리의 실마리는 사람에게 있으며 사람은 만물을 다스린다. 사물은 모두 적용되는 바가 있어 조화롭게 근원의 바탕을 세우는데, 진군이 그 적용되는 바를 취하지 않고 모두 사람에게 주었으니 이에 사람이 그것을 얻게 된 것이다. 이때에 사람은 산천초목 등속을 집이나 노리개의 도구로 삼았으며 소·말·노새·낙타 등속은 심고 거두고 지고 이는 데 부린다. 닭·새끼 돼지·개·돼지 등은 길러서 음식의 자료로 삼는다. 그러나 진군이 비록 만물을 사람에게 부여하고 관장하게 하지만 도움을 주고 피해를 주는 것이 평등하지 않으니, 도움을 주는 것들은 중히 여겨지는 것들이며 해를 주는 것들은 멀리하는 것들이 되는 것이니, 범·표범·곰·너구리·뱀·살모사 등은 모두 한적하고 거친 곳에 있어 사람들로 하여금 가까이 갈 수 없게 한다. 그대가 벼룩·이·전갈이라고 부르는 것들은, 잠자리·매미·귀뚜라미가 사람들에게 시각을 알려 주고 절기를 전하는 공이 있으며 원앙과 앵무가 아양을 떨면서 사람들에게 감상할 아름다움을 주는 것과 같지 않으니, 사람들은 마치 원수같이 이를 증오하고, 벌이나 전갈같이 싫어한다. 사람들을 쫓아 멋대로 굴고 사람들의 옷에 붙어서 보금자리를 만들고 사람들의 방과 난간을 뚫어 굴을 만들어 주야로 버릇없이 침범하여 사람의 기름과 피를 먹고 피부를 물어뜯으니, 아프고 가렵기가 그지없어 사람들은 고통의 탄식을 참을 수 없다. 아, 너란 물건은 진실로 만물 가운데 소인배이니 진군이 또한 이런 물건을 사람들에게 붙여 준 까닭을 알 수 없다. 사람이 만약 그것을 받았다면 어떤 쓸모가 있어 사양하지 않은 것이다. 진군이 그것을 사람에게 붙여 준즉 취할 것은 무엇이고 따를 것은 무엇인가. 이의 물건됨은 사람의 때·기름기·땀의 기운을 받아 이루어진 것이다. 벼룩은 먼지와 습한 기운을 받아 생겼으니 사람이 진실로 옷을 세탁하고 몸을 깨끗이 한다면 이의 근심을 면할 수 있고, 방과 휘장을 깨끗하게 하고 상과 자리를 따뜻하게 한다면 벼룩의 근심을 면할 수 있을 것이다. 전갈은 사람의 기운으로 된 것이 아니고 난간과 벽에서 생겨났다. 그러므로 있는 곳도 있고 없는 곳도 있다. 사람들은 혹 지네가 사는 곳을 알아내더라도 그것의 폐해를 그치게 할 수 없다. 나는 이에 그것과 맞닥뜨렸으나 그것을 물리칠 방법을 알지 못하고 오직 증오할 뿐이다.

그런데 이 세 물건은 공부하는 사람에게는 역시 권하는 작은 공이 있다. 깊은 밤 단잠에 빠져 있을 때 만약 세 가지 물건이 가렵고 아프게 하지 않는다면, 긴 밤 깊은 시름에 베개 높이 베고 멋대로 누워 할 일을 잊고 편안하게 착오着烏[98]의 한가함을 즐기다 번쩍 일어나 재빨리 회초리를 잡겠는가. 아, 이 벌레 역시 물건 중의 쓸모가 있는 것이니 또한 취할 바가 있지 않은가. 진군은 이 벌레를 끌어들여 여러 사람들에게 주었으니 도리어 깊은 깨우침이 있는 것이다. 그러나 나는 이미 이 세 벌레를 받아들여 조금씩 공부한 지가 오래되었으니 진군에게 붙여 돌려보낸다.

三虫說

凡虫亦氣之所化者也。夫混元之氣。塞乎天地之間。布於萬化之中。而掌其柄者。卽造化之眞君也。其氣徇環。陶鑄萬物焉。物受之。有情器巨細之不同。受其精者爲情。而粗者爲器也。受其著者爲巨。而微者爲細。人與禽獸

昆虫血氣之屬。皆情。而山川草木。金石冥頑之屬。爲器。器之大小。人物
之衆多。各自有其流也。而陰陽得以爲綱紐。綱紐之係。在於人。人者。摠
萬物者也。物者。皆有所適用也。故造化。柄其樞。以其所適用。讓以不取。
皆付之於人。人乃得以取之。於是人以山川草木之屬。爲游舍服玩之具也。
牛馬驢駝之屬。爲稼穡負戴之使也。雞豚狗彘之屬。爲蔘養飮噉之資也。
然眞君。雖以萬物。皆付之於人。而物之於人。有資之害之之不等者。以其
資之者。屬於內。害之者。屬於外故。虎豹熊貔蛇虺之流。皆處之於閑散之
地。使人不相近也。至於如爾之曰蚤曰虱曰蝎之徵[1]流。非若蜻蜓蟋蟀之爲
人。而有知時報節之效也。鴛鴦鸚鵡之爲人。而供媚獻賞之美也。而人憎
之如仇讎。惡之如蜂蠆也。其隨人甚狎。依人之衣服。而爲巢窠。穿人之房
櫳。而爲窟穴。晝夜相狎以侵之。哂人之脂血啗人之肌膚。其酸痒之極。人
不勝其苦。噫。爾之爲物也。眞物中之小輩歟。不知眞君亦以此物見付於人
耶。人若受之。則以其何所用而不讓也。眞君付之則以其何所取而付之耶。
虱之爲物。受人之垢膩汗膏之氣以化之者也。蚤則受塵坋陰濕之氣以生焉
者。然則人苟以浣濯衣裳。澡浴身器。則可以免虱之患也。潔洧房帷。溫乾
床席。則可以免蚤之患也耳。至於蝎也。非人氣之所化。櫳壁之所生者。故
有有處。而或有不有處。人或遇其所有之處。則無物可以止其螫矣。余玆以
遇其有。不知其所止之方。惟惡之而已。然此三物者。於做工之人。亦有資
勸之微功者也。當其酣睡沈昏之際。非三物之騷攪。則長吏深漏高枕肆臥。
抛忘其所做之業。偃然樂着烏暇其惺惺以起猛著其鞭也哉。噫。此物亦物
中之有所用。而亦有所可取者耶。眞君之假此物。以付諸人。却有深警焉。
然余已籍此三物。而稍有用功者久矣。還以委付於眞君也。

1) 원 '徵'은 '微'인 듯하다.

동계집 제4권 마침
東溪集卷之四竟

주

1 청풍서래수파불흥淸風徐來水波不興 : 소식蘇軾의 〈赤壁賦〉의 서두에 나오는 구절이다. 〈赤壁賦〉의 서두를 보면 다음과 같다. "임술년(1082) 7월 열엿샛날 나는 벗들과 적벽에서 배를 띄우고 놀았다. 맑은 바람은 소슬하게 불어오고 물결은 잔잔하였다. 술잔을 들어 벗에게 권하며 명월의 시를 외우고 요조의 장을 노래하니, 이윽고 달이 동쪽 산 위에 올라 북두와 견우성 사이를 서성이더라.(壬戌之秋七月旣望。蘇子與客。泛舟遊於赤壁之下。淸風徐來。水波不興。擧酒屬客。誦明月之詩。歌窈窕之章。少焉。月出於東山之上。徘徊於斗牛之間。)"
2 백저白猪 : 흰 돼지해를 말하는데, 1671년이 이에 해당한다. 경술년庚戌年(1670)부터 한발이 극심하여 대기근과 함께 전염병이 창궐하였다.
3 백우白牛 : 흰 소의 해를 말한다. 경신 대기근庚辛大饑饉(1670년~1671년에 걸친 대기근)의 후유증이 남아 있던 계축년癸丑年(1673)이라고 볼 수 있다. 그런데 이 해는 백우년이 아니라 흑우년에 해당된다. 백우라 한 것은 착각이 아닌가 생각된다.
4 요임금의 태양 10개 : 요임금의 덕이 10개의 태양보다 밝다는 칭송인데, 여기서는 무더위의 의미로 썼다.
5 별은 드넓은~강은 흘러간다 : 두보杜甫의 오언율시 〈旅夜書懷〉의 일부로 시 전편은 다음과 같다. "언덕 위엔 가는 풀이 잔바람에 흔들리고, 높은 돛배 안에서 나홀로 밤 새운다. 별은 드넓은 들판에 드리워 내리고, 달이 솟구쳐 오르니 큰 강은 흘러간다. 어떻게 글로써 이를 드러내리오, 늙고 병들어 벼슬길 물러났나니. 떠도는 이 신세 무엇에 비길까, 하늘과 땅 사이엔 한 마리 갈매기로다.(細草微風岸。危檣獨夜舟。星垂平野闊。月湧大江流。名豈文章著。官因老病休。飄飄何所似。天地一沙鷗。)"
6 능운凌雲 : 구름을 뚫고 올라갈 정도로 대단한 용기가 있음을 의미한다.
7 제천濟川 : 재상을 비유하는 말이다. 은殷 고종高宗이 부열傅說을 재상으로 삼으면서 "내가 만일 큰 내를 건너게 되면 그대를 배와 노로 삼겠다.(若濟巨川。用汝作舟楫。)"라고 한 데서 유래한다.
8 이려伊呂 : 상商나라 탕왕湯王의 승상이었던 이윤伊尹과, 주周나라 무왕武王을 보좌하여 은殷나라를 멸망시킨 여상呂尙을 칭한다. 이들은 모두 유명한 재상으로 통한다.
9 조아爪牙 : 맹수가 발톱과 어금니를 무기로 삼는다는 것에서 나온 말로, 나라를 지키는 무사를 가리키게 되었다.
10 농우隴右 : 감숙성甘肅省 일대를 가리킨다
11 필생화筆生花 : 문장이 뛰어남을 일컫는다. 이백李白이 붓 머리에서 꽃이 피어나는 꿈을 꾸었다는 채필생화綵筆生花의 고사가 있는데, 여기서는 시재를 드러내면서 음풍농월하며 사는 것을 뜻한다.
12 언영鄢郢 : 초楚나라의 도성을 가리킨다. 춘추시대에 초나라 문왕文王이 영郢에 도읍을 정했는데, 뒤에 혜왕惠王이 언鄢으로 천도하고 나서도 일반 명칭인 영郢으로 불렀다 한다.
13 누차 구슬을~발이 베어졌음이여 : 춘추시대 초楚나라 변화卞和가 옥박玉璞을 얻어 초나라 여왕厲王에게 바쳤으나 가짜라 해서 왼쪽 발을 베게 하였다. 뒤에 다시 무왕武

王에게 바쳤으나 또 거짓이라 해서 변화는 오른쪽 발이 베어졌다. 변화가 옥박을 안고 밤낮 통곡함을 이상하게 여긴 문왕이 그 옥박을 가공하게 하였다. 그 결과 보배로운 구슬을 얻게 되었으며 구슬은 화씨벽和氏璧으로 불리게 되었다. 여기서는 충언이 제대로 받아들여지지 않고 오히려 무고를 당한 굴원의 처지를 말한다.

14 명월明月 구슬을 무작정 던짐이여 : 『史記』 「鄒陽傳」에 "명월주明月珠와 야광벽夜光璧을 행인에게 함부로 던지면 모두들 칼을 잡고 노려보게 된다.(明月之珠。夜光之璧。以闇投人於道路。人無不按劍相眄者。)"라는 말이 보인다. 여기서는 뛰어난 인재인 굴원을 초왕이 내친 것을 말한다.

15 강리江蘺 : 향초香草를 가리키는데, 군자君子의 아름다운 덕을 비유하는 풀이다. 굴원屈原이 반대파의 참소로 쫓겨나고 〈離騷〉를 지었는데, 이를 보면 "강리와 벽지로 옷을 해 입고, 가을 난 엮어 허리띠를 만든다.(扈江蘺與辟芷兮。紉秋蘭以爲佩。)"라는 구절이 나온다. 『楚辭』 권1.

16 창오蒼梧 : 호남성湖南省 영원현寧遠縣 경계에 있는 산으로, 순舜임금을 장사 지낸 곳이라 한다. 따라서 성군을 의미하기도 한다.

17 삼려三閭 : 삼려대부三閭大夫의 벼슬을 지낸 초楚나라의 굴원屈原을 말한다.

18 상락桑落 : 중국 하동河東의 상락桑落 지방에 우물이 있는데, 뽕잎이 지는 때 그 물로 술을 빚으면 술맛이 좋다고 한다. 여기서는 명주를 말한다.

19 성사星查 : 한漢나라 장수 장건張騫이 타고 하늘에 다녀왔다고 하는 뗏목 배.

20 이하夷夏 : 한漢나라와 그 밖의 오랑캐 땅을 말한다. 여기서는 천하를 가리킨다.

21 대완大宛 : 옛날 서역 36국 중의 하나이다. 장건張騫이 그곳의 한혈마汗血馬에 반한 나머지 천마天馬라 이름을 붙였다 한다.

22 누란樓蘭 : 누란왕樓蘭王을 말한다. 누란은 서역 지방에 이었던 나라 이름이다.

23 약수弱水 : 봉래蓬萊 섬 주위를 에워싸고 있는 강. 이곳에서는 새털같이 가벼운 것도 금세 가라앉는 바람에 건너갈 수 없다는 고사가 전한다. 『海內十洲記』.

24 농서隴西 : 중국의 감숙성甘肅省으로 이백李白의 선대 세거지이다. 이 때문에 이백을 농서이씨隴西李氏라 하기도 한다.

25 탈모脫帽 : 두보杜甫의 〈飮中八仙歌〉 중에 "장욱은 석 잔 술에 초성으로 이름 얻고, 왕공의 앞에서도 모자 벗어 정수리 드러내고, 종이에 일필휘지하면 구름 연기 일었네.(張旭三杯草聖傳。脫帽露頂王公前。揮毫落紙如雲煙。)"라는 시구가 있다. 여기서는 뛰어난 시인을 말한다.

26 옥경玉京 : 도가道家의 천제天帝가 다스리는 황도皇都를 말한다

27 취생吹笙 : 왕자교王子喬를 일컫는다. 그가 신선이 된 후 학을 타고 구씨산緱氏山에 내려와서 피리를 불었다는 전설이 있다. 『逸周書』 권9 「太子晉解」.

28 약목若木 : 상상 속의 나무로, 광적색光赤色의 꽃을 피우며 땅을 비춘다고 한다.

29 황강黃江 : 경상남도 거창군 고재면의 삼봉산三峰山에서 발원하여 거창군과 합천군을 흘러 낙동강으로 흐르는 강으로 〈伽倻津龍王堂奇遇錄〉의 배경이 되고 있다.

30 일어日馭 : 태양을 이끄는 수레를 말하는 것으로, 여기서는 대가大駕를 의미한다.

31 양후陽侯 : 수신水神을 말하는데, 전하여 물결을 뜻하기도 한다. 『淮南子』에 능양국陵陽國의 임금이 물에 빠져 죽어서 그 신이 큰 물결을 일으켰다고 하였다.

32 해약海若 : 북해의 신을 가리킨다.

33 강비江妃 : 순舜임금의 부인 아황娥皇과 여영女英을 말한다.
34 산녀山女 : 무산의 신녀를 말한다. 전국시대 초楚 회왕懷王이 고당高唐에서 놀다가 꿈 속에서 무산巫山의 여신과 동침하였다는 고사가 전한다. 『文選』권19 「高唐賦」.
35 선소仙韶 : 당唐나라 문종文宗 때 선소원仙韶院에서 연주했다는 음악을 가리킨다.
36 팔음八音 : 금金·석石·사絲·죽竹·포匏·토土·혁革·목木 등 8종의 악기로 연주되는 음악을 말한다.
37 백비白鼻 : 사향고양잇과의 포유류를 말한다. 하얀 코에 검은 주둥이를 가지고 있으며 누런색을 띠고 있다.
38 취기翠旗는 어지럽게~섞여 있고 : 취기와 금지金支는 악기에 붙어 있는 장식품을 말한다. 따라서 취기와 금지가 뒤섞여 있다는 것은 흥겨운 풍악 속에서 한껏 즐기는 것을 말한다.
39 자봉紫鳳 : 바다의 신을 말한다.
40 천오天吳 : 물을 다스리는 수신을 말한다.
41 박망후博望侯 : 흉노 정벌에 나섰던 한漢나라 장수 장건張騫을 말한다. 이역 정벌의 공로로 그가 박망후에 봉해졌기 때문에 이렇게 부른다.
42 적선謫仙 : 당나라 시인 이백李白을 가리킨다. 적선은 인간 세계에 귀양을 온 신선이란 뜻으로, 하지장賀知章이 이백의 글을 본 뒤 붙여 준 별칭이다.
43 삼걸三傑 : 한漢 고조高祖의 개국을 보좌했던 인물들로, 소하蕭何·장량張良·한신韓信을 가리킨다.
44 봉호蓬壺 : 바닷속에 있는 신선의 산을 일컫는다.
45 금도金桃 : 중국 전설에 나오는 서왕모西王母의 요지연瑤池宴에 쓰는 천도天桃를 말한다.
46 경장瓊漿 : 맛있는 음료를 말한다.
47 구온九醞 : 명주를 가리킨다. 한漢 무제武帝가 정월 초하루에 술을 빚어 8월에 익으므로 구온이라 칭하였다.
48 제호醍醐 : 유제품을 말하지만 불도의 묘미를 비유해서 쓴다.
49 부용附庸 : 작은 나라가 큰 나라에 의탁하는 것. 여기서는 부속附屬의 뜻.
50 표사表使 : 표문을 가지고 가는 사신.
51 교초鮫綃 : 전설 속의 교인鮫人이 짰다는 비단.
52 구천九天 : 궁중을 뜻한다.
53 팔연八埏 : 팔방 혹은 세상을 뜻한다.
54 봉도蓬島 : 신선이 산다는 삼신산三神山 중 하나로, 동해 봉래산蓬萊山을 말한다.
55 조종朝宗 : 원래는 제후와 백관이 제왕帝王을 찾아가서 조회朝會하는 것을 말하는데, 여기는 여러 강하를 관장하는 역할을 말한다.
56 무생無生 : 천지만물이 본래부터 생생과 멸생이 없다는 뜻이다. 백거이白居易의 시를 보면 "무생을 배우는 것만 한 것이 없으니 무생이 곧 무멸이니라.(不如學無生。無生卽無滅。)"라는 대목이 보인다.
57 경전자사經傳子史 : 경전經典과 그것의 해석서解釋書, 그리고 제자서諸子書·사서史書를 말한다.
58 남곽자南郭子 : 남곽자기南郭子綦를 말하며 『莊子』의 「齊物論」에 나오는 인물이다. 여

기서 남곽자기는 큰 지혜를 갖추고 한가롭게 노니는 현인이므로 급하고 불평이 많은 교만부자가 가까이하기 어려운 존재라 할 수 있다.

59 고소姑蘇 : 고소대姑蘇臺를 말한다. 이 대는 오吳 왕 부차夫差가 미인 서시西施를 위해 세운 것으로, 정사를 돌보지 않으면서 유락하는 장소가 되었다. 오자서伍子胥가 충언을 올렸음에도 듣지 않다가 부차는 얼마 지나지 않아서 월越나라의 공격으로 멸망하게 되었다. 『史記』 권118 「淮南衡山列傳」.

60 금곡金谷 : 진晉나라의 큰 부호인 석숭石崇의 별장이 있던 곳이다. 여기서 석숭은 기첩妓妾 녹주綠珠를 데리고 향락하였는데 조왕趙王 윤倫이 정권을 잡은 뒤 사람을 보내어 녹주를 달라고 하였다. 하지만 석숭이 거절하므로 석숭은 잡혀가게 되고 녹주는 누루樓에서 투신하여 죽게 된다.

61 의적儀狄 : 하후씨夏后氏 때 술을 처음 만든 사람.

62 순우淳于 : 전국시대 제齊나라 변사인 순우곤淳于髡을 말한다. 학문이 깊고 넓어서 섭렵하지 않은 것이 없었다. 뒤에 양梁 혜왕惠王이 그의 자질을 알아보고 벼슬을 주려 했으나 사양하고 받지 않았다. 『史記』.

63 정절靖節 : 도연명陶淵明의 별칭이다.

64 태백太白 : 당唐나라 시인 이태백李太白을 말한다.

65 유령劉伶 : 진晉나라 때 죽림칠현竹林七賢의 한 사람으로 자는 백륜伯倫이다. 그는 술을 좋아하여 늘 녹거鹿車를 타고 한 호로병의 술을 가지고 다녔다 한다. 〈酒德頌〉을 지었다. 『晉書』 권49 「劉伶列傳」.

66 거재두량車載斗量 : 중국 남북조 때에 양梁나라에서 벼슬을 남발하자 사람들 사이에서 "보궐補闕(관명)이 수레를 연하여 실을 만하고, 저작著作(관명)은 말로 헤아릴 수 있다."라는 말이 생겼다. 여기서는 주유한 곳이 많다는 뜻으로 사용하였다.

67 음중팔선飮中八仙 : 술을 즐기는 여덟 신선을 말하는데, 역사상 인물인 하지장賀知章·여양왕진汝陽王進·이적지李適之·최종지崔宗之·소진蘇晉·이백李白·장욱張旭·초수焦遂를 말하기도 한다. 이를 제재로 한 시로는 두보杜甫의 〈飮中八仙歌〉가 유명하다.

68 소진蘇秦 : 중국 전국시대의 유세가遊說家. 진秦에 대항하여 연燕·조趙·한韓·위魏·제齊·초楚를 설득하여 합종合縱을 성공시켰다.

69 장의張儀(?~B.C. 309년) : 위魏나라 출신으로, 연횡책連衡策의 대가이다. 친구 소진蘇秦과 함께 귀곡 선생鬼谷先生에게서 수학한 적이 있다.

70 서자西子 : 서시西施를 가리킨다. 성姓은 시施인데, 집이 저라苧蘿 완사촌浣紗村 서쪽에 있어 서시라는 이름을 얻었다. 춘추시대 말기 월越나라의 유명한 미인으로 오吳 왕에게 바쳐져 총애를 받았다. 후세에 절세미인絶世美人의 대명사로 통한다

71 여희麗姬 : 진晉나라 헌공獻公의 애인으로 미녀의 대명사로 통한다. 그녀의 아름다움에 압도되어 '물고기는 물속으로 깊이 숨어 버리고 새는 높이 날아갔다.(魚見之深入。鳥見之高飛。)'는 말이 생겼다.

72 좌계左契: 계약서를 두 장으로 쪼갠 것 중의 한쪽을 말한다. 즉 약속의 증표로 좌계左契, 우계右契를 나누어 가졌다가 나중에 마주 대보게 되는데, 좌계는 채무자가 소유하고 우계는 채권자가 간직한다. 여기서는 약속의 증거를 뜻한다.

73 도척盜跖 : 춘추시대 말기의 유하둔柳下屯 사람으로, 유명한 도적이다.

74 걸주桀紂 : 하夏나라의 마지막 임금인 걸왕桀王과 상商나라의 마지막 임금인 주왕紂王으로, 모두 포악한 짓을 많이 하여 나라를 망하게 하였으므로 후대에는 폭군과 망국의 임금이란 뜻으로 사용한다.
75 우탕문무禹湯文武 : 하夏나라의 우왕禹王, 은殷나라의 탕왕湯王, 주周나라의 문왕文王·무왕武王을 말하며, 모두 고대 중국의 성왕聖王으로 전해진다.
76 표모漂母 : 회음후淮陰侯 한신韓信이 포의布衣로 빈궁하게 살 때 빨래하던 한 아낙네가 그를 불쌍하게 여긴 나머지 수십 일 동안 밥을 먹여 주었다 한다.『史記』권92「淮陰侯列傳」.
77 한신韓信이 보답하며 : 한신이 초왕楚王이 된 뒤에 어려웠던 시절 음식을 주며 그를 살펴 주었던 여인을 찾아서 천금千金을 전하며 고마움을 표했던 일을 말한다.
78 조조鼂錯 : 한漢나라 경제景帝의 신하. 제후왕諸侯王의 봉강封疆을 깎아 줄이도록 경제景帝에게 청원함으로써 제후왕들의 미움을 사게 되었다. 경제도 그의 계획이 잘못되었다 하여 원앙袁盎의 건의를 받아들여 그를 처형시켰다.
79 예양預讓 : 중국 전국시대의 진晋나라 사람. 임금인 지백智伯이 조양자趙襄子에게 살해되자 그 원수를 갚으려고 전신에 옻칠을 하여 가장하면서까지 양자를 죽이려 하였으나 끝내 실패하여 잡혀 죽었다.
80 홍몽鴻蒙 : 천지가 갈라지지 아니한 때의 우주인 혼돈 상태를 일컬으며, 천지 자연의 원기元氣, 광대한 모양을 일컫기도 한다.
81 구정九鼎 : 하우씨夏禹氏가 구주九州의 쇠붙이를 모아 주조했다는 솥을 말한다. 하夏·은殷·주周 시대를 거치면서 제왕이나 왕조의 정통성을 대변하는 상징물이 되었다.『史記』권12「武帝紀」.
82 왕교王喬 : 후한 시대의 신선.
83 옥초沃焦 : 동해 남쪽 3만 리 지점에 위치하여 바닷물을 태워 말린다는 산.
84 연촉延促 : 늘고 단축되는 것을 말한다.
85 위복威福 : 『書經』에 "임금만이 위威를 짓고 복福을 짓는다.(惟辟作福. 惟辟作威.)"는 말이 있다.
86 사명司命 : 원래는 백성의 생사를 맡은 별을 가리킨다. 여기에서는 저승의 신을 말하고 있다.
87 수희隨喜 : 오회五悔의 하나. 남의 좋은 일을 보고 자기 일처럼 기뻐함을 이른다.
88 기남杞柟 : 좋은 재목이 되는 나무로, 재주가 뛰어난 인재를 비유한다.
89 예장預章 : 대들보로 쓸 정도로 큰 나무를 가리킨다. 훌륭한 인재를 비유한다.
90 황옥黃屋 : 천자의 수레를 말하는데, 여기서는 왕을 가리킨다.
91 금월金鉞 : 고려와 조선 시대 의장儀仗의 하나이다.
92 옥절玉節 : 예전에 관직을 제수할 때에 받던 증서이다.
93 곤외閫外 : 옛날에 임금이 장군을 궁 밖으로 출병시킬 때 그가 탄 수레를 밀며 "문턱 안의 일은 내가 맡고 문턱 밖의 일은 장군이 맡아서 처리하라.(閫以內者. 寡人制之. 閫以外者. 將軍制之.)"라는 일화에서 나온 말로, 여기서는 영남 지방을 일컫는다.
94 분우分憂 : 임금의 근심을 나누어 맡는다는 의미로, 지방관을 말한다.
95 사마골死馬骨 : 전국시대 곽외郭隗가 연소왕燕昭王에게 한 말로, 천금으로 천리마를 사러 갔던 궁인이 천리마가 죽고 없어 500금을 주고 죽은 그 말 뼈를 사 왔더니, 1년

안에 천리마가 세 마리나 왔다는 고사를 들려주었다. 여기서는 높은 식견을 지닌 영남의 조 방백趙方伯을 궁인에 비유하고 있다.
96 혼원混元 : 천지개벽天地開闢의 시초. 혹은 그 후의 천지天地를 가리킨다.
97 진군眞君 : 만물을 주재主宰하는 존재.
98 착오着烏 : 착오사모着烏紗帽의 준말이다. 진晉나라 맹가가 중양절에 환온桓溫이 마련한 용산龍山 술자리에 참석했다가 취흥이 도도해진 나머지 오사모烏紗帽가 바람에 날려 떨어진 줄도 몰랐다는 고사에서 연유한 말이다.『世說新語』「識鑑」.

산중 효안, 가선 도식, 대규, 초우, 청운, 승통 민청, 집강 희찬, 서기 법징
문인 상문, 상인, 종민, 건초, 정원, 자감, 덕현, 재탄, 낭백
조연 상순, 통정 정홍, 의신, 통정 보관, 가선 영관, 민성, 집사 익상, □□, □□, 수원, 원순, 탁성, 탄원, 각순, 보신, 담현, 법천, 통정 희언, 가선 여원, 가선 최안, 통정 청협, 홍임, 충륵, 수일, 최식, 여관, 연담, 통정 희원, 일보, 담총, 법인, 박계생, 김철숙, 김성진, 김시망, 황□□, 연판 혜정, 별좌, 통정 현탄

공양주 위혜, 시학

상초서

강희 50년(1711) 경상좌 밀양 재악산 영정사 개간

山中晶眼。嘉善道湜。大圭。草盂。淸運。僧統敏淸。執綱熙贊。書記法澄。
門人尙文。尙敏。宗敏。建初。訂元。慈監。德玄。再坦。朗白。
助緣尙淳。通政淨弘。義信。通政普官。嘉善靈官。敏性。執事益祥。□□。
□□。守元。元順。卓性。坦元。覺順。普信。曇現。法天。通政熙彦。嘉善呂遠。嘉善最眼。通政淸洽。弘稔。沖勒。守日。最湜。呂寬。演湛。通政熙遠。一寶。湛摠。法印。朴戒生。金哲叔。金聲振。金時望。黃□□。鍊板惠淨。別座。通政玄坦。

供養主。偉惠。時學。

尙初書

　康熙五十年慶尙左密陽載岳山靈井寺開刊

동계집 후발

　오호, 이것은 나의 스승인 동계공東溪公의 문집이다. 스승이 중생을 버리신 지 이제 17년이 지났다. 스승의 정신은 태허太虛와 함께 노닐었으며, 스승의 도는 후생들에게 크게 남아 있어 진실로 시문을 기다리지 않고서도 전해질 것이다. 그러나 구차스러운 정성이나마 성음과 용모, 손때가 티끌 속에 묻히는 것을 참을 수 없어 대략 유고遺稿를 망라하였는데, 스승은 생전에 저술을 모아 뒷일을 꾀하지 않았으며 사람들 사이에 전해지는 것도 매우 적다. 이제 얼마간의 시문을 모으고 판목을 모아 새기는 일을 운사韻士에게 부탁하고 힘을 모아 문도를 도왔으니, 늦은 봄에 시작하여 한여름에 완성하여 판각을 방장산 중에 보관하여 스승의 인연이 깊은 곳으로 삼는다. 이 글을 읽어 보는 사람들은 뒷날 느끼는 바가 있을 것이다. 아, 스승이 일생 동안 지은 것은 손꼽아 헤아리기 어려울 정도인데, 세상에 전하는 것은 백에 하나일 뿐이어서 사람들은 이를 한스럽게 여긴다. 그러나 한 조각의 옥과 남은 구슬로도 족히 현포창주玄圃滄洲[1]를 감상할 수 있으니 얼마나 신출내기로 하여금 현란한 문채로 눈을 부시게 하는가. 나는 잠깐 몇 가지 자료를 근거로 스승의 대략을 기록한다.

　신묘년 단옷날 문인 익상益祥이 손을 씻고 분향한 뒤 삼가 발跋을 쓰다.

東溪集後跋

　嗚呼。此吾先師東溪公集也。先師之棄衆生。今已十七年。師之神。與太虛爲遊。師之道。在後生甚大。固知不待詩文而傳。然區區之誠。不忍以聲容手澤埋沒於塵沙。畧有所網羅遺稿。而先師於平日。不爲收撰詔後之計。其在人口者。甚菫菫也。今而拾得如干。以卽駿梓而刪定之功。托之韻士。供役之具。資之門侶。始於暮春。成於仲夏。因以板刻藏之方丈山中。爲先師宿緣之地。覽於斯文者。亦將有感於後矣。噫。師之一生所著。殆不可屈指計。而所傳於世者百未存一。人或以此憾之。然片玉零珠足以賞玄圃滄洲。豈可令初地人槩眼於繁文耶。吾姑以數卷俻。志先師大略云。

　辛卯天中日。門人益祥。盥手焚香謹跋。

부록

태허당 대사 행적

　대사의 법호는 경일敬一이며, 도명은 태허太虛, 택호는 동계東溪라 하였다. 본래 성은 이씨李氏이니 세조世祖의 후손으로 그 부친은 세주世柱요, 모친은 김씨金氏였다. 한날 어머니 김씨가 꿈에서 한 스님이 나타나 아들 되기를 원하는 꿈을 꾸고는 그를 잉태한 뒤 숭정崇禎 병자년丙子年(1636) 인동부仁同府 약목촌若木村²에서 태어났다. 아이는 어려서부터 영리하고 뛰어났으며 누린내 나는 고기를 좋아하지 않았다. 일곱 살에 이르러 어머니를 여의자 오랫동안 통곡하며 슬퍼하기를 그치지 않았다. 지리산의 신해信海 스님이 주석하고 있는 곳에 들렀다가 그 문하에서 지내게 되었는데 신해 스님이 그를 특이하게 여기고는 "이 아이의 깨끗함과 지혜로움을 보니 세상에서 보기 드문 진인의 얼굴이구나."라고 하였다. 마침내 대인이 청을 받아들이고 거두어 주었는데, 신해 대사는 먹을 양식을 풍족하게 챙겨서 관동關東 유점사楡岾寺에서 주석하고 있는 벽암碧巖 대사의 문하에 들어가 공부하도록 하였다.
　벽암 대사의 법제자가 된 그는 널리 깨닫고 막힘이 없으며 만언萬言에 거침이 없었다. 나이 스무 살이 되기 전에 스스로 불교를 생각하는 것이 이러하였다. 유교와 도교의 가르침에도 두루 미쳤으니 산문을 나서면 당대 명사들과 교류했으며, 한편으로는 백가百家의 학문도 어려움 없이 이해하여 이로써 벼슬아치들 사이에서 명성이 높았다.
　정유년(1657) 영남 관찰사 조계원趙繼遠의 천거로 그는 금오성장金烏城將이 되었고 2년을 머문 후 자헌대부資憲大夫에까지 올랐다. 그러자 그는 "이것이 어찌 산인山人으로 있을 곳인가."라고 탄식하고는 물러나 해인사

海印寺 강주가 되었다. 얼마 후 그는 다시 영정사靈井寺로 자리를 옮겨 그곳에서 3년을 수행하였다. 그 뒤 다시 여러 제자들과 감로사甘露寺 서암西庵에서 법회를 열었는데, 문인 종민宗敏이 스승을 위해 백련사白蓮舍를 지었다. 무진년(1688)에 중봉사中峰寺로 자리를 옮겼을 때는 또한 철민哲敏 스님이 내원內院을 세워 스승을 모셨다. 갑술년(1694) 가을 스승은 다시 해인사에서 문도를 모아 화엄법회를 열었는데, 여러 곳의 승려들이 부르지 않았는데도 하루 사이에 수백 명이 모여들어 석 달의 하안거에 들어갔다. 스승이 장차 큰 강설을 하다가 절반도 채우지 못하고 병을 얻어 법회를 파하고, 비슬산琵瑟山 용천사湧泉寺 극락암極樂庵으로 갔으나 해가 지나도 차도는커녕 병이 더 위중해졌다. 문도들이 스승을 좌우에서 부축해 일으키고 필연으로 글을 쓰되 "스승님이 지금 돌아가시면 저희들이 가는 바는 어디입니까. 청하건대 게송으로 무궁한 세계를 가르쳐 주시기 바랍니다."라고 하였다. 스승은 즉시 그 말에 응하여 붓을 쥐고는 사람을 시켜 앞에 천을 펼치게 한 뒤 손수 사구四句를 썼으니 "늘 정문안頂門眼[3]을 열어 놓되 생사의 길은 관여하지 말라. 맑은 바람 태허太虛로 불어오니 만고에 도가 살아난다."라고 썼다. 그때까지 대사의 정신은 밝았으며 글씨의 힘도 평소와 같았는데, 쓰기를 마치자 문득 앉은 채로 숨을 거두었다. 때는 을해년(1695) 3월 15일이었다.

돌아가신 후 7일 만에 관을 사유대闍維臺로 옮겼는데 상서로운 빛이 관에서 뻗어 나와 원근이 밝게 빛났다. 이를 본 이들은 누구나 할 것 없이 얼굴빛이 환하게 바뀌었다. 그로부터 21일이 지난 후 사중과 스님들이 크게 사유재闍維齋를 올리는데, 흰 비단같이 상서로운 빛이 나와 해와 달도 빛을 잃었다. 그리고 갑자기 정골頂骨 한 조각이 백 보쯤 떨어진 층층 바위 위로 날아갔다. 이에 문인인 운현雲玄 스님이 이를 수습한 뒤 행동거지가 정결한 도인을 불러 단을 깨끗하게 하고 아주 경건하게 꾸몄다. 한참 있다가 갑자기 바람이 일더니 오래도록 불고 산골짝이 울리고 어두워지더니 춥고 깜깜해졌다. 사람들이 마음속으로 놀라고 두려워하다가 촛불을 켜고 살핀 끝에 사리 9매를 찾아 하얀 사기그릇에 이를 담았다. 사리의 색깔은 마치 유리와 같았고 크기는 콩알만 했으니 찬란한 것이 눈길을 빼앗았다. 이때에 여러 산의 절에서 이 이적을 듣고 이르는 자가 폭주하였으니, 사리를 맞아다가 탑을 세운 데가 여섯 군데이다. 즉 대흥大興·영정靈井·감로甘露·중봉中峰·흥국興國·용천사湧泉寺가 그것으로 이들 절은 스승이 평생 동안 강법한 장소로 인연이 있어 사리와 진골로서 모두 부도를 세운 곳이다.

스승이 진신이나 명사에게 준 시, 주고받은 시와 문장 잡록은 무려 천만 언에 이르나 『동계집東溪集』 네 편만이 세상에서 간행되었다. 스승의 세수는 60세이고 법랍은 45세이다. 세상에 전하는 것으로 우리 스승을 말하기에는 충분하지 않은데, 기록한 것 역시 만에 하나에도 미치지 못한다.

숭정후崇禎後 84년 신묘년(1711) 초여름에 문인인 반운도인伴雲道人 자감慈鑑이 삼가 쓰다.

太虛堂大師行蹟

大師法諱敬一。名其道曰太虛。號其居曰東溪。本姓在璿源系。卽我世祖大王後裔也。父名世柱。母金氏夢一佛請爲子而孕。崇禎丙子。生於仁同府若木村。幼而穎異。不喜羶腥。七齡而喪母。哭泣哀悲久之。會智異山僧信海偶經其門。見而異之曰。阿兒淨而慧有出世眞人相。遂得請於大人。而提而去。於是厚奉給資粮。使之受學于關東之楡店寺碧岩大師門下所在。師爲之遜席。博洽貫通。萬言無碍。年未二十矣。已而自念佛敎如此。儒老盡亦遍諸。出而謁當世名士。傍通百家不勞而解。由此藉甚公卿間。丁酉嶺南觀察使趙公繼遠。薦爲金烏城將。居二年。職帖至資憲。嘆曰。此豈爲山人地耶。去而爲海印寺講主。又移鉢於靈井寺。結夏三年。又與諸法子。設會甘露寺西庵。門人宗敏。爲師築白蓮舍。戊辰移中峰寺。又有哲敏比丘。立內院以事師。甲戌秋復聚門徒於海印寺。廣設華嚴法會。諸方釋流。不召而集。日得數百人。結夏九旬。且大講講未半而疾作。罷而之琵瑟山湧泉寺極樂庵。經年不愈。疾且革。諸門徒翼而起。以筆硏屬曰。師今示寂後。生何所放。請爲偈語。以詔無窮世界。師卽應聲操毫使人伸帋而前。手書四句曰。常開頂門眼。不關生死路。淸風吹太虛。萬古活一道。精神朗然。筆勢如常。寫畢奄然坐化。旹則乙亥三月十五日也。化之七日。運棺於闍維臺。有祥光。出其中。遠近晃耀。觀者無不灑然變色。日且三七衆比丘大設闍維齋。瑞彩如白練。日月無光。俄而頂骨一片。超卓層岩上相去百步許。門人雪玄得之。輒募淨行道人修壇儀甚盛。久之風忽急。山谷震動夜色夾寒而黑。衆心聳懼。明燭而視之得舍利九枚。盛之白沙盂中。色如瑠璃其大如豆。離離可賞。於是乎諸山寺利聞而至者輻湊。迎而樹塔者六所。卽大興靈井甘露中峰興國湧泉諸寺。師之生平因果講法之場。而舍利眞骨。皆建浮屠。其所與縉紳名士。酬唱之詞及文章散錄。無慮千萬言。有東溪集四篇行于世。師壽六十。法臘四十五。所傳於世耳者。不足以盡吾師。而記之者亦不能萬一云。

　崇禎後八十四年辛卯孟夏。門人伴雲道人慈鑑。謹識。

주

1 현포창주玄圃滄洲 : 곤륜산 정상에 있다는 신선이 사는 곳을 말한다. 여기서는 동계東溪의 시문이 많지 않으나, 그의 시문이 높은 경지에 올라서 있음을 비유하는 말로 사용되었다.
2 약목촌若木村 : 지금의 경북 칠곡군漆谷郡 약목면若木面으로, 구미시 인동동에서 남쪽으로 30리 지점이다.
3 정문안頂門眼 : 사람들이 가지고 있는 두 눈 외에 사리를 꿰뚫어 볼 수 있는 외눈이 정수리에 있다는 데서 나온 말.

찾아보기

가락駕洛 / 183
가야산伽倻山 / 37, 71, 130, 157, 171
감로사甘露寺 / 61, 103, 138, 139, 281
공림사空林寺 / 273
금강산金剛山 / 74, 129
금강암金剛庵 / 218
금수암山金水菴 / 211
금오산金烏山 / 95

내원암內院庵 / 115, 174, 184, 222

단구사丹丘舍 / 213
대곡사大谷寺 / 230, 243
동명東溟 / 96, 118, 121
동회東淮 / 179
두류산頭流山 / 43

만어사萬魚寺 / 158
망심암望深菴 / 57

문곡文谷 / 86, 126, 149

백곡白谷 / 119, 134, 153, 159, 180
백련대白蓮臺 / 263
백련사白蓮社 / 87
백련암白蓮庵 / 226
백련정사白蓮精舍 / 136
백암栢庵 / 100, 125
백암栢菴 / 182
백운암白雲庵 / 58
보봉사寶峰寺 / 95
보조국사普照國師 / 291
분성盆城 / 41, 82, 91, 114

〈서호팔경西湖八景〉/ 66

아도 화상阿度和尙 / 293
양진암養眞庵 / 217
여강驪江 / 172
영정사靈井寺 / 259
왕림사王林寺 / 38

찾아보기 • 373

용왕당龍王堂 / 311
용흥사龍興寺 / 224, 250
유공산遊公山 / 234

하산夏山 / 52, 70, 71
한계사寒溪寺 / 220
현성玄城 / 70
황산강黃山江 / 83

장수사長水寺 / 175
재악산載岳山 / 259, 268
적천사磧川寺 / 76, 163, 291, 347
제월헌霽月軒 / 215
조령鳥嶺 / 94

청평사淸平寺 / 99
칠불암七佛庵 / 110

태허당太虛堂 / 44
통도사通度寺 / 62
퇴계退溪 / 120

파근사波根寺 / 111
풍악산楓岳山 / 73

한글본 한국불교전서

조·선·출·간·본

조선 1 작법귀감
백파 긍선 | 김두재 옮김 | 신국판 | 336쪽 | 18,000원

조선 2 정토보서
백암 성총 | 김종진 옮김 | 4X6판 | 224쪽 | 12,000원

조선 3 백암정토찬
백암 성총 | 김종진 옮김 | 4X6판 | 156쪽 | 9,000원

조선 4 일본표해록
풍계 현정 | 김상현 옮김 | 4X6판 | 180쪽 | 10,000원

조선 5 기암집
기암 법견 | 이상현 옮김 | 신국판 | 320쪽 | 18,000원

조선 6 운봉선사심성론
운봉 대지 | 이종수 옮김 | 4X6판 | 200쪽 | 12,000원

조선 7 추파집·추파수간
추파 홍유 | 하혜정 옮김 | 신국판 | 340쪽 | 20,000원

조선 8 침굉집
침굉 현변 | 이상현 옮김 | 신국판 | 300쪽 | 17,000원

조선 9 염불보권문
명연 | 정우영·김종진 옮김 | 신국판 | 224쪽 | 13,000원

조선 10 천지명양수륙재의범음산보집
해동사문 지환 | 김두재 옮김 | 신국판 | 636쪽 | 28,000원

조선 11 삼봉집
화악 지탁 | 김재희 옮김 | 신국판 | 260쪽 | 15,000원

조선 12 선문수경
백파 긍선 | 신규탁 옮김 | 신국판 | 180쪽 | 12,000원

조선 13 선문사변만어
초의 의순 | 김영욱 옮김 | 4X6판 | 192쪽 | 11,000원

조선 14 부휴당대사집
부휴 선수 | 이상현 옮김 | 신국판 | 376쪽 | 22,000원

조선 15 무경집
무경 자수 | 김재희 옮김 | 신국판 | 516쪽 | 26,000원

조선 16 무경실중어록
무경 자수 | 성재헌 옮김 | 신국판 | 340쪽 | 20,000원

조선 17 불조진심선격초
무경 자수 | 성재헌 옮김 | 신국판 | 168쪽 | 11,000원

조선 18 선학입문
김대현 | 성재헌 옮김 | 신국판 | 240쪽 | 14,000원

조선 19 사명당대사집
사명 유정 | 이상현 옮김 | 신국판 | 508쪽 | 26,000원

조선 20 송운대사분충서난록
신유한 엮음 | 이상현 옮김 | 신국판 | 324쪽 | 20,000원

조선 21 의룡집
의룡 체훈 | 김석군 옮김 | 신국판 | 296쪽 | 17,000원

조선 22 응운공여대사유망록
응운 공여 | 이대형 옮김 | 신국판 | 350쪽 | 20,000원

조선 23 사경지험기
백암 성총 | 성재헌 옮김 | 신국판 | 248쪽 | 15,000원

조선 24 무용당유고
무용 수연 | 이상현 옮김 | 신국판 | 292쪽 | 17,000원

조선 25 설담집
설담 자우 | 윤찬호 옮김 | 신국판 | 200쪽 | 13,000원

조선 26 동사열전
범해 각안 | 김두재 옮김 | 신국판 | 652쪽 | 30,000원

조선 27 청허당집
청허 휴정 | 이상현 옮김 | 신국판 | 964쪽 | 47,000원

조선 28 대각등계집
백곡 처능 | 임재완 옮김 | 신국판 | 408쪽 | 23,000원

조선 29 반야바라밀다심경략소연주기회편
석실 명안 엮음 | 강찬국 옮김 | 신국판 | 296쪽 | 17,000원

조선 30 허정집
허정 법종 | 성재헌 옮김 | 신국판 | 488쪽 | 25,000원

조선 31 호은집
호은 유기 | 김종진 옮김 | 신국판 | 264쪽 | 16,000원

조선 32 월성집
월성 비은 | 이대형 옮김 | 4X6판 | 172쪽 | 11,000원

조선 33 아암유집
아암 혜장 | 김두재 옮김 | 신국판 | 208쪽 | 13,000원

조선 34 경허집
경허 성우 | 이상하 옮김 | 신국판 | 572쪽 | 28,000원

조선 35 송계대선사문집 · 상월대사시집
송계 나식 · 상월 새봉 | 김종진 · 박재금 옮김 | 신국판 | 440쪽 | 24,000원

조선 36 선문오종강요 · 환성시집
환성 지안 | 성재헌 옮김 | 신국판 | 296쪽 | 17,000원

조선 37 역산집
영허 선영 | 공근식 옮김 | 신국판 | 368쪽 | 22,000원

조선 38 함허당득통화상어록
득통 기화 | 박해당 옮김 | 신국판 | 300쪽 | 18,000원

조선 39 가산고
월하 계오 | 성재헌 옮김 | 신국판 | 446쪽 | 24,000원

조선 40 선원제전집도서과평
설암 추붕 | 이정희 옮김 | 신국판 | 338쪽 | 20,000원

조선 41 함홍당집
함홍 치능 | 성재헌 옮김 | 신국판 | 348쪽 | 21,000원

조선 42 백암집
백암 성총 | 유호선 옮김 | 신국판 | 544쪽 | 27,000원

신 · 라 · 출 · 간 · 본

신라 1 인왕경소
원측 | 백진순 옮김 | 신국판 | 800쪽 | 35,000원

신라 2 범망경술기
승장 | 한명숙 옮김 | 신국판 | 620쪽 | 28,000원

신라 3 대승기신론내의약탐기
태현 | 박인석 옮김 | 신국판 | 248쪽 | 15,000원

신라 4 해심밀경소 제1 서품
원측 | 백진순 옮김 | 신국판 | 448쪽 | 24,000원

신라 5 해심밀경소 제2 승의제상품
원측 | 백진순 옮김 | 신국판 | 508쪽 | 26,000원

신라 6 해심밀경소 제3 심의식상품 제4 일체법상품
원측 | 백진순 옮김 | 신국판 | 332쪽 | 20,000원

신라 12 무량수경연의술문찬
경흥 | 한명숙 옮김 | 신국판 | 800쪽 | 35,000원

신라 13 범망경보살계본사기 상권
원효 | 한명숙 옮김 | 신국판 | 272쪽 | 17,000원

신라 14 화엄일승성불묘의
견등 | 김천학 옮김 | 신국판 | 264쪽 | 15,000원

신라 15 범망경고적기
태현 | 한명숙 옮김 | 신국판 | 612쪽 | 28,000원

신라 17 대승기신론소기회본
원효 | 은정희 옮김 | 신국판 | 536쪽 | 27,000원

신라 18 미륵상생경종요 외
원효 | 성재헌 외 옮김 | 신국판 | 420쪽 | 22,000원

신라 19 대혜도경종요 외
원효 | 성재헌 외 옮김 | 신국판 | 256쪽 | 15,000원

신라 20 열반종요
원효 | 이평래 옮김 | 신국판 | 272쪽 | 16,000원

고 · 려 · 출 · 간 · 본

고려 1 일승법계도원통기
균여 | 최연식 옮김 | 신국판 | 216쪽 | 12,000원

고려 2 원감국사집
충지 | 이상현 옮김 | 신국판 | 480쪽 | 25,000원

고려 3 자비도량참법집해
조구 | 성재헌 옮김 | 신국판 | 696쪽 | 30,000원

고려 4 천태사교의
제관 | 최기표 옮김 | 4X6판 | 168쪽 | 10,000원

고려 5 대각국사집
의천 | 이상현 옮김 | 신국판 | 752쪽 | 32,000원

고려 6 법계도기총수록
저자 미상 | 해주 옮김 | 신국판 | 628쪽 | 30,000원

고려 7 보제존자삼종가
고봉 법장 | 하혜정 옮김 | 4X6판 | 216쪽 | 12,000원

고려 8 석가여래행적송·천태말학운묵화상경책
운묵 무기 | 김성옥·박인석 옮김 | 신국판 | 424쪽 | 24,000원

고려 9 법화영험전
요원 | 오지연 옮김 | 신국판 | 264쪽 | 17,000원

고려 10 남명천화상송증도가사실
□련 | 성재헌 옮김 | 신국판 | 418쪽 | 23,000원

※ 한글본 한국불교전서는 계속 출간됩니다.

동계 경일 東溪敬一
(1636~1695)

법명은 경일敬一, 도명道名은 태허太虛, 거호居號는 동계東溪이다. 인동부仁同府 약목현若木縣(현 경북 칠곡군 약목면)에서 태어났다. 금강산 유점사楡店寺의 벽암碧巖 대사 문하에 든 그는 20세 전에 이미 부처님의 가르침에 두루 통달한 것은 물론 당시 명유名儒들과 교류하면서 그 명성이 높아졌다. 1657년 영남 관찰사 조계원趙繼遠의 천거로 금오성장金烏城將직을 수행하여 자헌대부資憲大夫의 벼슬에까지 오르게 되었지만, 얼마 되지 않아 본분사를 위해 그만두었다. 이후 경일은 해인사海印寺, 영정사靈井寺, 감로사甘露寺, 중봉사中峰寺 등으로 자리를 옮기며 수행에 힘쓰고 대중 설법에 힘을 기울였다. 1695년(숙종 21) 3월 15일 임종게臨終偈를 남기고 열반에 들었다.

옮긴이 김승호

동국대학교 국어국문학과를 졸업하고 동 대학원에서 『고려 승전僧傳의 서술방식 연구』로 박사학위를 취득했다. 현재 동국대학교 사범대학 국어교육과 교수이며, 교육대학원장 겸 사범대학장을 맡고 있다. 논문으로 「승전僧傳의 서사체제와 그 문학성의 검토―『해동고승전』을 중심으로」, 「사명당 설화의 발생환경과 수용양상」, 「『구운몽』에 나타난 삼교三敎융합의 이면적 의미」, 「불교전기傳奇소설의 유형설정과 그 전개양상」, 「당승唐僧 혜상惠詳의 채록으로 본 신라 불교설화」, 「『고기古記』와 『삼국유사』에 나타나는 사회적史話의 동질성」, 「고려말 불가의 유산기遊山記 연구」 등이 있으며, 저서로는 『한국 승전僧傳문학의 연구』, 『한국 사찰연기설화의 연구』, 『경일敬一의 삶과 문학세계의 이해』, 『삼국유사 서사담론 연구』, 『중세 불교인물의 해외전승』 등이 있다.

증의
최영성(한국전통문화대학교 무형유산학과 교수)